SCORPIO

Dieter Broers

DER MATRIX CODE

SCORPIO

Wichtiger Hinweis

Die Informationen und Ratschläge in diesem Buch wurden mit größter Sorgfalt von Autor und Verlag erarbeitet und geprüft. Alle Leserinnen und Leser sind jedoch aufgefordert, selbst zu entscheiden, ob und inwieweit sie die Anregungen in diesem Buch umsetzen wollen. Eine Haftung des Autors bzw. des Verlags für Personen-, Sach- oder Vermögensschaden ist ausgeschlossen.

 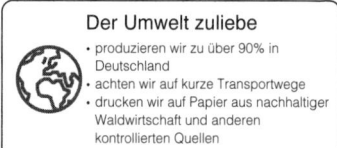

2. Auflage 2023
© 2023 Scorpio Verlag in der Europa Verlag GmbH, München
© 2014 der Originalausgabe Trinity (jetzt Scorpio Verlag)
Umschlaggestaltung: Guter Punkt, München
Umschlagbild: © Guter Punkt unter Verwendung eines Motivs von Vectomart, Shutterstock
Satz: BuchHaus Robert Gigler, München
Druck und Bindung: Pustet, Regensburg
ISBN: 978-3-95803-558-4
Alle Rechte vorbehalten

Scorpio-Newsletter: Mehr zu unseren Büchern und Autoren kostenlos per E-Mail!
www.scorpio-verlag.de

INHALT

VORWORT von Dr. Ulrich Warnke 9

BEFREIE DEINEN GEIST! 13

1. DIE FESSELN DER MATRIX 17

Die Welt als Illusion 17
Die Relativität des freien Willens 19
Scheinhafte Realität 20
»Matrix« – der Film 22
Realität und höhere Wahrheit 28
Die Allschöpfer-Ebene 31
Das Weltgedächtnis: Palmblattbibliothek und Tzolkin 33
Vorläufigkeit der Wahrnehmung 36
Innenwelt und Außenwelt 38
Die Aufträge der Matrix 40

2. LUZIFERS GÖTTLICHER AUFTRAG 42

Die Entstehung der Welt 42
Das Dimensionenmodell Burkhard Heims 43
Die Urmatrix 46
Geist und Schöpferkraft 47
Elektronen und morphogenetische Felder 52
Informationen des Universums 55
Mythische Weltenmodelle 57
Der Kampfschauplatz der Polaritäten 59

Der Sündenfall 61
Luzifers Fall 63
Das Spiel der Götter 67

3. DER SCHLEIER DES VERGESSENS 70

Das große Vergessen 70
Platons Höhlengleichnis 72
Künstliche Programme 73
Medien als Angstproduzenten 77
Die Funktion der Religionen 82
Das Phänomen des Glaubens 85
Missbrauch der Religionen 88
Perspektiven der Freiheit 91

4. AM WENDEKREIS DER WISSENSCHAFT 96

Der Einfluss des Erdmagnetfelds 96
Der bevorstehende Polsprung 100
Die Sonne und der Mayakalender 102
Sonne und Evolution 105
Die Raumzeit 108
Das Ende der Prognosen 111
Schmerzhafter Wandel 113
Aktivierung der Junk-DNA 114
Kosmische Evolution 116
Bewusstseinserweiternde Frequenzen 120

5. IM BANN DER EREIGNISSE 125

Zunehmende Ereignisdichte 125
Fakten und Zahlen 127
HAARP und das Erdmagnetfeld 132

Instabilität als Chance 137
Unterstützung aus dem Hyperraum 139
Sonne, Bewusstsein und Gefühl 140
Gefühle und Krisenbewältigung 144

6. DAS ERWACHEN DER MENSCHHEIT 149

Der Schlaf des Bewusstseins 149
Die Rolle des Verstands 151
Erkenne dich selbst 153
Die Grenzen der Vernunft 156
Erfahrung statt Wissen 157
Zugang zum Hyperraum 159
Krankheit oder Erwachen? 162
Die Erwartung des Unerwarteten 165

7. DAS ENDE DES EGOS 169

Das Ego als Matrix-Träger 169
Die Auflösung des Egos 172
Seele und Ego-Ich 174
Erwachen und Traum 176
Dimensionen des Selbst 179
Dimensionstore 182
Erleuchtung 184

8. DIE KRAFT DER INNENSCHAU 186

Dekonditionierung 186
Übung 3-D-Sehen 188
Die angstfreie Beobachterposition 190
Die Überwindung der Angst 192
Innenschau und Achtsamkeit 194
Das Prinzip des verlorenen Sohns 196

Homöostase 198
Bewusstseinserweiterung 200
Luzides Träumen 203
Kosmisches Wissen 205

9. AM BEGINN DER TRANSFORMATION 208

Wann geschieht der Umbruch? 208
Die erschaffende Kraft des Beobachters 210
Negative Suggestion 212
Psychische Potenziale der Transformation 215
Die Wiederentdeckung des Gemeinsinns 216
Das Prinzip des 100. Affen 218
Chaos und dissipative Strukturen 221

10. DIE REVOLUTION BEDINGUNGSLOSER LIEBE 224

In Resonanz mit dem Allschöpfer 224
Liebe als erschaffende Energie 225
Deformierte Liebe in der Matrix-Welt 228
Die Welt verändern 231
Physikalische Gründe der Wirklichkeitserzeugung 233
Der Geist beherrscht die Materie 236
Die Erschaffung der Realität 238
Die Macht des Einzelnen 241
Polarität im Spiegelraum 243
Gut und Böse 245
Erschaffen statt zerstören 248
Loslassen und Wiedergeburt 250

Dank 254
Literatur- und Quellenverzeichnis 255

VORWORT

von Dr. rer. nat. Ulrich Warnke, Autor von
Quantenphilosophie und Spiritualität

Alles auf dieser Erde dreht sich pauschal um den Menschen. In den letzen Jahrzehnten ist das Menschheitsbewusstsein immer stärker gewachsen, aber das Ganzheitsbewusstsein hat dabei kontinuierlich abgenommen. Heute ist reine Ökonomie der leitende Gedanke beim Handeln einer sich als Vorbild selbst ernannten Elite. Die Menschen werden verführt zum Konsum der Computer-Kommunikationstechnik, die sie zu Spielzeugen von Interessen macht. Gleichzeitig werden die Menschen in Pflichten eingepfercht, wobei die essenziellen ökologischen und spirituellen Bedürfnisse auf der Strecke bleiben. Ergebnisse dieses unnatürlichen Handelns sind Entfremdung von der Natur, Verseuchung der Umwelt, Brutalität, Eingriff in die atmosphärischen Schutzschilde, Konflikte zwischen Gesellschaften und Kulturen, Bankrott der Weltwirtschaft.

Aber gerade weil sich diese Zustände ständig verschärfen, wird der Ruf nach einem globalen und kosmischen Bewusstsein immer lauter. Die Gemeinschaft derjenigen Menschen, die das Verlangen nach einem wahrhaftigeren Leben aussprechen und in die Praxis umwandeln, vergrößert sich seit einigen Jahren intensiv. Sie verstehen mehr und mehr die »Gesetze der Natur« als ein spirituelles Überleben in einer spirituellen Evolution. Sie verstehen sich dabei nicht nur als Teil des Kosmos, sondern insbesondere als natürliche Beteiligte dieses kosmischen wahren unverfälschten »Spiels«.

Eine derartige neue Kultur des ganzheitlichen Erkennens und Zusammenlebens kann nicht durch staatlich finanzierte Institutionen aus der Taufe gehoben werden. Denn die maßgeblich beratende Wissenschaft zergliedert sich in unzählige Spezialgebiete, die unterschiedliche Sprachen, Begriffe und Denkweisen notwendig machen, und zwischen denen meistens überhaupt kein Austausch existiert. Deshalb können auch nicht die akademischen Tagungen des angepassten Mainstreams, nicht die wissenschaftlichen Analysen und Abhandlungen eine neue Kultur vorbereiten.

Schauen wir uns die Geschichte des Menschen an: Es sind immer Einzelne, die die Welt weiterbringen. Das Neue entwickelt sich aus den charismatischen Visionen Einzelner, die dann bei Gleichdenkenden zu einer resonanzartigen explosiven Verbreitung führen. Das kann Fortschritt aber auch Niedergang bedeuten; wir dürfen uns hier keine Fehler mehr erlauben; Wissen um die Wahrheit ist notwendig.

Die bisherige Kultur war grob gesehen ehemals in Ost und West gespalten. Der westgeprägte Mensch war nach außen gewandt und gebrauchte Natur und Umwelt zum eigenen Profit. Der ostgeprägte Mensch war traditionell nach innen gewandt, die Außenwelt war unwichtig, das eigene Bewusstsein stand im Mittelpunkt.

Danach begann mit der Interpretation der Ergebnisse der Quantenphysik und Quantenphilosophie eine Zeit, wo wir von einzelnen Wissenschaftlern eine ähnliche Sprache wie die von traditionellen Mystikern vernahmen. Die Altvorderen wussten offensichtlich schon etwas, das von den modernen Wissenschaftlern erst mühsam erbracht werden musste. Eine Koinzidenz von Ost und West tat sich auf.

Die sich folgerichtig gerade jetzt etablierende neue Kultur ist nicht westlich und nicht östlich, sondern kosmisch-planetarisch geprägt mit der Quintessenz: Alles ist voneinander abhängig.

Der kosmisch-planetarische Mensch kann nicht weiter nach dem newtonschen Räderwerk-Prinzip denken, sondern erfährt sich und seine Umwelt als Ergebnis intelligenter Entitäten. Er wird seine Geräte und Maschinen vollkommen neu programmieren, indem intelligente universelle Elektronen mit dem menschlichen Bewusstsein im Einklang stehen und grenzenlos kommunizieren.

Vorbei ist die Zeit des drogeninduzierten Trancezustandes, der sitzenden Meditation, des Zurückziehens in die Einsamkeit, vielmehr geht das besondere Individuum in eine universelle Gemeinschaft ein mit schöpferischen Gruppenenergien, die alles Erdenkliche möglich machen können. Die neue Weltsicht betrachtet die Welt als ein unendlich komplexes System von Beziehungen, das sich nicht in isolierte abgeschlossene Systeme zerlegen lässt. Die Atome, die Moleküle, die Zellen der Organismen, ihre jeweiligen Organe, ja, der ganze Organismus ist erfüllt von untereinander verbundenen Bewusstseins-intelligenten Entitäten. Das menschliche Bewusstsein ist Teil eines universellen Bewusstseins. Liebe ist die Verbindung von allem. Genau dies zu erleben ist die Erfüllung und der Sinn des Lebens.

Teilhard de Chardin: »So wie die Meridiane an den Polen zusammenlaufen, so müssen einmal Wissenschaft, Philosophie und Religion konvergieren, wenn sie sich auf das Ganze zubewegen.«

Der Autor dieses Buches hat diese Strömung erkannt; er ist ein Prototyp, um de Chardins Forderungen zu erfüllen. In seinem Buch wird das ganze recherchierte Wissen interdisziplinärer Forschung ausgeschüttet als Ergebnis der Suche nach der inneren Verbundenheit von einerseits kosmisch-physikalischen Phänomenen und andererseits der Funktion des Individuums.

Sonne und Magnetfelder als Leitgrößen des Bewusstseins und der Gefühle. Die Skeptiker haben damit Probleme: Wo ist der Interlink? Es gibt ihn durchaus. Universelle Elektronen sind laut Definition die intelligenten Bauinitiativen unserer geformten Materie mit all ihren Konstruktionen und Funktionen. Eigenschaften der Elektronen sind Masse, Einheitsladung, Spin und Quantenzahl. Diese Eigenschaften können durch bestimmte physikalisch-informative Größen beeinflusst werden. Besonders der Spin der Elektronen ist verantwortlich für die Zusammensetzung der Moleküle und ihre Flexibilität. Auch die Moleküle der Gefühleffekte, die über Organkonglomerate wie limbisches System, Thalamus und Epiphyse maßgeblich Unterbewusstsein und die Psyche bestimmen, sind Spin-getriggert. Und genau diese Spins sind sensibel sowohl für Magnetfelder als auch für elektromagnetische Strahlung.

Die Forschung in den Jahren um 1960 hat diesbezüglich eindrucksvolle Ergebnisse gebracht, die in heute vergessenen Lehrbüchern höchst spannend zusammengefasst wurden. Es ist das Verdienst des Autors, diese Ergebnisse erneut zu publizieren und zwar so, dass sie von der Allgemeinheit verstanden werden. Er bereitet damit den Weg zu der oben beschriebenen sehnsüchtig erwarteten neuen Kultur unserer Gesellschaft vor.

Saarbrücken, Dezember 2011

BEFREIE DEINEN GEIST!

Wir befinden uns in einer Ära der epochalen Transformation. Immer deutlicher spüren wir, dass eine »Götzendämmerung« heraufzieht, die alle überkommenen Strukturen infrage stellt. Schon mehren sich die Zeichen, dass die falschen Götter abdanken müssen, denen unsere Gesellschaft allzu lange nachgelaufen ist – Ideologien, Konsumterror, Naturausbeutung, mediale Manipulation. Ein Sturm erfasst die alten Gewissheiten, und er wird alles hinwegfegen, was scheinhaft und unwahr ist.

Wir selbst sind es, die diesen Sturm ausgelöst haben. Weil wir unsere Bestimmung nicht länger verleugnen können. Weil wir uns nicht mehr zufriedengeben mit einem Leben, das uns fesselt, statt uns zu befreien. Weil wir die Kraft des verwandelnden Bewusstseins in uns tragen, das sich jetzt machtvoll Bahn bricht und eine neue Realität zum Vorschein bringt; sie wird alles übertreffen, wonach wir uns im Innersten gesehnt haben.

Woher ich das weiß? 30 Jahre meines Lebens habe ich gebraucht, um zu meinem Wissen zu gelangen. Ich begann als Naturwissenschaftler. Doch im Laufe der Zeit wurde mir immer deutlicher, dass in den Forschungsergebnissen der modernen Physik ein bahnbrechendes Potenzial von Welterschließung und Welterkenntnis schlummert: ein Phasensprung der menschlichen Evolution, ein Weltbild, das unsere Realität völlig neu definiert. Aus dieser Einsicht heraus schrieb ich vor 13 Jahren den »Matrix Code«. Es ist ein Buch, das unter dem Eindruck des Films »Matrix« von 1999 entstand. Darin wird eine ebenso spannende wie philosophische Geschichte erzählt. Sie handelt von Neo, einem jungen Mann, der durch den Kontakt mit dem geheimnisvollen Morpheus das wahre Wesen der Welt erkennt. Was wir als Realität bezeichnen, ist im Film nur eine Scheinwirklichkeit, erzeugt durch psychogene Drogen: die Matrix.

Mit der Matrix kam ein neuer Begriff in eine alte Debatte: Was ist Realität? Gibt es mehr als eine Wirklichkeit? Sind wir dazu verurteilt, uns mit vorgespiegelten Realitäten zu begnügen? Werden wir eines Tages erkennen, was uns insgeheim steuert? Und was erwartet uns, wenn wir uns auf diese Erkenntnis einlassen?

Derartige Fragen stellen sich Philosophen und spirituelle Denker seit vielen Jahrhunderten. Sie waren und sind auf der Suche nach dem wahren Wesen der Welt, nach der Wahrheit hinter Kulissen und Masken. Diese Erkenntnissuche hat mich immer fasziniert, denn sie betrifft uns im Innern: unser Menschsein, unsere Selbstbestimmung, unser Lebensglück. Wer sind wir? Woher kommen wir? Was ist unsere Berufung? Wie können wir das Bestehende verwandeln? Mit den drei »Matrix«-Filmen wurde eine ebenso verblüffende wie zwiespältige Antwort gegeben. Denn dort sind es nur wenige, die der Scheinwelt entfliehen können. Die Handlung exponiert einen einzigen Menschen, der die Kraft der Veränderung in sich trägt: Neo, einen jungen Computerhacker. Er ist ein Auserwählter, ein einsamer Kämpfer in einem Szenario, in dem kaum mehr zwischen Richtig und Falsch, Wahrheit und Schein unterschieden werden kann.

Seither ist einige Zeit vergangen. Und ich bin überzeugt: Die Erkenntnis, dass wir in einer Matrix leben, war nie so aktuell wie heute. Die Matrix umgibt uns wie ein unsichtbares Gewebe. Sie erteilt uns Aufträge und verlangt uns Gehorsam ab. Jene, die die Matrix erschaffen, haben ungeheure Macht. Sie manipulieren uns, damit wir uns in ein ökonomisches Funktionssystem einfügen, damit wir arbeiten, konsumieren und uns unterhalten lassen, ohne Fragen zu stellen.

Jetzt spüren immer mehr Menschen die Fesseln der Matrix. Sie begehren auf gegen fremdbestimmte Programme, wollen ihren eigenen Weg gehen, eine selbstbestimmte Existenz aufbauen. Aufbruch liegt in der Luft. Ein globaler Wandel steht unmittelbar bevor, dessen Tragweite wir kaum ermessen können. Ja, ich bin davon überzeugt: Wir stehen an der Schwelle des erwachenden Bewusstseins, das sich der Beschränkungen der Matrix ein für alle Male entledigen wird.

Dieser Wandlungsprozess kündigt sich unmissverständlich an. Eine neue Dringlichkeit wird offenbar, sich mit der Matrix auseinanderzusetzen, da die Ereignisdichte zunimmt und uns auf einen notwendigen Bewusstseinswandel hinweist. Wir beobachten momentan eine signifikante Steigerung gesellschaftlicher Instabilität, zerbrechender Wirtschaftssysteme und bedrohlicher Naturkatastrophen. Die Krisen stehen für den Zerfall der alten Ordnung, für die Erosion stabil geglaubter Denkgebäude. In den Rissen der Matrix aber wird etwas Neues sichtbar – unsere Bestimmung als Teil des erschaffenden Universums.

Aus diesem Grund habe ich mich für eine Neufassung meines Buchs entschieden. Es berücksichtigt aktuellste Erkenntnisse und Entwicklungen, die bei Erscheinen von »Matrix Code« so noch nicht abzusehen waren. Damals prophezeite mit mir nur eine kleine Avantgarde, dass sich große Umwälzungen ereignen würden. Kaum jemand nahm dies ernst, bis auf eine kleine Schar Suchender. Sie spürte intuitiv, dass etwas in Bewegung geriet oder, um Nietzsche zu zitieren, dass eine noch unbenannte Kraft die Verhältnisse zum Tanzen bringen würde.

Seit damals ist diese Schar angewachsen, nicht zuletzt angesichts der erdrückenden Evidenz der Krisensymptome. Bei meinen Vorträgen und auf Symposien begegnen mir immer mehr Menschen, die sich nicht mit dem Bestehenden abfinden wollen. Sie sind äußerst sensibel für die Haarrisse und Verwerfungen in unseren Systemen und sie stellen Fragen, deren Beantwortung sie in visionäre Welten schauen lässt. Dennoch gleicht das, was ich Ihnen zu sagen habe, immer noch einem Geheimwissen.

Nun gibt es Anlass, den Kreis der Wissenden zu erweitern. Deshalb habe ich mich auch entschlossen, das Pseudonym »Morpheus« zu lüften, unter dem ich »Matrix Code« veröffentliche – als Hommage an die Morpheus-Figur, die Neo die Augen öffnet. Wir sollten uns vorbereiten auf den Wandlungsprozess, um seinen Herausforderungen gewachsen zu sein. Deshalb würde es mich freuen, wenn möglichst viele Leser durch dieses Buch den Impuls zu einer Neuorientierung aufgriffen. Es ist höchste Zeit. Unsere gesellschaftlichen, kulturellen und ökonomischen Systeme sind überdehnt. Die einst sinnstiftenden Regeln und Werte verlieren ihre Kraft. Ich lese daraus eine beginnende Transformation ab, die aufregender ist als alles, was wir uns bisher ausmalen konnten.

Das betrifft uns alle, ausnahmslos. Ja, ich bin sicher: Jeder kann zum Berufenen werden. Jeder kann mit dem energetischen Feld seiner Gedanken den Schleier aus Lüge und Betrug zerreißen, der uns an einer befreiten Existenz hindert. Auch Sie können das tun. Was Sie hier vorfinden, ist der geheime Zugangscode zu den Programmen der Matrix. Es ist der Schlüssel, den Sie brauchen, um sich von übernommenen Strukturen zu befreien.

Dieses Buch ist wie ein geöffnetes Tor, hinter dem sich die Wahrheit offenbart. Doch Sie müssen selbst das Tor durchschreiten. In diesem Sinne: Willkommen im Matrix-Code!

1. DIE FESSELN DER MATRIX

Die Welt als Illusion

Kennen Sie das Gefühl, dass irgendetwas nicht stimmt mit der Welt? Dass Sie sich auf schwankendem Boden befinden und nicht mehr wissen, ob der Augenschein möglicherweise trügt? Dass sich Brüche auftun in Ihrer Wirklichkeit, in denen etwas Unerklärliches aufscheint, die Ahnung einer Realität, in der Sie ganz bei sich sind, unbehelligt von fremden Einflüsterungen?

Ihre Gefühle sind vollkommen berechtigt. Es ist kein Zufall, dass Sie sich möglicherweise zersplittert fühlen. Täglich sind Sie mit Strukturen konfrontiert, die Sie fragmentieren. Sie müssen sich in Arbeitskontexte einfügen, Denkroutinen erledigen und Funktionen erfüllen. Wann sind Sie schon als ganzer Mensch gefordert, mit allem, was Sie ausmacht? Mit Ihren Begabungen, Ihren Ideen, Ihren Wünschen? Doch die Sehnsucht nach Ganzheit ist uns Menschen eingeschrieben. Wir gleichen Wassertropfen im Ozean, eingebettet in ein unendliches Universum. Haben wir als Tropfen darin lediglich die Illusion von Individualität? Oder sind wir zu Recht auf der Suche nach unserem ganz spezifischen Wesenskern?

Machen Sie sich mit dem Gedanken vertraut, dass das, was Sie für Realität halten, gar nicht so real ist, wie Sie annehmen.

Das klingt provozierend, denn nichts scheint so selbstverständlich wie die Realität, in der wir leben. Wer wollte schon die Existenz des Buches bezweifeln, das Sie gerade in Händen halten? Es ist so real wie der Sessel, in dem Sie sitzen, so real wie die Bäume vor Ihrem Fenster, deren Zweige sich sacht im Wind bewegen. Und doch vertreten immer mehr Wissenschaftler die Auffassung, dass diese Realität bloßer Schein sei. Dass unsere fünf Sinne nicht ausreichen, um zu erfassen, in welcher Wirklichkeit wir leben.

Der britische Mathematiker und Physiker Roger Penrose schreibt: »Ich glaube, dass unserem gegenwärtigen Bild der physikalischen Realität, vor allem hinsichtlich des Wesens der Zeit, ein gewaltiger Umsturz bevorsteht. Er wird vielleicht sogar noch größer sein als die Umwälzung, die bereits durch Relativitätstheorie und Quantenmechanik ausgelöst worden ist.« Penrose spricht unmissverständlich von einem Umsturz. Ganz offensichtlich gibt es einigen Anlass, unsere Wahrnehmung auf den Prüfstand zu stellen, und damit alles, was wir als Realität bezeichnen. Diese Behauptung mag zunächst einmal unser Selbstwertgefühl kränken. Sind wir denn nicht die Krone der Schöpfung, mit Geist und Verstand begabt, fähig, das Wesen der Welt durch Anschauung, Experiment und Analyse zu erkennen?

Natürlich würden wir diese Frage spontan erst einmal positiv beantworten. Im Gegensatz zum Tier sind wir schließlich in der Lage, unser Handeln zu reflektieren und ihm eine bestimmte Richtung zu geben. Wir können wählen, wie wir wohnen und arbeiten, wir treffen täglich Entscheidungen, was Familie, Beziehungen und Neigungen betrifft. Auch Sie sind sicherlich überzeugt, dass das Leben, das Sie führen, selbstbestimmt sei. Schließlich haben Sie selbst es sich so eingerichtet. Aber sind wir tatsächlich so frei, wie wir denken?

Die Relativität des freien Willens

Der freie Wille ist ein fester Bestandteil unseres Selbstverständnisses als intelligente Wesen. Wir sehen uns gern als souveräne Individuen, die bewusste Entscheidungen treffen. Allerdings regten sich im Laufe unserer Geistesgeschichte auch immer wieder Zweifel daran, ob wir dabei wirklich einem freien Willen folgen. Philosophen und Wissenschaftler aller Epochen dachten darüber nach, unter welchen Bedingungen wir überhaupt unabhängig sein können. Sie fragten sich außerdem, inwieweit uns Sinneswahrnehmung und Reflexion Aufschluss über das wahre Wesen der Welt geben.

So entstand die Tradition der Erkenntnistheorie. Sie beschäftigt sich mit der Relativität von Erkenntnis und auch mit der Plausibilität des freien Willens. Nicht wenige Denker kamen zu dem Schluss, dass wir nicht frei, sondern determiniert seien, also bestimmten Programmen folgten – dem Instinkt beispielsweise, der Konvention oder bestimmten Glaubensüberzeugungen. Die Theorie der Deterministen verfügt über starke Argumente. Es ist nicht zu leugnen, dass wir unzähligen Steuerungsmechanismen unterliegen, die unsere Wahlmöglichkeiten einschränken. Da sind die genetischen Programme, die starken Einfluss auf unser Handeln ausüben. Hinzu kommen die komplexen Vorgänge von Hormonsystem und Hirnchemie. Ein Übriges tut der gesellschaftliche Konsens über Werte und Maßstäbe, die wir verinnerlicht haben.

Die Vertreter des freien Willens halten dagegen, dass nicht das Gehirn den Geist, sondern der Geist das Gehirn konditioniere. Außerdem erzeugten die Konsequenzen jeder Handlung einen Rückkopplungsvorgang, weil sie anschließend bewertet und gegebenenfalls korrigiert würden. Auch dürfte klar sein, dass unser Genom uns nicht vollständig konstituiert, was unter anderem die Zwillingsforschung belegt. Pragmatiker kamen deshalb zu dem Schluss: Wir seien zu einem großen Teil determiniert, hätten aber gewisse Spielräume.

Mit der neueren Hirnforschung kamen Aspekte ins Spiel, die den Determinismus weit einleuchtender erscheinen lassen. So fanden Forscher heraus, dass wichtige Entscheidungen, vor allem unter Stress, im ältesten Hirnareal, dem Reptiliengehirn, fallen. Es steht für eine reflexhafte Reaktion auf äußere Herausforderungen ohne den Umweg über gedankliches Abwägen. So werden unsere Überlebensinstinkte und unsere Selbstbehauptung gewährleistet, so werden Zyklen der Lust und der Fortpflanzung geregelt. Nicht der abwägende Verstand also, sondern uralte, ererbte Schichten unseres Verhaltens bestimmen darüber, wie wir spontan reagieren.

Doch damit nicht genug. Zunehmend findet die These Beachtung, dass unser Bewusstsein deformiert sei durch kulturelle Einflussgrößen. Dazu gehören Ideologien, Medienwirklichkeiten, Informationszirkel. Und in der Tat: Unser Bewusstsein ist wesentlich geprägt von diesen Bedingungen. Sie formen ein vielschichtiges Konglomerat, eine künstliche Matrix, die sich direkt auf unsere Wirklichkeitswahrnehmung auswirkt. Daher filtern wir unbewusst aus, was nicht kompatibel mit der Matrix ist. Anders gesagt: Abweichende Phänomene und Gedanken lehnen wir ab. Umgekehrt verstärken wir Eindrücke, die sich im Einklang mit den Bewertungen durch die Matrix befinden.

Scheinhafte Realität

Die Matrix gibt uns Rätsel auf, denn sie ist ein verborgenes System, jenseits unseres Bewusstseins. Dennoch steuert sie unsere Lebensentwürfe, unser Denken und Fühlen. Die Matrix installiert eine kollektive Zwanghaftigkeit der Denkroutinen und Handlungsanweisungen. Wir meinen zu wissen, was richtig und falsch ist, wahr und unwahr. Doch ist das objektivierbar? Oder nur ein erlerntes Raster, vermittelt durch die Matrix? Was, wenn wir den Code der Matrix entschlüsseln könnten? Was, wenn wir uns auf diese Weise zu wahrhaft freien Wesen entwickeln würden?

Gehen wir noch einmal zurück in das Jahr 1999. Damals wartete ein Hollywoodfilm mit einem großen philosophischen Thema auf. Der Film »Matrix« faszinierte Zuschauer weltweit nicht nur durch eine neuartige technische Brillianz, sondern auch durch seine provozierende These: Möglicherweise leben wir alle in einer Scheinwelt und verwechseln künstlich erzeugte Träume mit der Wirklichkeit. Im Anschluss an den überwältigenden Erfolg des Films wurde eine Frage diskutiert, die Philosophen und Mystikern von jeher bekannt ist, von der Allgemeinheit jedoch meist ignoriert wurde. Warum an der Realität zweifeln? Zu evident schien, was wir sehen und begreifen – eine materielle Wirklichkeit, die nicht hinterfragbar ist.

Im Zeitalter der Quantenphysik erhält die Diskussion neue Impulse. Angesehene Wissenschaftler exponieren nun jene These, die der Film zwischen Action und Gewalt zu transportieren versucht: Unsere physische Welt, wie wir sie kennen, muss nicht zwangsläufig die *wahre* Realität sein. Ein revolutionärer Gedanke. Und ein verstörender dazu. Wie viele Dimensionen der Wirklichkeit gibt es? Wie frei sind wir? Können wir selbstbestimmt agieren oder unterliegen wir tatsächlich geheimen Programmen, die zu durchschauen nahezu unmöglich ist?

Der Film »Matrix« gab Antworten darauf, die wir auch in der aktuellen Debatte um Wahrheit und Lüge, Schein und Realität einbeziehen sollten. Auf dramaturgisch höchst raffinierte Weise zog er die Zuschauer in eine Grauzone zwischen wirklicher und unwirklicher Realität. Er verunsicherte und rüttelte auf. Viele, die das Kino verließen, sahen anschließend die Realität mit anderen Augen. Deshalb lohnt sich ein genauerer Blick auf die Handlung des »Matrix«-Films, insbesondere natürlich auch für jene Leser, die den Film nicht gesehen haben. Rekapitulieren wir also die wichtigsten Erzählstränge.

»Matrix« – der Film

Mit ungeheurer Wucht katapultiert uns der Film in eine düstere Welt voller Geheimnisse und Gewalt. Eine Gruppe Polizisten stürmt nachts eine Wohnung in einem heruntergekommenen Viertel, auf der Suche nach einer Frau namens Trinity. Kurz darauf treffen Undercover-Agenten unter Führung von Agent Smith ein. Sie warnen die Polizisten vor Trinity, doch zu spät: Trinity tötet sie mit schier übermenschlichen Kräften. Anschließend flieht sie über die Dächer, wobei ihr Sprünge gelingen, die eines Superman würdig sind.

Trinity betritt eine Telefonzelle, und die Agenten sorgen dafür, dass die Zelle von einem Truck zermalmt wird. Doch Trinity ist entkommen, hat sich buchstäblich in Luft aufgelöst. Smith ist trotzdem zufrieden, denn er hat Trinitys Telefonate mit ihren Gefährten belauscht und weiß nun, dass eine neue Figur die Bildfläche betreten hat: Neo. Dieser Neo, gespielt von Keanu Reeves, heißt eigentlich Thomas Anderson und arbeitet als Programmierer für das Softwareunternehmen Metacortex. Er führt ein Doppelleben. Auf der einen Seite ist er der hilfsbereite Mitbürger, der seine Pflichten erfüllt. Auf der anderen Seite ist er ein berüchtigter Hacker, der bei verschiedenen Cyber-Verbrechen aktiv ist.

Neo spürt, dass in seinem Umfeld merkwürdige Dinge vor sich gehen. Irgendetwas ist da draußen, obwohl er es nicht benennen kann. Immer stärker wird seine Gewissheit, dass es mehr gibt, als er mit seinen Sinnen wahrnehmen kann. Über dunkle Kanäle hat er von einem mysteriösen Programm namens Matrix erfahren sowie von einem gewissen Morpheus, der seine Fragen angeblich beantworten könne.

Eines Abends ist Neo vor seinem Computer eingenickt, als plötzlich ein Satz auf dem Monitor erscheint: »*Wach auf, Neo.*« Noch halb im Schlaf, sieht er, wie weitere Textzeilen auftauchen: »*Folge dem weißen Kaninchen*«, und kurz darauf: »*Klopf, klopf, klopf.*« Im selben Augenblick klopft es dreimal an der Tür. Einige junge Leute stehen vor Neo, die ein illegales Computergeschäft mit ihm abwickeln wollen. Sie fordern ihn auf, mit ihnen in eine Disco zu gehen. Zunächst lehnt Neo ab. Dann aber entdeckt er auf der Schulter eines Mädchens ein eintätowiertes weißes Kaninchen und erinnert sich an die Aufforderung: »*Folge dem weißen Kaninchen.*«

In der Disco lernt Neo Trinity kennen. Sie warnt ihn mit den Worten: »*Du bist in Gefahr. Du suchst die Matrix. Aber die Matrix wird dich finden.*« Am nächsten Tag erhält Neo in seinem Hochhausbüro ein Päckchen. Als er es öffnet, findet er darin ein klingelndes Handy. Morpheus ruft ihn an. Er beschwört Neo, auf der Stelle zu fliehen, da feindliche Agenten ihn geortet hätten. Doch der einzige Fluchtweg führt hinaus durchs Fenster des Hochhauses in den Abgrund. In Todesangst schreckt Neo zurück und lässt sich ohne Gegenwehr von Smith verhaften.

Beim Verhör konfrontiert Smith Neo mit seinen Computervergehen. Gleichzeitig unterbreitet er ihm ein Angebot: Er sichert Neo Straffreiheit für den Fall zu, dass dieser kooperiert. Smith braucht seinen Gefangenen, um in Kontakt mit Morpheus zu kommen, den er als gefährlichsten Terroristen der Welt bezeichnet. Doch Neo besteht auf seinen Rechten und will seinen Anwalt anrufen. Smiths Antwort klingt seltsam: »*Was nützt dir der Anruf, wenn du nicht reden kannst?*« Neo spürt plötzlich, wie sein Mund auf unerklärliche Weise zuwächst. Die Agenten packen ihn, und Smith setzt ihm ein metallenes Insekt auf den Bauch, das sich durch den Nabel in seinen Körper bohrt.

Schweißgebadet wacht Neo auf. Es ist heller Morgen. Hat er das Ganze nur geträumt? Oder war es real? Aus seinem Zweifel wird Gewissheit, denn neben ihm liegt das ominöse Handy. Wieder klingelt es. »Du bist der Auserwählte«, sagt Morpheus. »Heute suchst du mich, aber ich suche dich schon mein ganzes Leben lang.« Sie vereinbaren einen Treffpunkt, an dem Neo von Trinity und ihren Gefährten abgeholt wird. Sie wissen, dass Neos Erlebnisse kein Albtraum waren. Man hat ihm tatsächlich ein mechanisches Insekt eingepflanzt, das ihn kontrollieren soll. Trinity gelingt es, Neo davon zu befreien.

Wenig später stehen sich Neo und Morpheus zum ersten Mal gegenüber. Was Neo erfährt, ist so abenteuerlich, dass alles in ihm zunächst dagegen rebelliert. Morpheus erklärt ihm, die gesamte Welt sei eine Illusion, ein Computerprogramm namens Matrix, das den Menschen eine falsche Realität vorgaukele. Sie seien in der Matrix gefangen, willenlose Sklaven geheimnisvoller Mächte.

Morpheus lässt Neo die Wahl. Er bietet ihm eine blaue Pille an, mit deren Hilfe er sein bisheriges Leben weiterführen kann – in der Realität, wie er sie kennt. Oder er entscheidet sich, die Wahrheit zu erfahren und sich wie Alice in das unwägbare Wunderland vorzuwagen. Dafür muss er eine rote Pille schlucken. Neo entscheidet sich für die rote Pille.

Mit brachialer Gewalt wird er in eine Metamorphose geschleudert, die alles, was er kennt, auf den Kopf stellt. Ein Spiegel verflüssigt sich und ergreift von seinem Körper Besitz. Er verliert sein Haar und erlebt eine schmerzhafte Wiedergeburt in einem schleimigen Kokon. Doch am Ende des schrecklichen Tunnels warten seine neuen Freunde auf ihn. Jetzt ist es Zeit für eine weitere Lektion. Morpheus eröffnet Neo das wahre Wesen der Wirklichkeit. Die bekannte Welt sei nur ein Produkt der Matrix, auch wenn die Menschen sie für real hielten. Die Wahrnehmung von Realität, so argumentiert Morpheus, bestehe letztlich aus Sinnenreizen, die mittels Nervenbahnen ans Gehirn weitergeleitet würden. Erst dort werde aus Wahrnehmungen Wirklichkeit geformt. Sofern es also jemandem gelinge, Gehirne zu manipulieren, könne er für die Betreffenden eine konstruierte Welt erschaffen, ohne dass sie sich dessen bewusst seien.

Neo erfährt, dass die Realität außerhalb der Matrix ein völlig anderes Bild bietet. Ohne es zu ahnen, befindet er sich bereits 200 Jahre weiter in der Zukunft. Morpheus erzählt, dass Anfang des 21. Jahrhunderts intelligente Maschinen die Macht auf der Erde an sich gerissen hätten. Die herrschende Technokratie ziehe ihre Energie seither aus menschlichen Körpern, die in gigantischen Zuchtstationen über Schläuche ernährt werden und ihr geistiges Leben in der Matrix-Illusion fristen.

Allmählich versteht Neo, in welch einem beängstigenden System er sich befindet. Die Menschen sind zu Batterien der Herrschenden degradiert worden. Sie liegen in einer laborähnlichen Maschinerie, wo ihnen mittels Datenanbindungen und psychogenen Substanzen eine harmonische Welt vorgespiegelt wird. So sehen sie nicht, dass ihr Umfeld längst verödet ist. Wie aber konnte es dazu kommen?

Auslöser für die fatale Entwicklung, erläutert Morpheus weiter, sei die künstliche Intelligenz, die Anfang des 21. Jahrhunderts die Maschinen zu übermäßigen Leistungen befähigt habe. Fortan traten sie in Konkurrenz zu den Menschen und machten sie sich untertan. Die Menschen wehrten sich daraufhin und verdunkelten den Himmel, um die auf Solarenergie angewiesenen Maschinen auszuschalten. Einige von ihnen wurden dabei funktionsuntüchtig, um den Preis, dass sämtliche Pflanzen und Tiere starben. Seither nutzen die Maschinen die Bioelektrizität der Menschen als Energiequelle.

Doch es gibt noch einige wenige Bewohner, die nicht in das Computerprogramm Matrix eingegliedert sind. Sie leben unterirdisch, nahe am warmen Erdkern, in der Stadt Zion. Morpheus ist einer von ihnen, ein Rebellenführer, der ein paar Getreue um sich geschart hat. Sie haben die Fassade der Matrix durchschaut und leisten Widerstand gegen die finsteren Mächte. Mit seinem Raumschiff Nebukadnezar kreuzt Morpheus durch die Abwässerkanäle der untergegangenen Zivilisation und versucht, die Machthaber zu bekämpfen. Morpheus weiß überdies von einem Weltenretter, der die Kraft habe, die Matrix zu durchbrechen. »Meine Suche ist vorüber«, verkündet er. »Denn ich habe ihn gefunden: Du bist der Auserwählte.«

Als Neo zweifelt, entschließt sich Morpheus zu einer machtvollen Demonstration der Matrix. Über eine Anschlussbuchse in Neos Hinterkopf wird ein Kung-Fu-Cyberprogramm in sein Hirn geladen. Es beschert ihm innerhalb von Sekunden Martial-Arts-Fähigkeiten. Im Duell mit Morpheus verfügt Neo auf einmal über brillante Kämpferqualitäten, obwohl er vorher nie diesen Sport betrieben hat. Und damit nicht genug: Mühelos kann er die physikalischen Gesetze der Matrix-Welt überwinden. Staunend stellt er fest, dass die Schwerkraft nicht mehr auf ihn wirkt, dass er sich beliebig schnell bewegen und so weit springen kann, wie er will – wenn er sich nur mental von der Matrix distanziert, mit dem Leitspruch: »Die Gedanken sind frei.«

Nun begreift Neo, zwischen welche Fronten er geraten ist. Auf der einen Seite stehen Smith und seine

Agenten als Vertreter der Matrix, auf der anderen Morpheus und die Bewohner Zions. Die Matrix-Herrscher verfügen über enorme körperliche Kräfte. Sie sind Gestaltwandler, können jederzeit in die Hülle eines Menschen schlüpfen, der in dem Energiekokon liegt. Nicht zuletzt das macht die technisch hochgerüsteten Gefängniswärter des Systems so gefährlich. Um Neo in seine Aufgabe einzuweihen, bringt Morpheus ihn zu einem Orakel, dessen Weissagungen die Rebellen spirituell zusammenhalten. Neo ist überrascht, als er einer unscheinbaren älteren Frau gegenübersteht, die in einer armseligen Wohnung lebt. Ihre Weissagung irritiert ihn: Morpheus werde sein Leben für Neo opfern, prophezeit sie, oder Neo werde für Morpheus sterben. Was soll er glauben? Was ist die Wahrheit?

Durch einen Verräter aus Morpheus' Reihen gelingt es Smith, die Rebellen in einen Hinterhalt zu locken. Nach einem dramatischen Zweikampf nimmt er Morpheus gefangen. Ein schwerer Schlag. Nun wird es nur eine Frage der Zeit sein, bis Morpheus' Gehirn gemäß der Matrix programmiert sein wird. Das bedeutet faktisch das Ende der Rebellenbewegung. Die Widerstandskämpfer sehen nur noch einen Ausweg: den realen Morpheus an Bord des Schiffes zu töten, sodass auch sein Alter Ego in der Matrix-Gefangenschaft stirbt. Im letzten Moment verhindert Neo den Mord. Um Morpheus zu befreien, wagt er eine riskante Strategie: Er wird zusammen mit Trinity in die Matrix zurückkehren.

Sie schlucken die blaue Pille. Nach einem erbitterten Feuergefecht überwinden Neo und Trinity die Wachen des Polizeigebäudes und befreien Morpheus. Die Agenten bleiben den dreien auf den Fersen. Neo ist nicht schnell genug und muss sich Smith zum Entscheidungskampf in einem

U-Bahn-Tunnel stellen. Smith unterliegt zunächst. Er wird von einem Zug erfasst, regeneriert sich aber sofort in einem anderen Körper. Nun gibt es kein Entkommen mehr. Von Smiths Waffen getroffen, bricht Neo tot zusammen. Die Rebellen sind völlig demoralisiert. Da erinnert sich Trinity an ihre persönliche Weissagung des Orakels: »Du wirst einen Toten lieben.« Ihr wird bewusst, dass sie Neo liebt und dass kein Tod diese Liebe zerstören kann. Ihr Kuss holt Neo ins Leben zurück. Er tritt ein weiteres Mal an, um seine Mission zu erfüllen. Jetzt kann ihn niemand mehr aufhalten.

Realität und höhere Wahrheit

Wohl selten hat ein Film derart aufwühlend geschildert, dass wir Menschen in einer virtuellen Scheinwelt dahinvegetieren könnten. Andererseits: Ist das wirklich so unwahrscheinlich? Woher wissen wir eigentlich, dass wir nicht vielleicht in einem Traumzustand leben, ohne es zu ahnen? Und was spricht dagegen, dass unsere Träume die wahre Realität sind und wir morgens in der Matrix erwachen?

Wer solche Überlegungen auch nur für einen Augenblick ernst nimmt, wird diese beängstigende Möglichkeit zumindest als eine plausible Option begreifen. Sie würde erklären, warum wir oft das Gefühl habe, nicht bei uns zu sein, das Leben eines anderen zu leben, an freier Entfaltung gehindert zu sein. Sie würde darüber hinaus begründen, warum wir uns bereitwillig einer Fülle von Strukturen unterordnen, die uns unfrei machen. Doch wenn das alles mehr als eine Hypothese ist – wie können wir dann der Matrix entrinnen?

Rufen wir uns die zentrale Botschaft des Films in Erinnerung: »*Befreie deinen Geist!*« Es ist eine Handlungsanweisung, die einfach klingt und doch das Schwierigste überhaupt ist. Angenommen, der Geist ist eine Geisel der Matrix, wie kann er dann aus sich selbst heraus die Macht der Programme überwinden? Welche Energien, welche Informationen stehen dem Geist zur Verfügung, um sich zu befreien? Im Film werden dafür eindeutige Perspektiven genannt. Morpheus steht für »das Wissende«, Neo für das aus dem Griechischen entliehene »Neue«. Das wirft die Frage auf, woher das kostbare Wissen des Morpheus stammt. Das Wissen und das Neue, wie kann es zu den Menschen gelangen, wenn ihr Bewusstsein von der Matrix betäubt ist?

Ich würde die Frage auf eine Weise beantworten, die für uns alle gilt: Morpheus bezieht seine Informationen aus einer Quelle, die der Matrix und der scheinbar realen Welt übergeordnet ist. Man könnte dabei eine Verbindungslinie zum platonischen Weltbild ziehen, in dem das Wahre die Ideen sind und das Reale nur schwaches Abbild dieser Ideen. Materielle Welt und Ideen wären demnach streng getrennt. Der Transfer zwischen beiden Sphären muss dann über jemanden erfolgen, der an die übergeordnete Quelle angeschlossen ist.

Spiritueller Vermittler zwischen Realität und höherer Wahrheit ist traditionell das Orakel. Im Film ist es jene alte Frau, die Neo mit ihrer Weissagung beunruhigt. Gleichzeitig ist es eine Figur, die wir aus der griechischen Mythologie als Orakel von Delphi kennen – ein Medium, welches Zugang zu übergeordneten Seinsebenen hat. Feldherren und Könige pilgerten der Sage nach zum Orakel Pythia, um ihr Schicksal zu erfahren. Auch im Film übernimmt das Orakel diese mediale Funktion, denn nur durch die alte Frau wusste Morpheus von einem Erneuerer. Außerdem gab das Orakel ihm die Kraft, sich durch mühevolles Dekonditionieren von den Illusionen der pseudorealen Welt zu befreien. Er muss im Film zwar in beiden Welten, in der Matrix und in der Wirklichkeit, sterben, erfährt jedoch dabei eine Auferstehung.

An dieser Stelle möchte ich auf etwas sehr Entscheidendes hinweisen: Die Matrix ist nicht das Maß aller Dinge. Sie ist auch nicht unüberwindbar, da etwas existiert, das ihr überlegen ist – die Liebe, symbolisiert durch Trinitys rettenden Kuss. Das ist die eigentliche Botschaft des Films: Wer mit dieser Energie verbunden ist, kann seinen Geist befreien und sich von falschen Programmen lösen. Lediglich der befreite Geist erkennt eine Realität, welche dem inneren Bild des Selbst entspricht. Innerhalb dieser Energieform bestehen keinerlei Einflussmöglichkeiten der Matrix mehr.

Vielleicht wird Ihnen jetzt deutlich, wie aufregend die tieferen Implikationen des »Matrix«-Films sind. Er zeigt uns einen Weg aus der Matrix, dessen verblüffende Klarheit einem Appell gleicht: Wir müssen in unsere Mitte zurückzukehren, in die Authentizität unserer eigenen Herzens- und Liebesenergie. Im Schutzmantel dieser Energie sind wir allen Angriffen und Manipulationen gegenüber resistent und können souverän wir selbst bleiben. Die über sämtlichen faktischen Dingen stehende Allliebe aber ist nichts anderes als die vollkommene Seelenfreiheit des Menschen.

Prinzipiell haben wir jederzeit Zugang zu diesem Wissen. Wie mit einer silbernen Schnur verknüpft, besitzen wir eine ewige seelische Verbindung zur Allschöpfer-Ebene. Ihr sind wir entsprungen, zu ihr kehren wir zurück, wenn wir unser Menschsein in all seinen Facetten ausleben. »Befreie deinen Geist« ist daher eine Botschaft, die wir gar nicht überschätzen können. Leicht fällt uns das nicht, da wir gefangen sind in unseren überkommenen Denkstrukturen. Doch das Denken ist nicht das Mittel der Erkenntnis. Nur vorurteilsloses, bewusstes Schauen dessen, was ist, lässt uns die Wirklichkeit erfahren. Gerade das Denken also, das uns vom Tier unterscheidet, kann uns empfindlich hemmen, weil es eine zweite Realität im Rahmen einer Interpretation erschafft.

Das widerspricht natürlich völlig unserem Selbstverständnis des von Descartes geprägten »cogito ergo sum« – ich denke, also bin ich. Man muss diesen Satz umformulieren, um der Wahrheit näher zu kommen: Ich denke, also interpretiere ich.

Das jedoch geschieht nicht individuell. Vielmehr reagieren wir auf äußere Signale mit konditionierten Denkmustern und halten diese fälschlicherweise für Realität. Den Geist befreien, das bedeutet, sich klar zu machen – zu wissen, und nicht zu glauben –, dass der Geist im wahrsten Sinne des Wortes alles vermag. Er kann sich über Konditionierungen hinwegsetzen und er muss es sogar, um das scheinhafte Wirken der Matrix zu durchdringen.

Die Allschöpfer-Ebene

Hier geraten wir mitten hinein in eine sehr grundlegende Betrachtung unserer Welt und ihrer Verfasstheit. Verlassen wir daher die Handlungsebene des Films und wenden uns den weiterführenden Aspekten des Themas zu. Dann erkennen wir, dass sich der Begriff der Matrix in verschiedene Bedeutungseinheiten auffächern lässt. Im Film bezog sich die Matrix allein auf die Steuerungsmechanismen der Herrschenden, die die Menschen für ihre Zwecke missbrauchten. Weiten wir den Blick auf den universalen Horizont, müssen wir die Matrix wesentlich umfassender definieren.

Generell kann man sagen, dass es sich bei der Matrix um interaktive Programme handelt, in denen alles mit allem verbunden ist. Wir können dabei zwischen mehreren Ebenen unterscheiden. Da ist zum einen die Allschöpfersphäre, die der ersten Schöpfungsebene entspricht. Mit dem Allschöpfer ist jene Entität gemeint, aus der das Sein ursächlich hervorging. Diese Schöpferebene wird als Urmatrix bezeichnet, die hierarchisch über den künstlich erschaffenen Programmen steht. Jene hingegen zeigen eine große Vielfalt. Sie verändern sich und unterliegen permanenten Korrekturen – durch willentliche Eingriffe gesellschaftlich mächtiger »Programmierer«, aber auch durch die Gedanken und Gefühle aller, die auf der Erde leben.

Wenn wir uns also mit der Matrix beschäftigen, müssen wir zwischen den ersten Schöpfungsentitäten auf der feinstofflichen Ebene und den künstlichen Formen der Matrix auf der physischen Ebene unterscheiden. Letztere basieren auf menschengemachten Simulationen und generieren Scheinwelten. Ihr Ziel ist die Unterwerfung des Menschen. In diese Kategorie fallen Begriffe wie Routine, Gewohnheiten und Prägung. Sie werden durch Erziehung und gesellschaftliche Normen erzeugt, eigene Spielräume lassen sie kaum zu. Für mich steht außer Frage, dass demgegenüber ein kosmisches Programm existiert, das sich nicht nur auf materielle Strukturen beschränkt, sondern auch den geistigen Bereich einbezieht. Dieses Programm, das bis heute aktiv ist, wurde von einer energetischen Entität geschaffen, aus einer im wahrsten Sinne höheren Dimension, dem Hyperraum.

Die Allschöpferebene entzieht sich dem manipulativen Zugriff des Menschen, sie ist universal. Ihr liegt ein Strukturschlüssel zugrunde, den Gläubige Schöpfungsplan nennen, während spirituelle Menschen eher von Bestimmung sprechen würden. Zwischen Urmatrix und künstlicher Matrix befindet sich eine dritte Ebene, eine Matrix, die vom Menschen verändert werden kann, jedoch allein über Gedanken und Emotionen. Wer sich mit der Mystik auseinandergesetzt hat, dem wird der Begriff der »Akasha-Chronik« bekannt sein. Das Sanskritwort Akasha bedeutet »Buch des Lebens«. Andere sprituelle Lehren sprechen von der Weltenchronik, dem kosmischen Geistfeld, der planetaren Datenbank oder dem Ätherfeld.

Für die indischen Mystiker ist die Akasha die feinste, subtilste, alles durchdringende Ätherform eines Planeten oder Sonnensystems. In diesem Feld prägen sich die Energien aller Geschehnisse wie auch menschlicher Taten, Emotionen und Gedanken ein und sind von medial begabten Menschen abrufbar. Die Akasha-Chronik ist also eine andere Umschreibung für jene Matrix-Ebene, die zwischen Urmatrix und künstlichen Programmen steht.

Weil diese Matrix mit Codierungen arbeitet, ist es möglich, ihr auf die Spur zu kommen. Im Laufe der Jahrhunderte haben sich diverse Entschlüsselungstechniken herausgebildet, wie Numerologie, Astrologie, Bibelcode, Palmblattbibliotheken, Tarot, I-Ging, Kabbala und Tzolkin. Mit diesen Decodierungsstrategien wurde die Wirklichkeit neu beschreibbar, und man konnte dem tieferen Sinn hinter der verwirrenden Welt der Erscheinungen näherkommen.

Das Weltgedächtnis: Palmblattbibliothek und Tzolkin

Außerordentlich verblüffend sind die Erkenntnisse, die den Besucher einer Palmblattbibliothek erwarten. Deren Offenbarungen wurden der Überlieferung zufolge vor über 5000 Jahren von einem indischen Weisen namens Bhrigu niedergeschrieben. Er muss über immense spirituelle Kräfte verfügt haben. Fest steht, dass er die Gesetze von Raum und Zeit überwinden konnte und Einblicke in das Weltgedächtnis hatte, vielleicht auch in parallele Universen. Sonst wäre nicht erklärbar, wie er in aller Exaktheit die Lebensumstände und das Schicksal späterer Besucher hätte festhalten können, eingeritzt in Blätter der Stechpalme.

Eine der Palmblattbibliotheken Indiens befindet sich in der südindischen Stadt Bangalore. Sie wird seit langer Zeit von der Familiendynastie Shastry verwaltet. Auf den dort lagernden Palmblättern sind die Daten jedes einzelnen Menschen aufgezeichnet, der sich dort einfindet. In der Familie Shastry wurde die Fähigkeit, diese besondere Schrift lesen und interpretieren zu können, von Generation zu Generation weitergegeben. Ein sogenannter Reader kann für den Besucher Gegenwart, Vergangenheit und Zukunft ablesen. Droht ein

Palmblatt zu zerfallen, was etwa alle 800 Jahre geschieht, werden die Daten auf eine neues Palmblatt übertragen.

Wie aber ist es möglich, dass diese Daten überhaupt existieren? Ist das Schicksal aller Suchenden festgelegt? Sind wir tatsächlich so determiniert, dass ein Erleuchteter vor Tausenden von Jahren derart sichere Prognosen abgeben konnte? Alles spricht dafür. Auch Skeptiker reisten zu den Palmblattbibliotheken und wurden eines Besseren belehrt, als man anhand von Geburtsnamen, Geburtsort und Geburtsdatum ihr persönliches Palmblatt heraussuchte. Bis heute gibt es niemanden, der nicht bestätigen konnte, dass alles eintraf, was man ihm weissagte. Dies bestärkt die Auffassung, dass unser Schickal zu großen Teilen festliegt und der freie Wille ein Trugschluss ist.

Zu ähnlichen Folgerungen gelangt man bei der Beschäftigung mit den Kalendarien der Maya, beispielsweise dem Tzolkin. Er beruht auf jahrhundertelanger Erfahrung, die man aus der Beobachtung der Himmelsgestirne zog. Mit bloßem Auge registrierten die Astronomen der Maya die Bewegung der Planeten und setzten sie in Beziehung zu Saat und Ernte, Naturkatastrophen und prosperierenden Phasen. Daraufhin konnten sie Voraussagen treffen, wann die günstigsten Bedingungen für die Aussaat waren, wann man mit Missernten zu rechnen hatte und wie man im Einklang mit den Naturphänomenen lebte.

Die Fähigkeit der Maya, aus der Vergangenheit die Zukunft zu extrapolieren, überrascht noch heute. Sie legte den Grundstein für die Blüte ihrer Zivilisation. Gleichzeitig gibt die bis heute gültige Genauigkeit des Tzolkin der Determinierungsthese weitere Nahrung. Zufälle gibt es nicht in diesem Weltbild, alles ist festgelegt. Was aber ist die Macht, die die Ereignisse vorbestimmt? Bei den Maya waren es Gottheiten wie die Sonne, beim Orakel Pythia waren es die griechischen Götter. Woran können wir glauben? Welche Vorsehung lenkt uns?

Unbestritten ist, dass auch der moderne Mensch höheren Steuerungen unterliegt. Hirnforscher gehen davon aus, dass nur etwa 30 Prozent unserer Entscheidungen dem freien Willen zu verdanken sind. Die restlichen 70 Prozent bestehen aus Programmen. Daraus folgt aber auch, dass es keine absolute Determinierung gibt, keine Totalität der Bestimmung, sondern mögliche Freiheitsgrade. Sie hängen wesentlich davon ab, wie hoch das Bewusstsein eines Menschen entwickelt ist. Das sogenannte »½-Sekunden-Phänomen« jedenfalls belegt, dass unser Wille überwiegend fremdbestimmt wird. Wie kam es zu dieser Entdeckung?

Wegweisend waren die Versuchsanordnungen des Neurophysiologen Benjamin Libet. Er forderte Probanden auf, eine bestimmte Taste zu drücken, wann immer sie Lust dazu hatten. Gleichzeitig wurden mittels des EEG die elektrischen Aktivitäten des Hirns gemessen, oder, in der Fachterminologie ausgedrückt, das elektrophysiologische Bereitschaftspotenzial. Mit diesem Terminus bezeichnet man den messbaren Impuls, der zu einer Handlung führt. Das Ergebnis war äußerst verblüffend, denn das Signal existierte bereits vor dem Entschluss, der als bewusst empfunden wurde. Schon bevor sich die Intention herausbildete, lag also das Bereitschaftspotenzial vor, und zwar 350 Millisekunden vorher – fast eine halbe Sekunde. So konnte man feststellen: Ein äußerer Auftrag zum Entschluss, beispielsweise ein Glas Wasser zu trinken, ist bereits eine halbe Sekunde zuvor als Signal im Gehirn aktiv.

Dennoch haben wir eine Chance auf Selbstbestimmtheit. Libet bezeichnet sie als »Vetorecht«. In dem Moment, in dem wir einen Auftrag ausführen, können wir uns immerhin bewusst werden, dass dies ein Auftrag ist, keine freie Entscheidung. Dann können wir die Handlung abbrechen oder variieren. Ohne ein sehr hoch entwickeltes Bewusstsein bleibt uns diese Option allerdings verwehrt. Jetzt können Sie möglicherweise besser nachvollziehen, dass die Matrix weit mehr ist als ein interessanter Gegenentwurf zu unserer als real bezeichneten Welt. Die Matrix ist ein vielschichtiges System der Beeinflussung, das in Abstufungen vom universalen Programm bis zu den künstlichen Programmen reicht.

Vorläufigkeit der Wahrnehmung

Für den Aufbau einer Scheinwelt brauchen wir nicht einmal ein interaktives neuronales Programm. Unsere Wahrnehmung ist ohnehin vorläufig und lässt keinen objektivierbaren Aufschluss über unser Umfeld zu. Was wir sehen, schmecken, tasten und berühren können, ist nur ein schmaler Ausschnitt des großen Ganzen. Selbst unsere direkte Umgebung nehmen wir nur fragmentarisch wahr, in einem Verhältnis von ungefähr eins zu einer Million. Dieses Missverhältnis ist wesentlich auf mentale Filter zurückzuführen, die alles von unserem Bewustssein fernhalten, was nicht relevant erscheint. Was wir Wahrnehmung nennen, ist letztlich permanente Selektion. Der überwiegende Teil dessen, was uns umgibt, bleibt dabei ausgeblendet, auch als Schutz vor Überlastung. Insofern ist die vermeintliche Realität, die wir betrachten, lediglich ein Millionstel dessen, was existiert.

Ein triviales Beispiel mag das erhellen. Wer sich für Krimis begeistert, kennt die klassische Situation: Ein Zeuge meint, alles gesehen zu haben, und doch sind ihm aufschlussreiche Details entgangen. Er hat sie für unwichtig gehalten und deshalb nicht wahrgenommen. Erst ein genialer Ermittler wie Sherlock Holmes ist dann fähig, scheinbar irrelevante Kleinigkeiten in ihrer Bedeutung zu erkennen und zu entschlüsseln, um einen Fall zu lösen. Er kann es deshalb, weil er nicht auf der Ebene der Routine bleibt, sondern jede erdenkliche Erfahrung zulässt. Der winzige Wirklichkeitsausschnitt erweitert sich, etwas Übergeordnetes wird sichtbar – in diesem Fall die Logik des Täters, der Spuren hinterlassen hat.

Wir müssen davon ausgehen, dass wir die meisten Dinge noch nie gesehen, noch nie wahrgenommen haben. Ein historisches Beispiel demonstriert diesen Ausblendungsmechanismus sehr anschaulich. Als Kolumbus Amerika entdeckte, ankerten seine Schiffe wenige Meter vor der Küste, und er konnte deutlich die am Ufer stehenden Einheimischen erkennen. Die Eingeborenen aber nahmen die Schiffe vor ihrer Küste nicht wahr. Sie sahen sie einfach nicht, weil sie keine Schiffe kannten und diese seltsamen Gebilde daher nicht in ihre gewohnte Welt passten – sie konnten die Schiffe mit nichts aus ihrer bekannten Erfahrungswelt vergleichen. Die Psychologie bezeichnet dieses Phänomen als »blinden Fleck«. Vieles bleibt dabei unerkannt und ausgegrenzt, obwohl es zweifelsfrei existiert.

Heute könnte man diese Wahrnehmungseinschränkung mit der Haltung eines Radiohörers vergleichen, der immer nur einen – und noch dazu den falschen – Sender eingestellt hat. Er konzentriert sich lediglich auf ein einziges monotones Programm, ohne Bewusstsein dafür, dass es nur ein ganz bestimmtes Segment der Wirklichkeit abbildet. Die anderen Sender, die ihm Aufschluss geben können, bleiben ungehört, die wahre Realität bleibt verborgen.

Selbst wenn sich vorbewussten Menschen etwas offenbart, werden sie es also nicht sehen, da es nicht in ihre begrenzte Welt passt. Daher möchte ich betonen, wie enorm wichtig es ist, uns und unsere Vorstellungen nicht zu begrenzen. Wir sollten alles für möglich halten, auch wenn es sich unglaublich anhören mag. Solange sich jemand in einer Welt der künstlichen Begrenzungen bewegt und diese für die ausschließliche Realität hält, so lange wird sich auch nichts Außergewöhnliches für ihn verändern. Er bleibt ein Sklave seiner eigenen Vorstellungen.

Innenwelt und Außenwelt

Der »Matrix«-Film, so könnte man jetzt einwenden, ist lediglich ein Produkt Hollywoods. Warum also sollte er uns zu einer substanziellen Wahrheit führen? Ich freue mich, wenn mir jemand diese Frage stellt. Denn er gibt mir Gelegenheit, auf die Verbindung mit unserer Philosophiegeschichte, aber auch mit den Erkenntnissen der modernen Naturwissenschaft hinzuweisen.

Der Theologe und Wissenschaftler Pierre Teilhard de Chardin deutet diese notwendige Verknüpfung an, wenn er sagt: »Der Augenblick ist gekommen, sich endlich bewusst zu werden, dass jede Interpretation des Universums, sogar die positivistische, um befriedigend zu sein, nicht nur die Außen-, sondern auch die Innenseite aller Dinge berücksichtigen muss; den Geist im gleichen Maße wie die Materie. Die wahre Physik ist jene, der es eines Tages gelingen wird, den Menschen in seiner Gesamtheit in ihre kohärente Darstellung der Welt zu integrieren.« Teilhard de Chardin spricht aus, worum es in den Wissenschaften eigentlich geht, auch wenn viele Forscher diesen Punkt ignorieren: Wir benötigen nicht nur eine Erklärung für die äußere Seite der Realität, sondern auch für die innere. Aus dieser Perspektive heraus lassen sich Aussagen über die Innenseite der Materie machen. Sie übt prägenden Einfluss auf die Außenseite aus und ist das, was wir unter Geist verstehen. Mit der Vernachlässigung der Innenwelt jedoch verarmen wir, da wir die geistigen Aspekte ausblenden.

Das betrifft nicht nur die konventionelle Naturwissenschaft. Geistlosigkeit und die Leugnung des Geistes berauben uns unserer wichtigsten Potenziale. Eine Gesellschaft, die ihren Fokus allein auf die Außenwelt richtet, bringt Menschen hervor, welche unbewusst und marionettengleich einem für sie geschriebenen Programm ausgeliefert sind. Sie handeln im Bewusstsein, ihrem freien Willen zu folgen, und gehorchen doch unerkannt der Matrix.

Die gute Nachricht ist, dass kein Grund zum Fatalismus besteht. Betrachten Sie sich selbst einmal als ein Universum in sich. Alles ist darin enthalten. Sie haben Ihr Bewusstsein nur scheinbar ausgegrenzt, und diese Grenze wird durch Ihren Verstand markiert. Allein Ihr matrixbestimmtes Denken ist es, was Sie daran hindert, sich selbst als Universum wahrzunehmen. Möchten Sie wissen, was Ihr inneres Universum beabsichtigt? Und ist Ihnen klar, dass etwas außerhalb existiert, ein übergeordnetes Programm, welches die Funktion und Absicht des gesamten Universums bestimmt?

Sie haben den ersten Erkenntnisschritt vollzogen, wenn Ihr Geist lernt, zwischen verschiedenen Matrix-Ebenen zu differenzieren. Im Gegensatz zur künstlichen Matrix und zur Matrix des Weltgedächtnisses zielt die Urmatrix des Allschöpfers auf Vervollkommung. Daher gilt es, von nun an zu unterscheiden zwischen Bestimmung und Manipulation, zwischen künstlicher Matrix und Urmatrix.

Wenn Sie erfahren möchten, wer Sie wirklich sind, sollten Sie beharrlich nach der Antwort suchen. Sie liegt nicht »irgendwo da draußen«, sie steckt in Ihrem Selbst, unabhängig von Verstand und Reflexion. Die richtige Antwort werden Sie finden, wenn Sie sich von Ihren Gedanken lösen, die letztlich nie Ihre eigenen Gedanken sind. So provozierend es auch klingen mag: Obwohl wir unsere Verstandesleistungen gern als originell und einzigartig empfinden, sind sie es nur bedingt. Die Wahrscheinlichkeit ist groß, dass wir lediglich variieren, was andere bereits gedacht haben. Im Grunde genommen, ähnelt jeder manipulierte Gedanke einer Bewusstseinspille, die Ihnen auf der Zunge zergeht. Jeder Gedanke zerlegt Ihre Existenz in Fragmente und verstellt den Blick für die wahre Realität. Sofern Sie sich aber von allen Gedanken lösen, sind Sie bei sich, bei Ihrem Selbst in seiner großartigen Individualität.

Falls Sie dies verinnerlichen, haben Sie zugleich die Gebrauchsanweisung für dieses Buch. Dann lesen Sie nicht einen Text, Sie lesen vielmehr in dem Bewusstsein Ihres eigenen

Seins und seiner Quelle. Ich gebe zu, dass dies so unglaublich scheint, dass Sie sich möglicherweise dagegen auflehnen. Und doch wird diese Wahrheit uns alle bis ins Mark erschüttern, wenn wir sie in ihrer ganzen Tragweite verstehen. Um noch einen Schritt weiter zu gehen: Dass Sie gerade diese Zeilen lesen, ist Teil eines kosmischen Programms, welches auf Sie einwirkt. Auch wenn Sie meinen, mit der Lektüre eine selbstbestimmte Entscheidung getroffen zu haben, ist der Anteil Ihrer eigenen Wahlmöglichkeit erstaunlich gering, wie die naturwissenschaftlichen Experimente Libets und zahlreicher seiner Kollegen beweisen. Daraus folgt: Wir sind nicht frei. Wir folgen Aufträgen.

Die Aufträge der Matrix

Wenn wir unseren Geist befreien wollen, kommt es darauf an, uns der Aufträge bewusst zu werden. Vor allem sollten wir ergründen, wer der Absender des Auftrags ist. Handelt es sich um zivilisatorische Zwänge? Um Triebe? Oder haben wir Anschluss an die Urmatrix? Jeder hat grundsätzlich die Möglichkeit, sich von überlagernden Strukturen zu lösen. Somit geht es um die sukzessive Aufdeckung von Einflüssen, die auf den Menschen einwirken. Dies ist der Beginn eines heilsamen Prozesses. Wir können ihn jederzeit initiieren, denn selbst eine marionettenhafte Daseinsform lässt noch persönliche Einflussbereiche offen, in denen der freie Wille einen größeren Anteil gewinnen kann.

Sobald wir die Wirkungsebenen jeglicher Matrix erkennen, führt das zu einer Veränderung des persönlichen Verhaltens. Zunächst setzt eine kurze Schockphase ein, die unvermeidlich ist, und Anzeichen einer beginnenden Transformation. Kein Wunder: Wir sind irritiert, wenn unsere gewohnten Raster wegfallen. Das erleben wir als Orientierungsverlust. Danach aber werden sich das Fühlen und Handeln positiv verwandeln.

Wir spüren, dass wir ausgetretene Pfade verlassen können und allein unserem erwachten Bewusstsein folgen dürfen.

Dieses Buch stellt Sie vor die gleiche Wahl, die Morpheus Neo anbietet: Sind Sie bereit, die sogenannte Realität zu demaskieren, oder möchten Sie weiter in Ihrer scheinhaften Wirklichkeit verweilen? Was ziehen Sie vor, die rote oder die blaue Pille? Die Entscheidung liegt bei Ihnen. Falls Sie sich aber für die rote Pille entscheiden, steht Ihnen die Welt in ihrem ganzen Reichtum und ihrer unfassbaren Schönheit offen. Dann erkennen Sie, wer Sie wirklich sind und welche Bestimmung Sie führt. Sie lösen das letzte, das größte Rätsel: den Sinn Ihres Lebens.

2. LUZIFERS GÖTTLICHER AUFTRAG

Die Entstehung der Welt

Wie kam die Matrix in die Welt? Warum ist sie so wirkmächtig? Und warum haben die Menschen mit den Programmen der künstlichen Matrix das Wesen der Urmatrix verzerrend nachgeahmt – vielleicht sogar zuweilen unbewusst?

Hier stellt sich die Frage nach dem Beginn, die Königsfrage aller Wissenschaften. Die Entstehungsgeschichte des Universums gehört zu den aufregendsten Forschungsfeldern überhaupt. Sie erschöpft sich bei Weitem nicht in der gängigen Big-Bang-Theorie. Ihr zufolge brachte eine gigantische Eruption von Energie einen Körper mit unvorstellbar hoher Massedichte zur Explosion und schuf das heute bekannte Universum, das sich seither stetig ausdehnt.

Lange dachte man, dass diese Bewegungsenergie sich im Laufe der Zeit abschwächen werde. Neuerdings gibt es Gewissheit, dass das Gegenteil der Fall ist. Im Jahr 2011 erhielten die Physiker Saul Perlmutter, Brian P. Schmidt und Adam G. Riess den Nobelpreis für die Entdeckung, dass sich das Universum sogar immer rascher ausdehnt und diese Beschleunigung ewig währen wird. In zwei voneinander unabhängigen Forschungsprojekten hatte man die Explosion von sogenannten Supernovae beobachtet. Dabei stellte man fest, dass das Licht von deren Explosionen schwächer war, als berechnet. Daraus konnte man schließen, dass die jeweilige Supernova sich schneller von unserem Planeten entfernte, als ursprünglich angenommen.

Diese Entdeckung belegt, dass die Schöpfung noch lange nicht abgeschlossen ist, ja, nie abgeschlossen sein wird. Im gesamten Universum befindet sich alles unablässig in Bewegung. Ein statischer Zustand wäre ein hypothetisches Endresultat, das jedoch durch die Entdeckung der Nobelpreisträger ausgeschlossen werden konnte. Man vermutet, dass unser Universum etwa 14 Milliarden Jahre alt ist. Seither dehnt es sich aus. Mit welchem Ziel? Aus welchem Grund? Die Forscher sind sich einig, dass sogenannte dunkle Energie dafür verantwortlich ist, über die man bis heute kaum etwas weiß. Zusammen mit der sogenannten dunklen Materie macht sie 95 Prozent des Universums aus. Nur fünf Prozent entfallen auf bekannte Materie wie Galaxien, Sterne, Planeten, Flora und Fauna.

Das wahre Rätsel aber verbirgt sich in der Frage, warum das Universum überhaupt geschaffen wurde und wer welches Ziel damit verfolgt. Gibt es einen Masterplan? Und wo könnten wir ihn verorten? In der theoretischen Physik wurden wiederholt Versuche unternommen, eine sogenannte »Weltformel« aufzustellen, mit der nahezu alles berechenbar ist. Bereits vor geraumer Zeit ist dies dem Physiker Burkhard Heim gelungen. Fernab von der Öffentlichkeit arbeitete der Schüler des Nobelpreisträgers Werner Heisenberg eine physikalisch-mathematische Struktur aus, die den gestellten Anforderungen gerecht wird.

Das Dimensionenmodell Burkhard Heims

Heim, der unter Fachleuten als einer der wichtigsten Wissenschaftler nach Einstein eingeschätzt wird, entdeckte die einheitliche Massenformel. Sie ermöglicht die von allen Physikern gesuchte »große Vereinheitlichung«, die einer Weltformel gleichkommt. Nach Heims Untersuchungen müssen wir von einer zwölfdimensionalen Ebene des Seins ausgehen. Sie ist der einleuchtendste Interpretationsschlüssel, über den wir heute verfügen. Auf der Erde bewegen wir uns im vierdimensionalen Raum. Unter den ersten drei Dimensionen verstehen wir bekanntlich Länge, Breite und Höhe, von Heim als $X1$, $X2$ und $X3$ gekennzeichnet. Als vierte Dimension kommt die Zeit hinzu, die $X4$-Dimension.

So weit die bekannten Dimensionen. Aber Heim geht noch weiter. Es folgt die fünfte Dimension $X5$, in der die Matrix-Programme abgelegt sind, darauf $X6$, die sechste Dimension, in der Strukturen gebildet werden. In der siebten und achten Dimension, $X7$ und $X8$, sind Informationen gespeichert, einmal quantitativ, einmal qualitativ. Mit der neunten Dimension $X9$ setzt eine noch höher stehende Ebene ein, die man als Beobachter definieren kann. Hier finden die Bewertungen der darunterliegenden Dimensionen statt. Der zehnten Dimension $X10$ kommt eine Sonderrolle zu, denn hier ist unser höheres Selbst verankert, als selbstlose, voll erwachte Existenzform. So wie auch $X11$ und $X12$ gehört sie zur Sphäre des Geistes. In $X11$ vereinigen sich alle Seelenaspekte des Menschen, $X12$ schließlich umfasst das Sein an sich wie auch das Nicht-Sein. Hier gibt es keine individuelle Seele mehr, nur noch das unteilbar Göttliche.

Innerhalb der Vierdimensionalität spielt sich unsere Sinneswahrnehmung ab, alle darüberliegenden Dimensionen bestimmen weitgehend unerkannt unser Schicksal. Doch was ist dieses Schicksal? Welche Kräfte bestimmen es? Jenseits der zwölf Dimensionen muss es zweifellos einen Urgedanken, eine Urstruktur gegeben haben, die erst die Dimensionen hervorbrachte. Diesen Auslöser nenne ich die Urmatrix oder, dem mathematischen Modell Burkhard Heims folgend, die außerhalb stehende X-Ebene. Sie ist der Bereich, der sämtliche jemals gedachten Gedanken erzeugt und speichert und der ebenfalls als eine Art Matrix definiert werden kann. Diese Ausprägung der Matrix konstituiert sich täglich neu. Alles, was ein Mensch oder eine Entität denkt, wird gemeinsam mit der dabei erlebten Emotion abgespeichert. Je intensiver die Emotion ist, desto stärker ist die entsprechende Sendeleistung und desto größer ist auch die Reichweite, um das Gedachte abzuspeichern.

Strukturgebende Prozesse der materiellen Welt im Sinne des dreidimensionalen Raums werden von nicht materiellen, hochkomplexen Koordinatensystemen aus der fünften und sechsten Dimension gesteuert. Diese existieren dort als dynamische Baupläne. Sie sind unabhängig von Zeit und Raum, können also zu jedem beliebigen Zeitpunkt und an jedem beliebigen Ort wirken. Andererseits erleben diese Baupläne selbst Veränderungen. Sie machen quasi Erfahrungen mit sich und der materiellen Welt, in die die Menschheit eingebettet ist. Unsere Persönlichkeitsstruktur und der persönliche Kern des Menschen können als eine solche Struktur, die ihren Sitz in der fünften und sechsten Dimension beherbergt, aufgefasst werden.

Den naturwissenschaftlichen Beweis für seine Strukturformel erbrachte Burkhard Heim bereits 1970. Später kam seine Theorie in den Teilchenbeschleunigern DESY und CERN zur Anwendung und konnte erfolgreich überprüft werden. Unter anderem beschreibt seine Massenformel, dass sich jede Aktivität von Elementarteilchen als Ereignis von inneren geometrischen Eigenschaften des Raums darstellen lässt. Vor Heim ließen sich nicht materielle Phänomene wie Gedanken, Emotionen, Ideen und Naturgesetze im materiellen Bereich nicht vollständig erklären. Mit der Massenformel gelang dies, weil Heim solche Phänomene den höheren Dimensionen zuordnete. Hier sind gewissermaßen zeitlose Baupläne für gleich geartete Strukturen abgelegt, sogenannte Holo-Morphismen.

Die Baupläne realisieren sich unter geeigneten materiellen Randbedingungen und schlagen sich in der Realität nieder, wodurch sich die Materie vom Elementarteilchen bis hin zum lebenden Organismus als streng durchstrukturiert darbietet.

Der steuernde Einflussbereich des materiellen Geschehens erfolgt quasi von innen heraus, in den kleinsten Bestandteilchen der Materie. Aus dieser Erkenntnis ist abzuleiten, dass die eigentlichen steuernden Strukturen aus dem Mikrokosmos heraus agieren. Wahrnehmung ist deshalb ein Auswahlprozess, bei dem die Bewusstseinslage des Wahrnehmenden resonanzhaft bestimmt, welche Strukturen er aus der Totalität der Möglichkeiten auswählt und ins eigene Wahrnehmungsfeld rückt. Daraus können wir folgern: Nichts, aber auch gar nichts darf heute mehr als objektive, unabhängig vom Beobachter existierende Wirklichkeit angesehen werden.

Die Urmatrix

Wie können wir uns nun die übergeordnete Matrix vorstellen? Um ihr näher zu kommen, müssen wir von einer Nullzeit ausgehen, einem permanenten »Jetzt«: dem Hyperraum. Alles wird hier aufbewahrt, keine Information kann verloren gehen. Das Gesamtkonvolut von Gedanken und Informationen ist grundsätzlich jederzeit abrufbar. Das geschieht bereits, wenn wir uns an etwas erinnern wollen. Dann begeben wir uns in einen resonanzähnlichen Zustand zum einmal Gedachten: Wir koppeln uns in den Hyperraum ein.

Das Wort »Hyper« stammt aus dem Griechischen und bedeutet so viel wie »überfliegen; stets für den Geist zugänglich sein«. Hier ist der Ort, wo unser Geist sein virtuelles Zuhause hat. Die Gedanken, die wir denken, sind nicht in der Physis abgelegt. Die neuronalen Netzwerke unseres Gehirns fungieren sozusagen nur als Hardware, innerhalb derer die Software, das Bewusstsein, benutzbar wird. Die Hardware ermöglicht geistige Aktivität, doch sie ist nicht geistige Aktivität, da ein Gedanke als solcher mit sich selbst nichts anfangen kann.

Sie zweifeln daran? Dann stellen Sie sich vor, Sie würden sich selbst unter dem Mikroskop betrachten. Schrittweise dringen Sie bis in Ihre neuronalen Netzwerke vor. Sie sehen Ihre Hirnmasse, Ihre Nervenzellen, erkennen die verschiedenen Hirnareale mit ihren spezifischen Aufgaben. Sie können darüber hinaus elektrische Hirnaktivitäten messen und neurochemische Prozesse analysieren. Ihr Wissen und Ihr Bewusstsein aber werden Sie nicht finden. Selbst Hirnforscher haben es lange versucht, ohne Erfolg. Weder Wissen noch Bewusstsein sind in unserem Hirn abgespeichert und damit nicht in der Physis lokalisierbar.

Andererseits steht fest: Ein einzelner Gedanke hat nur über die Zeitdimension die Möglichkeit, sich selbst auf den unteren Ebenen zu erfahren, zu erkennen, zu reflektieren und auszutauschen, um schließlich neue Gedanken zu generieren. Seit Anbeginn der Schöpfung wird ein Ideal dieses Austauschs angestrebt – wir befinden uns nach wie vor in der Optimierungsphase. Wie aber kommt es zum entscheidenden Transfer?

Wenn wir die Evolution betrachten, so sehen wir, dass die Entwicklung einer zunehmenden Vielfalt biologischer Systeme auf der Erde immer auf Austausch beruhte. Das evolutionäre Prinzip basiert auf Kommunikation, mittels einer immer komplexer werdenden Wechselwirkung mit der Umwelt. Dafür wird fortschreitend mehr Information benötigt, mehr Geist, weitere Gedanken, die abgespeichert und zwecks erneuter Erfahrung aufgerufen werden können. Das System des Informationstransfers kann daher ebenfalls als eine Matrix verstanden werden, die sich selbst durch das Gedachte erschafft. Jedes denkende Wesen ist demnach Teilnehmer einer Matrix und generiert ein neues Programm, eine modifizierte Matrix.

Geist und Schöpferkraft

Anders verhält es sich mit der Urmatrix, die ich hier genauer erläutern möchte. Vor der Entstehung des heute bekannten Universums und der Möglichkeit, Materie und Geist zu vereinen, existierte bereits die »Allschöpferebene«. Sie befindet sich außerhalb jeglicher Vorstellung und auch außerhalb der Zeitlichkeit. Wir sprechen von einem Zustand, in dem es nichts als den Gedanken in reiner Form gab. In Anlehnung an die religiöse Mythologie könnte man es so formulieren, dass Gott über sich selbst nachdachte. Am Anfang, vor aller Zeitlichkeit, war Geist der Gedanke des Allschöpfers, das »alles, was ist«.

Zu diesem Zeitpunkt gab es also nur Gedanke und Idee, ohne materielle Entsprechung. Demzufolge gab es auch keine Assoziation, keine Erinnerung, einfach nichts – bis ein folgenreicher Anfangsimpuls erstmals einen Gedanken in die physikalische Wirklichkeit transformierte. Dem Gedanken entsprechend entstand der Kosmos mit seiner Zeitlichkeit. Hier begann die Entwicklung im Sinne der Evolution – der Kosmos befand sich im Zustand des Werdens, und die hierfür erforderlichen Naturgesetze traten in Erscheinung. Im Auftrag des Allschöpfers und seines ursprünglichen Gedankenbilds prägte sich der Mensch heraus – »Gott schuf den Menschen nach seinem Bilde«. Auch in uns schlummert dieser göttliche Funke. In der Regel schöpfen wir aus bereits Vorhandenem oder aus unserer Erinnerung. Wir können assoziieren, verbinden, ergänzen und modifizieren. Doch wir können noch weit mehr: aus dem materiellen Nichts etwas Neues entstehen lassen, das sich dann auch materialisiert – wie die Skulptur, die zunächst nur vor dem geistigen Auge des Bildhauers existent war.

Diese Tatsache konfrontiert uns mit einem gewaltigen Schöpfungsakt, in dem das Nichts, das zugleich potenziell alles beinhaltet, sich selbst reflektiert. Dadurch bringt es sich selbst in Aktion und erzeugt eine Bewegung, indem es über sich nachdenkt. Dies verrät einiges über das Schöpferische an sich. Eine reine Seinsform, die sich selbst reflektiert und damit eine Aktion hervorruft, erfordert ein Gegenüber, eine Polarität. Dies war der Augenblick, in dem das Universum und die

Dimensionen entstanden. Ein großer Moment, die Urschöpfung schlechthin. Sie leitete den Zyklus von Werden und Vergehen ein und schuf alles, was wir als Sein bezeichnen.

Jetzt erschließt sich auch das Rätsel des geheimnisvollen Big Bang, der astrophysikalisch als gesichert gilt, dessen Motivation aber lange im Dunkeln lag. Sie erschließt sich, wenn wir Geist und Physik zusammendenken. Auf der ersten Schöpfungsebene gab es demnach einen Zustand, in dem alles auf engstem Raum konzentriert war. Aus diesem Mikroraum heraus erfolgte jene gigantische Explosion, die sich wie ein rasch aufgeblasener Ballon in alle Richtungen ausdehnte. In dieser Phase entstanden Urmaterieteilchen, welche die eigentlichen elementaren Träger des Geistes sind.

Skeptiker könnten anführen, dass es sich bei den beschriebenen Vorgängen allein um physikalische Phänomene handele. Es hat sich aber gezeigt, dass Milliarden von Möglichkeiten ausgeschlossen werden mussten, um das Universum in seiner heutigen Form hervorzubringen. Ohne eine strukturierende Ebene ist das schwerlich vorstellbar. Und bis heute gilt, dass ohne geistige Vision nichts Neues geschaffen werden kann. Aber was ist Geist in diesem Zusammenhang?

Wenn man bedenkt, dass mehrere Nobelpreisträger und Erfinder berichten, der entscheidende Gedankensprung sei ohne jede intellektuelle Anstrengung erfolgt, eher intuitiv, manchmal sogar im Traum, dann liegt nahe, dass es ein universelles Geistmuster geben muss, dessen Erkenntnis wie eine Erleuchtung wirkt. Viele bedeutende Physiker schildern solche Erfahrungen. Der Quantenphysiker Jack Sarfatti schreibt: »Wir haben erkannt, dass Bewusstsein und Energie eins sind.« Der Psychiater und Philosoph C. G. Jung postuliert: »Psyche und Materie sind aus demselben Stoff.« Und Astrophysiker Arthur Stanley Eddington pointiert seine Theorie in dem Satz: »Der Stoff der Welt ist Geist-Stoff.«

Eine wissenschaftliche Trendwende scheint sich abzuzeichnen, die das Verhältnis von Geist und Materie neu bestimmt.

Eindringlich erläutert das der Physiker und Astronom James Hopwood Jeans: »Nimmt man die unterschiedlichen möglichen Beweisführungen zusammen, wird es immer wahrscheinlicher, dass Realität mit ›geistig‹ treffender beschrieben wird als mit ›materiell‹. Das Universum scheint einem großen Gedanken ähnlicher zu sein als einer großen Maschine.« Mit dem Physiker Louis De Broglie könnte man hinzufügen: »Physik, Metaphysik, Fakten und Ideen, Materie und Bewusstsein sind ein und dasselbe.« Die philosophischen Implikationen referiert Werner Heisenberg mit den Worten: »Die übliche Teilung der Welt in Subjekt und Objekt, Innenwelt und Außenwelt, Körper und Seele ist nicht mehr angemessen.«

Auffallend ist, dass sich Physiker des 20. Jahrhunderts zunehmend mit der transzendenten Dimension des Geistes auseinandersetzten, auch dann, wenn sie nicht im engeren Sinne gläubig waren. Es kommt schon einer gewissen Paradoxie gleich, dass der bekennende Atheist Albert Einstein den Geist fast anthropomorph schildert: »Jeder, der sich ernsthaft mit der Wissenschaft beschäftigt, gelangt zu der Überzeugung, dass sich in den Gesetzen des Universums ein Geist manifestiert – ein Geist, der dem des Menschen weit überlegen ist und angesichts dessen wir uns mit unseren beschränkten Kräften demütig fühlen müssen.« Nachdem der Schöpfergott säkularen Weltbildern gewichen war, kehrte der Schöpfungsgedanke mit der Kategorie des Geistes also wieder in die Debatte zurück.

Physikalisch betrachtet, sind die Träger des Geistes Elektronen, jene negativ geladenen Elementarteilchen, die die Atomhülle bilden. Jedes Elektron »weiß« von jedem anderen Elektron, in welchem Zustand es sich befindet. Wenn nun Elektronen über unser Bewusstsein auch andere Elektronen beeinflussen können, kommt dies der Vorstellung eines universellen Geistes schon recht nahe. Der heilige Dionysius, Bischof von Athen und von Paulus zum Christentum bekehrt, schrieb: »Das Bewusstsein, der Urgrund allen Seins, ist in unserem Geist, in unserer Seele und in unserem Körper. Es ist im

Himmel wie auf Erden. Und doch bleibt es sich selbst immer gleich. Es ist in und über der Welt, gleichzeitig rundherum. Es geht über den Himmel hinaus, wie überhaupt über alles Seiende. Es ist alles, was existiert, Sonne, Gestirn, Feuer, Wasser, Wind, Tau, Wolke, Fels, Stein.«

Die poetischen Worte sprechen eine Erkenntnis aus, die Jahrhunderte vor der Quantenphysik bereits als intuitive Gewissheit existierte. Wir müssen uns darüber im Klaren sein, dass jede Aussage über unsere Welt letztlich eine Aussage über geistige Phänomene ist. Nicht nur deshalb, weil Theologen und Philosophen die Welt für vom Geist durchdrungen halten, sondern weil unsere Gedanken, Gefühle, Vorstellungen, Erinnerungen – also geistige Prozesse – die wahrgenommene Welt konstituieren. Es gibt weder eine neutrale Wahrnehmung noch eine wertneutrale Beschreibung. Pierre Teilhard de Chardin meint dazu: »In jedem Teilchen, jedem Atom, jedem Molekül, jeder Materiezelle leben und wirken im Verborgenen die Allwissenheit des Ewigen und die Allmacht des Unendlichen.«

Im lateinischen Begriff für Bewusstsein steckt eine Bedeutungsebene, die uns weiterführen kann, um die kollektive Bewusstheit zu verstehen. »Conscientia« meint wörtlich »mitwissen«. Insofern sind bewusste Menschen »Mitwisser« – natürlich nicht im kriminellen Sinne –, weil sie an einem universalen Wissen teilhaben. Dieses Wissen ist ein Synonym für den Sinn, der sich hinter den Erscheinungen der äußeren Welt verbirgt. Der Mensch beobachtet die Dinge, verfestigt Interpretationen zu Gewissheiten und greift aus der Fülle der Sinnangebote bestimmte heraus, mit denen er sich weitere Realitäten qua Wahrnehmung erschließt. Je näher er dabei dem universalen Wissen kommt, desto bewusster wird er die Welt wahrnehmen und ergründen. Dann befinden sich Geist und Bewusstsein im Austausch mit dem Universum.

Folgt man den Erkenntnissen der modernen Physik, so sind Geist und Schöpferkraft Synonyme. Dass sie einander bedingen, ist dem universalen Urmatrixspeicher zu verdanken, der jeden materiellen und geistigen Evolutionsschritt in sich aufbewahrt. Da aber Wissen letztlich Information ist, muss es notwendigerweise Informationsträger geben, die Übertragungen gewährleisten. Atome als Ganzes können keine Informationen speichern. Erst wenn wir in die Mikrowelt eintauchen, in die Bausteine der Atome, werden wir fündig, denn die Informationsträger agieren auf der subatomaren Ebene.

Elektronen und morphogenetische Felder

Sämtliche physikalischen Voraussetzungen, die erforderlich sind, um eine Information, einen Gedanken oder eine Geisteinheit speichern zu können, erfüllen die Elementarteilchen, die Elektronen. Bei der Entstehung von Materie bilden sich zunächst Neutrinos und Photonen, dann erst Elektronen. Physiker sprechen von der sogenannten Leptonen-Ära, aus der die Atomstrukturen hervorgingen. Aus den hochenergetischen Lichtfeldern des Urknalls bildeten sich die ersten Elementarteilchen; Neutrinos machten ihre ersten Erfahrungen und ordneten sich zu den Bausteinen der Natur. Daraufhin formierten sich Elektronen, Protonen und Neutronen zu Atomen, die sich ihrerseits zu Molekülen und Molekülverbänden zusammenschlossen. Die weiteren Mechanismen kennen wir sehr genau. Der Zustand der ersten Teilchen, der Neutrinos, ist jedoch von besonderer Bedeutung. Sie sind die ersten geisttragenden Teilchen. Um ganz präzise zu sein, sollten Neutrinos eigentlich Ätherteilchen heißen. Sie haben sich im Laufe der Zeit kopiert, formiert und wurden zu Elektronen.

Hier nun wird es im Hinblick auf die geistige Basis der Schöpfung spannend, denn die Elektronen sind direkt mit dem Hyperraum verbunden. Dem Physiker Joan E. Charon ist es gelungen, ein entsprechendes Modell zu entwerfen, welches den lange aus der Naturwissenschaft ausgegrenzten Bereich des Geistes einbezieht. Die nach ihm benannte »Komplexe Relativitätstheorie« verknüpft die Erkenntnisse der Biophotonenforschung mit dem Phänomen des »morphogenetischen Felds«, das der britische Biologe Rupert Sheldrake entdeckte. Die Existenz eines solchen Feldes erklärt unter anderem, warum, unabhängig von geografischen Entfernungen, parallel Ideen und Erfindungen auftauchten: Wichtige Lernprozesse und epochale Gedankensprünge teilten sich historisch gesehen immer der gesamten Menschheit mit, ohne sichtbare Kommunikation.

Sheldrake folgert daraus, dass jeder Lernschritt als neues Ordnungsmuster kommuniziert wird. Aufmerksam wurde man darauf erstmals in der Verhaltensbiologie. Der Harvard-Professor William McDougall hatte mit Ratten experimentiert, die in einem Labyrinth nach dem Ausgang suchen mussten. Zunächst gab es exponentiell viele Fehlversuche, doch die nachfolgenden Rattengenerationen fanden den Ausgang immer leichter – ein Lernprozess hatte sich etabliert und blieb gespeichert. Offenbar partizipierten also die folgenden Rattenpopulationen an den gewonnenen Fähigkeiten ihrer Vorgänger mittels eines informellen Felds.

Ein ähnlicher Vorgang wurde sogar in der unbelebten Natur beobachtet, bei chemischen Versuchen mit Kristallstrukturen. Bei dem ersten Experiment dieser Art dauerte die Züchtung eines bestimmten Kristalls noch verhältnismäßig lange. Je öfter das Experiment aber wiederholt wurde – auf verschiedenen Kontinenten –, desto schneller lief der Prozess ab. Es schien so, dass die bereits entstandenen Kristalle ein Lernfeld geschaffen hatten, das die späteren nachvollzogen.

Rupert Sheldrake bietet mit dem morphogenetischen Feld eine plausible Erklärung für Vererbung, Evolution und Gedächtnis in organischen wie anorganischen Systemen. Morphogenetischer – also formbildender – Antrieb der biologischen Evolution sind die Elementarteilchen Elektron und

Positron, wobei das Elektron die bedeutendere und aktivere Rolle spielt. Alles, was jemals von diesen Teilchen im Außenraum an Form und Struktur geschaffen wurde, wird in ihnen in Form von Lichtmustern gespeichert. Ein Elektron besteht also im Grunde aus Gedankenenergien, aus Ansammlungen geisttragender, mit Informationen geladener Neutrinos.

Anfangs »wussten« diese Teilchen nur wenig. Sie enthielten lediglich Ausschnitte dessen, was vorhanden war und dem Urschöpfer zugeordnet werden kann. Die ersten Kleinstteilchen, ausgestattet mit der Urinformation, hatten demnach noch wenig Gestaltungspotenzial. Daher war es erforderlich, dass sie weitere Informationen hinzugewannen. Dies erfolgte über Wechselwirkungsquanten, wie man sie aus der Physik kennt. Sie werden Botenstoffe genannt, da sie für einen Informationsaustausch zwischen einzelnen Elektronen sorgen. Zu ihnen gehören die Photonen. Elektronen kennen nur ihre eigene Information, doch die Summe ihrer Erfahrungen erfährt einen Austausch über Kontakte untereinander – und der vollzieht sich im Hyperraum.

Auch wir Menschen sind durch unsere Elektronen grundsätzlich mit dem Hyperraum verbunden, selbst wenn dies durch fehlendes Bewusstsein überdeckt ist. Der »Matrix«-Film liefert dafür ein plastisches Beispiel, übersetzt auf die Handlung: Neo wird an bestimmte Orte mit bestimmten Aufträgen geschickt. Dabei ist er stets mit dem Hyperraum verbunden, symbolisiert durch das Telefonnetz. Sobald das Telefon klingelt, ist der Zugang offen, und es können Signale ausgesandt werden, die für den Transfer zum Hyperraum nötig sind. Mit der roten Pille, die Neo schluckt, verhält es sich ähnlich. Er gelangt auch mit ihr in den Hyperraum, weil bestimmte psychoaktive Substanzen eine Supraleitfähigkeit seiner Zellsysteme hervorrufen.

Informationen des Universums

Allgemein gilt: Wenn man einmal eingekoppelt ist und die Intensität groß genug, also der Gedanke stark genug im Hyperraum abgespeichert wird, dann ist er für jedermann auf der Welt erkennbar und kann erneut aufgegriffen werden. Dahinter steht ein physikalisches Wirkmuster. Wir erinnern uns: Elektronen sind geisttragende Einheiten und befinden sich außerhalb unserer räumlichen Wahrnehmungsfähigkeit. Physikalisch besitzen sie Eigenschaften der schwarzen Löcher. Daher spricht man auch vom Elektron als »mikroschwarzem Loch«. Dies ist von großer Wichtigkeit, da schwarze Löcher als Dimensionskanäle fungieren und den Zugang zur kosmischen Datenbank ermöglichen, wo sämtliche Arten von Informationen ewig abgespeichert bleiben und nicht verloren gehen.

Um welche Informationen handelt es sich dabei? Aus den Anfängen des Universums stammt das Urwissen, eine Art Instinkt, den jedes Lebewesen in sich trägt und der ihm reflexhaft eingibt, wie es sich verhalten soll. Instinkte sind nichts anderes als abrufbare Programme, die noch nicht kulturell konditioniert sind – dazu gehören beispielsweise Selbsterhaltungstrieb und Lusttrieb. Solche Informationen beziehen wir aus der Urmatrix, der gemeinsamen Datenbank, die im Hyperraum abgespeichert ist.

Für uns persönlich bedeutet das, dass wir, physikalisch betrachtet, mithilfe unserer Elektronen eine Magnetfeldorientierung haben, die uns zum einst Gedachten führt. Unsere persönliche Datenbank ist dann gleichzeitig auch für alle anderen Wesen zugänglich. In Analogie zur Theorie Sheldrakes ist sie als morphogenetisches Feld beschreibbar. Seien Sie gewiss: Die Gesamtheit dessen, was Sie in Ihrem Leben gedacht haben, ist mittels Erinnerung verfügbar – für Sie und auch für andere. Wir begeben uns dabei in einen resonanzähnlichen Zustand, der es uns erlaubt, bestimmte Gedanken wieder abzurufen.

Dieses Programm läuft automatisch ab. Solange man in den Vorgängen des Denkens verweilt, besteht eine persönliche Anbindung an diesen Gedanken. Zeitgleich haben alle ähnlich Denkenden zu diesen Gedanken Zugang – in der Annahme, es sei ihr eigener Gedanke, den sie gerade denken. In Wahrheit handelt es sich um einen vielstimmigen Chor, dessen Stimmen sich wechselseitig beeinflussen und ergänzen. Wenn wir denken, kommunizieren wir also. Ich bin sicher, dass mancher achtsamer mit seinen Gedanken umginge, wenn ihm dies bewusst wäre.

Solche Abläufe haben, zugegeben, einen fast magischen Charakter. Mit Faszination sprechen wir dann von Inspiration. Sie befähigt uns zu schöpferischen Leistungen, die staunen lassen, auch deshalb, weil sie ganz in der sheldrakeschen Logik Zeit und Raum überschreiten. Nahezu fassungslos stehen wir vor den visionären Hubschrauberskizzen eines Leonardo da Vinci oder vor der bahnbrechenden einsteinschen Relativitätstheorie. Das alles scheint nicht ganz von dieser Welt zu sein. Und in der Tat: Da Mikrokosmos und Makrokosmos sich strukturell gleichen, ähneln wir Menschen dem Allschöpfer und tragen seine universalen, zeitüberschreitenden Schöpfungsqualitäten in uns, wenn wir an den Hyperraum angeschlossen sind.

Das wirkt großartig, nahezu berauschend. Diese Feststellung sollten wir daher nicht nur im Vorbeilesen registrieren. Sind Sie sich der Konsequenz der Aussage bewusst? Sie bedeutet, dass wir göttlichen Ursprungs sind und in unserer Urstruktur und unserer Urbedeutung gottgleich. Allein diese Erkenntnis kann das ganze Leben verändern. Sie ist ein Paradigmenwechsel, der das Verhältnis zu uns selbst, zu unseren Mitmenschen und zu unserem Planeten völlig neu festschreibt. Da wir Teil eines Ganzen sind, liegt auf der Hand, unseren Nächsten so zu behandeln, wie auch wir von ihm behandelt werden möchten, denn immerhin ist unser Nächster ebenso wie wir göttlichen Ursprungs.

Mit jedem nicht manipulierten, kreativen Gedanken vollzieht sich etwas Vergleichbares wie im Schaffensprozess des Allschöpfers. Wir erschaffen aus unseren Gedanken je nach emotionaler Intensität fortwährend Informationen, eine Matrix, ein neues Programm. Damit sind wir potenziell Schöpfer in jeder Phase unserer Seinsform und erschaffen parallel existierende Welten und Universen, die direkt angekoppelt sind an die Urmatrix. Durch das Prinzip des Austauschs gibt es Berührungspunkte zwischen den einzelnen Universen, auch zwischen meinem und Ihrem Universum. Wir kommunizieren. Spüren Sie es?

Mythische Weltenmodelle

Wir wissen nun: Alles ist mit allem über den geistigen Austausch der Elektronen qua Hyperraum vernetzt. Das gilt universal. Deshalb gibt es eine Verbindung zwischen dem persönlich Gedachten und dem, was andere erdachten. Warum aber konnte es dazu kommen, dass sich neben der Urmatrix andere Programme installierten, die uns von unserem vollen Menschsein entfernten? Wenn es eine schöpferische Entität gibt, einen Masterplan, warum war es dann möglich, dass sich unser Bewusstsein negativ veränderte und wir jetzt in eine globale Krise geraten sind, die uns die Existenzgrundlage unter den Füßen wegreißt?

Um einen tragfähigen Erklärungsansatz zu finden, müssen wir die Entstehung des Universums noch einmal von anderer Warte aus betrachten – aus der geistig-spirituellen Perspektive. Die großen Menschheitsmythen sind eine Quelle, aus der wir Erkenntnis schöpfen können, weil sie wichtige Teile des Weltgedächtnisses in Form von archetypischen Geschichten überliefern. Von jeher haben Menschen ihre Existenz und ihre Bestimmung reflektiert und in wirkmächtige Bilder fließen lassen. Die märchenhafte Anmutung mancher Mythen täuscht darüber hinweg, dass wir es mit kostbarem Wissen zu tun haben, das uns die Augen öffnen kann. Speziell religiös grundierte Erzählweisen offenbaren uns tiefe Wahrheiten über das Menschsein und sein Verhältnis zur universalen Gestaltungskraft. Deshalb werde ich im Folgenden einige Ideen einbringen, die das physikalische Weltbild überschreiten.

Eine exemplarische Auslegung der Entstehung der Welt lesen wir im Alten Testament. Am Anfang stand dort der Schöpfungszyklus des Urschöpfers, die erste Seinsform, reiner Geist. Im biblischen Sinne würde man diesem Bereich die Erzengel zuordnen. Sie waren die ersten Entitäten, die vom Allschöpfer geschaffen wurden, 64 an der Zahl, die sich unterschiedliche Aufgaben teilten. Jeder Erzengel war mit enormer Stärke ausgestattet und sich seines Bezugs zum Allschöpfer bewusst. Sämtliche Religionen, Glaubensrichtungen und historischen Überlieferungen beschreiben ähnliche Szenarien.

Bleiben wir zunächst beim christlichen Modell der ersten Erzengel. Durch sie entstand zum ersten Mal Polarität, sodass sich 32 sich gegenüberliegende, opponierende Positionen ergaben, vergleichbar einem Schachbrett, auf dem das Spiel der Schöpfung in Gang gesetzt wurde. Wir müssen uns vorstellen, dass es noch nichts Greifbares gab, keine Materie, kein Universum, nur das Sein und das Wirken der Erzengel. Die örtliche Ebene ihres Aufenthalts können wir als Hyperraum bezeichnen. Das, was später innerhalb der Elektronen als zentrierter Geist vorhanden sein wird, befindet sich sozusagen in seiner Urform.

Die körperlosen, geisttragenden Wesenheiten begannen nun, das Werk des Allschöpfers fortzuführen, allein mittels ihrer Vorstellung und ihrer gegeneinander kämpfenden Kräfte. Auf der Ebene reinen Bewusstseins hoben sie den gesamten Schöpfungszyklus auf ein neues Niveau. Durch ihr Spiel mit Formen entstanden unterschiedliche Welten, darunter die Welt der Materie und der Morphologie. Daher stammt auch das biblische Bild des Allschöpfers, der den Menschen aus

Lehm erschuf. Lehm ist in diesem Zusamenhang die Metapher für Kneten, Formen und Erschaffen. Ähnlich wie ein Kind beim Knetspiel fingen die Erzengel an, nach ihren Vorstellungen zu experimentieren.

Der Kampfschauplatz der Polaritäten

Aus Ideen formten sich Realitäten. In dieser Phase wurde Unterschiedliches ausprobiert, vieles verworfen, anderes favorisiert. Die widerstreitenden Kräfte der Entitäten führten aber auch zu Auseinandersetzungen. Jene opponierenden Parteien vertraten auf der einen Seite das gesamte Wissen aus der Ebene des Allschöpfers, während für die Vertreter der anderen Seite dieses Wissen nicht mehr verfügbar war. Somit begann das Spiel der Polarität auf einer neuen Basis. Erst im Nachhinein haben wir uns angewöhnt, diese Polarität als Widerstreit von Gut und Böse zu interpretieren. Neutral betrachtet, war und ist es ein Wettstreit unterschiedlicher Prinzipien, die aus der Polarität notwendigerweise hervorgingen.

Warum aber verwendet die Bibel den Plural von Gott? Wenn wir von Gott sprechen, meinen wir für gewöhnlich ein kohärentes, unteilbares Wesen. Im Alten Testament finden sich jedoch Hinweise darauf, dass der alttestamentarische Gott nicht nur durch eine individuelle Entität repräsentiert wird. Es muss sich um mehrere Götter handeln, die den Menschen erschaffen haben, denn in der Genesis heißt es: »Und Gott sprach: Lasset UNS Menschen machen, ein Bild das UNS gleich sei, …«

Die Veränderungen der alten Texte durch die Vielzahl von Abschriften und beabsichtigten Änderungen verfälschten im Laufe der Zeit die hebräische Urschrift. Dort wird überwiegend im Plural, nicht im Singular vom Schöpfergott gesprochen. In den Urtexten werden beispielsweise häufig die Elohim erwähnt. Das heißt, übersetzt aus dem Hebräischen,

»Götter, Gottheiten« oder »Götterwesen«. Hätten die alten Schriftgelehrten von einem einzigen Gottwesen sprechen wollen, so hätten sie den Begriff »El«, also den Singular verwendet. Da sie es nicht taten, sollten wir davon ausgehen, dass sie dezidiert eine Gruppe von Göttern oder Götterwesen benannten, was vor allem in Hinblick auf die Polarität plausibler erscheint.

In den hebräischen Texten des Alten Testaments, der »Biblia Hebraica«, erscheint das Wort Elohim über zweitausendmal. Ein starker Hinweis darauf, dass es sich am Beginn der Schöpfung nicht um »den lieben Gott« handelte, sondern um eine Gruppe hochintelligenter Wesen. Liest man etwa die Berichte des Buches Hesekiel und das apokryphe Buch des Henoch, so kann man den Eindruck gewinnen, dass diese Götter untereinander Krieg führten. Im Gilgamesch-Epos, in der griechischen Mythologie, in den vedischen Schriften und auf den sumerischen Schrifttafeln finden wir verwandte Darstellungen. Sie sind Ausdruck polytheistischer Vorstellungen, innerhalb derer polare Eigenschaften an verschiedene konkurrierende Gottheiten delegiert werden.

Das Alte Testament etwa erwähnt die Gegensätze zwischen den Elohim und den Nephilim. Es scheint fast so, als ob verschiedene Gottheiten mit einzelnen Völkern Kontakt hatten, die in deren Auftrag Kriege gegeneinander führten. Auch hier wirkte die Polarität, das Urprinzip von Reflexion und Schöpfertum. Es gab liebevolle, die Menschen unterstützende Entitäten und kriegerische, die die Menschen ausbeuteten und versklavten. Zu den destruktiven, versklavenden Göttern kann man den alttestamentarischen Gott Jahwe zählen. Immerhin fordert er sein »auserwähltes Volk« dazu auf, andere Völker und Stämme zu bekämpfen, gar zu vernichten.

Im Alten Testament ist von mehr als 70 Völker- und Massenmorden die Rede, dazu von Einzelmorden, Raubzügen, Massenvergewaltigungen und weiteren Verbrechen. Eine erschreckende Bilanz. Es muss mithin eine Energie respektive

Gottheiten gegeben haben, die die Menschen ermutigten, sich die Welt untertan zu machen. Das Ziel war zweifellos, andere zu unterwerfen – die Matrix in ihrer negativsten Variante. Und eine perfide Strategie. Es war offenbar die Absicht dieser Gottheiten, die Menschen durch Kriege, Unruhen und Terrorismus in einen Zustand des Chaos und der Angst zu versetzen, sodass sie nach einem starken Führer verlangten, nach Kontrolle und Ordnung. Dies konnte nur durch einen starken Staat verwirklicht werden, der die Geschöpfe der göttlichen Wesen zu Statthaltern einer neuen Weltordnung ermächtigten.

Wie auch immer wir die alten Schriften auslegen, das Motiv des Widerstreits ist unübersehbar. Und mit ihm die Taktik, Macht durch eine alles beherrschende Matrix auszuüben. Dieses Motiv ist bis auf den heutigen Tag sichtbar. Seit Beginn der Geschichtsschreibung hat es nie einen Moment gegeben, in dem auf der gesamten Welt Frieden herrschte. Wir sollten daher begreifen, dass wir Aufträgen folgen, wenn wir einander bekämpfen. Wir werden instrumentalisiert, um eine Mission zu erfüllen: das Prinzip der Polarität als Evolutionsprinzip Realität werden zu lassen.

Es wird ein langwieriger Prozess sein, bis die Menschheit sich dieser Tatsache bewusst werden wird. Bis sie erkennt, dass sie gesteuert wird und damit keinesfalls den eigenen Interessen dient, da wir ja als freie Menschen ohne Frage nach Glück, Harmonie und Ausgleich streben würden. Was uns daran hindert, ist unsere vorbewusste Blindheit, deren Ursache ebenfalls den religiösen Mythen zu entnehmen ist.

Der Sündenfall

In der Schöpfungsgeschichte des Alten Testaments lesen wir von der Erschaffung des Menschen. Adam und Eva lebten demnach in der »besten aller Welten«, wie es der Philosoph Leibniz formuliert hätte. Sie fanden ein Paradies vor, mussten nicht arbeiten und durften sich ungehindert ihres Daseins erfreuen. Sie waren sie selbst, und sie waren eins mit Gott. Bis der Sündenfall sie schuldig werden ließ und Gott sie aus dem Paradies vertrieb.

Im ersten Buch Mose heißt es: »Aber die Schlange war listiger als alle Tiere auf dem Felde, die Gott der Herr gemacht hatte, und sprach zu dem Weibe: Ja, sollte Gott gesagt haben: Ihr sollt nicht essen von allen Bäumen im Garten? Da sprach das Weib zu der Schlange: Wir essen von den Früchten der Bäume im Garten; aber von den Früchten des Baumes mitten im Garten hat Gott gesagt: Esset nicht davon, rühret sie auch nicht an, dass ihr nicht sterbet! Da sprach die Schlange zum Weibe: Ihr werdet keineswegs des Todes sterben, sondern Gott weiß: An dem Tage, da ihr davon esset, werden eure Augen aufgetan, und ihr werdet sein wie Gott und wissen, was gut und böse ist.«

Aufschlussreich ist in diesem Zusammenhang, dass mit der Polarität ein Konflikt zwischen unterwürfigem Gehorsam und befreiten Bewusstsein in die Welt kam. Wenn der Mensch die tatsächlichen Strukturen von Gut und Böse erkennt, hat er die Grundpolarität verstanden und kann auf diese Weise der Matrix entkommen. Genau das sollte zu Beginn der Menschheitsgeschichte augenscheinlich vereitelt werden – einer der entscheidensten Einschnitte, der je in der menschlichen Entwicklung vollzogen wurde.

Ich halte es für eine sehr scharfsinnige mythologische Begründung, den verführerischen Baum der Erkentnnis als Ursache des Konflikts auszumachen. Eva konnte nicht widerstehen und reichte Adam den Apfel, der ihm Bewusstsein verlieh – Bewusstsein für seine Nacktheit auf einer pragmatischen Ebene, Bewusstsein für Gut und Böse auf der ethischen. Darüber hinaus aber müssen wir von einem erweiterten Bewusstsein ausgehen, das dem ersten Menschenpaar – allegorisch verstanden – erstmals überhaupt die Fähigkeit zur Reflexion gab, ein Privileg, das bis dahin nur Gott innehatte.

Luzifers Fall

Was können wir aus dieser Geschichte folgern? Abgesehen von den religiösen Konsequenzen, die zu Erbsünde, Beichte und Ablassscheinen führten, zum gewaltigen Machtsystem der katholischen Kirche, haben wir hier eine Metaerzählung, die auch darüber hinaus tragfähig ist. Ich denke dabei an die Figur des Luzifer. Er ist ein gefallener Engel, ein Wesen, das sich göttlicher Nähe erfreute, dann aber wegen seiner Anmaßung verstoßen wurde. Er ist der gefallene Morgenstern, wie er im Buch Jesaja beschrieben wird: »Ach, du bist vom Himmel gefallen, du strahlender Stern der Morgenröte. Zu Boden bist du geschmettert, du Bezwinger der Völker.«

Luzifer gilt als Lichtträger, als das schönste und mächtigste Wesen vieler großer Mythen. Er war der Lichtbringer der Germanen, den Griechen als Helios oder Phosphorus bekannt und wurde im Lateinischen als Luciferus bezeichnet. Man stellte ihn als Todfeind des höchsten Wesens dar und lehrte die Menschen, dass alles Schlechte der Welt von ihm herrühre.

In der Bibel finden sich mehrere Hinweise auf diesen Topos. Das Buch Jesaja beispielsweise erzählt die Geschichte des Königs von Babel, der seinen Thron »über die Sterne Gottes erhöhen wollte, über die hohen Wolken fahren und gleich sein dem Allerhöchsten«. Zur Strafe wirft Gott ihn in das Reich des Todes. Jesaja vergleicht den König mit dem Morgenstern Luzifer, der vom Himmel fiel. Aus dem Lichtbringer wurde eine dunkle Gestalt, die man später oft mit dem Teufel gleichsetzte. Ein ähnliches Schicksal widerfährt dem König von Tyrus, der ebenfalls als ein Herrscher voller Hochmut und Eitelkeit beschrieben wird. Seine frevelhafte »Missetat« besteht darin, dass er sich als Gott fühlt: »Sein Herz erhob sich ob seiner Schönheit.« Daher warf Gott ihn zu Boden und »ließ ein Feuer aus ihm hervorbrechen«.

In beiden Beispielen handelt es sich um Figuren, die gegen die göttliche Ordnung verstoßen. Sie machen sich der Hybris schuldig, weil sie ihre untergeordnete Rolle in der Hierarchie der Schöpfung nicht anerkennen wollen. Ich dagegen würde die Geschichte auf der Basis meines heutigen Wissens anders schildern. Ein strafender Gott existiert für mich nicht. Stattdessen betrachte ich das Göttliche allein als erschaffende Kraft, als Ursprung des Universums, als Movens für die Evolution. In dieser Logik sind der vermeintliche Sündenfall oder die Hybris keine Vergehen, sondern eine notwendige Konsequenz aus dem unendlichen Potenzial, das die Schöpfung in sich trägt.

Pointiert gesagt, kam das sogenannte Böse in die Welt, weil der Allschöpfer sich in all seinen Dimensionen erfahren wollte. Das Prinzip der Polarität bedingt diese Entwicklung nahezu. Es gehört zur Großartigkeit der Schöpfung, dass es Umwege gibt, Störfälle, Extreme, Verwirrung. Im Sinne der Dialektik führt uns das Böse täglich vor Augen, dass es das Gute gibt. Mit der luziferischen Energie erhalten wir Wahlmöglichkeiten, deren Auswirkungen wir unmittelbar am eigenen Leibe spüren. Ganz gleich, was wir tun oder denken, wir erfahren uns dabei selbst mit allen unseren Optionen, den guten wie den schlechten.

Was die künstliche Matrix betrifft, so sehen wir in den menschengemachten Programmen, die unser Bewusstsein unterwerfen, eine Ausprägung der dunklen, luziferischen Energie. Sie deformiert uns, doch sie trägt auch in sich die Macht der Heilung. Vor diesem Hintergrund deute ich die gegenwärtigen Krisen. Sie lassen immer mehr Menschen aufwachen und schaffen ein Bewusstsein dafür, dass etwas nicht stimmt mit der künstlich erschaffenen Welt. Wichtig ist mir dabei, dass diese Krisen keinesfalls den Sinn einer Bestrafung haben. Wir sind keine Sünder. Wir sind ganz einfach Menschen, die vom Baum der Erkenntnis gegessen haben und die Polaritäten nun ganz unterschiedlich ausleben.

Fassen wir die biblischen Bücher der Genesis zusammen, so gibt es offesichtlich Entitäten verschiedener Daseinsformen, die in unsere Entwicklung eingreifen. Wir können sie als Wesen höherer Bewusstseins- und Existenzebenen verstehen. Sie bewohnen keine physischen Körper, nehmen aber auf die Entwicklung der Erde und ihrer Bewohner deutlichen Einfluss. Meiner Ansicht nach sind die ersten Schöpfungsentitäten eine solche Gruppe intelligenter Wesen, die auf der Erde als Schöpfergötter »im Auftrag des Herrn« für sämtliche Erschaffungsformen verantwortlich sind.

Wie wir gesehen haben, ist das Verhältnis der Polarität zu je einer Hälfte vertreten, in der sogenannten »Schwarzen Bruderschaft« und der »Weißen Bruderschaft«. Als Repräsentanten der Urpolarität der materiellen Universen halten sie das kosmische Spiel aufrecht. So dienen diese ersten Schöpfungsentitäten dem Plan der Urmatrix, die vom Allschöpfer erschaffen wurde. Auf den ersten Blick führt das zu Widerstreit, Krieg und Chaos. Das Grundprogramm jedoch, welches sich dahinter verbirgt, verfolgt die Absicht, dass sich sämtliche einzelnen Aspekte des ehemaligen Ganzen eines Tages wieder vereinigen – mit dem entscheidenden Plus gewonnener Erfahrung. Um dieses Ziel zu erreichen, werden unter dem »Schleier des Vergessens« sämtliche beseelten Wesen ihrer Erinnerung an die Ganzheit beraubt.

Der Grad des Erinnerungsverlusts ist je nach gewonnener Erfahrung unterschiedlich. Zwar sind die Ebenen der Erinnerung in Form von Gedanken, inneren Bildern und Emotionen innerhalb der höheren Dimensionen abgespeichert, doch der Zugang zu diesen Informationen ist nur über ein hohes Bewusstsein möglich. So vollzieht sich ein Szenario, in dem es kollektiv zunächst zu Verdunkelungen kam, während nur wenige im Zustand der Erleuchtung das wahre Wesen des Informationsspeichers erkannten.

Die Vertreter der »Schwarzen Bruderschaft« bewegen sich am extremsten Ende der negativen Polarität und stehen gleichzeitig für das Vergessen. Der Grad des Vergessens ist an Verhaltensleitbildern wie Eigennützigkeit und Machtmissbrauch ablesbar, die typisch für die Vertreter des Dunklen sind. Auf der anderen Seite der Polarität steht die Weiße Bruderschaft, gebildet aus engelähnlichen Entitäten der Elohim, mit einem hohen Potenzial der Erinnerung und damit des Allwissens. Diese opponierenden Kräfte begegnen uns täglich, nicht nur im Außen, sondern auch als innere Widersprüche. Welchen Handlungsmaximen folgen wir? Lassen wir uns auf die dunkle oder auf die helle Seite ziehen? Prinzipiell haben wir Entscheidungshoheit darüber, vorausgesetzt, wir reflektieren unausgesetzt unsere Meinungsbildungsprozesse und damit unsere Gedanken. Dem Urgesetz des Allschöpfers entsprechend, manifestiert sich durch die Kraft der Gedanken jeweils eine spezifische Realität. Es ist somit von großer Bedeutung, aus welchem Gedankenpotenzial heraus wir die Schöpferqualität ausüben. Ist Ihnen bewusst, dass dieser Freiraum existiert?

Die Extreme und Widersprüche, mit denen wir heute hadern, sind somit die Konsequenz des polaren Prinzips. Wir Menschen können daran partizipieren, im Guten wie im Schlechten, je nachdem, welcher Seite wir zuneigen. Doch nur wenige nutzen bewusst diese Entscheidungsmacht. Sie entfaltet sich, wenn wir erkennen, dass die dunklen Entitäten uns an der Ausübung unseres positiven Schöpfungspotenzials hindern wollen.

Von solch einem klaren Blick auf die Dinge sind wir weit entfernt, solange wir uns von der Matrix versklaven lassen. Im vorbewussten Zustand reagieren wir nahezu reflexhaft auf die Befehlsprogramme der Schwarzen Bruderschaft. Hierdurch entstand die zweite, die künstliche Matrix-Ebene. Sie ist ein Mittel zum Zweck, denn die dunklen Entitäten betrachten die Erde als ihr Territorium. Daraus kann man folgern, dass das Spiel der Götter die Grundform der künstlichen Matrix ist, die wir Menschen in immer weitere Manipulationsprogramme ausdifferenziert haben. Wir dienen damit Wesenheiten, die sich von dunkler Energie ernähren – von Lichtlosigkeit, Hass, Angst, Aggression, Gewalt, Mord und Tod.

Das Spiel der Götter

Das Spiel der Gegensätze lenkt das irdisch-kosmische Schachbrett. Lediglich hier, auf unserer vierdimensionalen Ebene, kommt durch den Faktor Zeit phasenweise eine Polaritätenverschiebung zustande, ein Hin und Her des Spiels von Gut und Böse. Es ist das, was die Inder als Yugas bezeichnen, kosmische Zyklen von unterschiedlicher Dauer, in denen Gut und Böse abwechselnd dominieren. Im Ganzen betrachtet, bleibt jedoch die Summe aller Kräfte gleich. Wenn sich dieses Gleichgewicht auch nur um ein Quäntchen verändern würde, fiele gewissermaßen das Universum auseinander.

Das Spiel aber geht weiter, auch für uns Menschen. Jeder agiert aus seiner Überzeugung heraus, das Bessere zu wollen, und ist von der anderen Spielerseite aus gesehen a priori »das Böse« – das selbstverständlich nur eine relative Größe ist, je nach Perspektive. Und doch liegt es an uns selbst, ob wir uns von diesem Wechselspiel verführen lassen oder nicht. Das setzt jedoch voraus, dass wir von diesem Aspekt der Verführung, der ursächlich von höchster Ebene kommt, überhaupt wissen. Je entschlossener wir unseren Geist befreien, je stärker wir an unserem Bewusstsein arbeiten, desto deutlicher werden uns diese Zusammenhänge.

Es ist beides in uns verankert, das Licht und die Dunkelheit. Wir haben es selbst in der Hand, welcher der beiden Energien wir mehr Aufmerksamkeit schenken und somit dienen. Wir haben die Wahl. Wir können uns entscheiden, was wir mit unseren Erkenntnissen anfangen. Ganz konkret, auf unsere heutige Situation bezogen: Nutzen wir die Finanzkrise, um auf kollabierende Volkswirtschaften zu wetten und so den verhängnisvollen Kreislauf aus Geldabwertung und Inflation zu beschleunigen? Oder lassen wir uns von der Finanzkrise aufrütteln, um über neue Systeme nachzudenken, die ökonomische und humane Gerechtigkeit schaffen?

Erst wenn wir vor die Wahl gestellt werden, haben wir die

Chance, zu erwachen. Das ist Luzifers Auftrag: uns aufwachen zu lassen. Noch immer ist er ein Lichtbringer, auch wenn er scheinbar als satanische Gestalt auftritt, als Gegenspieler Gottes. In Wahrheit erinnert er uns daran, dass wir als Menschen Gottgleiches in uns tragen. Wir besitzen das gesamte Schöpfungspotenzial. Dass wir es häufig zerstörerisch einsetzen, ist durch das Prinzip der Polarität bedingt. Dass sich solche Verhaltensweisen verfestigen, ist jedoch menschengemachten Programmen geschuldet: Profitmaximierung, Gier, Verantwortungslosigkeit.

Nun ereignen sich Dinge, die ich als Korrektive betrachte. Wir sind durch Krisen und Katastrophen in unserer Existenz bedroht, und was uns weiterhin erwartet, wird alles erschüttern, was wir für unveränderlich hielten. Der Status quo ist Geschichte. Ob Naturkatastrophen, zerbrechende Wirtschaftssysteme oder instabile Gesellschaften mit hohem Aggressionspotenzial – die Zeichen sind unübersehbar. Sie mahnen uns, dass wir auch jenseits der Matrix Gestaltungsfreiraum haben, in Anbindung an die Urmatrix.

All die genannten Krisen haben die Funktion eines Weckrufs. Das drückt sich unter anderem darin aus, dass viele jetzt nach spirituellen Antworten suchen. Das lateinische »Spiritus« aber ist nichts anderes als »Geist«. Die Suchenden verlassen die äußere Ebene und wenden sich der inneren zu. Auf diese Weise koppeln sie sich in den Hyperraum ein und verschieben ihre Priorität vom Materiellen auf das Geistige. Selbst die Ebene der Programme, der Routinen und des Selbstbetrugs wird zu einer Aktionsfläche, auf der sich plötzlich neue Handlungsoptionen abzeichnen.

Falls man den Mut aufbringt, sich den Ideologien der künstlichen Matrix zu stellen und den Schleier des Scheins zu zerreißen, kann man sich gleichsam glückhaft in die Urmatrix fallen lassen. Man erkennt, dass man Teil eines höheren Ganzen ist, dessen Telos in der Vervollkommnung des Menschseins liegt. Auch die Wahrnehmung verändert sich im Laufe dieses Prozesses. Alles, was man als störend empfunden hat, als Irritationen, Krisen und Instabilitäten, offenbart sich nun in aller Klarheit als Wegweiser zu einer neuen Existenzform, jenseits unserer bekannten Zivilisation. Man sieht und spürt Dinge, die bislang verborgen geblieben waren. Man begreift das wahre Wesen der Welt.

Mit unserem sich ständig erweiternden Gedankengut tragen wir zur Gestaltung und Erweiterung eines kosmischen Projekts bei – der geistigen Evolution und Vervollkommnung der Welt. Entscheidend wird sein, ob wir diese Prozesse in unser Bewusstsein transferieren können. Ob wir uns in jedem Augenblick darüber Rechenschaft abgeben werden, was in uns denkt und fühlt. Dagegen sprechen die gewaltigen Manipulationsleistungen unserer gesellschaftlichen Strukturen. Alles wird also davon abhängen, wann wir aus dem Betäubungsschlaf erwachen werden, in den die Matrix-Programme uns versetzt haben.

3. DER SCHLEIER DES VERGESSENS

Das große Vergessen

Im vorhergehenden Kapitel haben wir uns vergegenwärtigt: Seit Anbeginn existiert der Allschöpfer, die Urquelle. Aus einem interkosmischen Schöpfungsakt heraus entstanden anschließend sämtliche Dimensionen und die Materie. Dieser Sprung in die Ausdifferenzierung machte beeindruckende Entwicklungen möglich, doch er war auch gleichbedeutend mit der Spaltung des vormals Ganzen, das bis zu diesem Zeitpunkt ungeteilt existierte. Im Fortschritt lag deshalb auch ein Rückschritt: Durch die Fragmentarisierung wurde jegliche Erinnerung an das vorherige All-Eins eingebüßt.

Wir sind daher nur begrenzt fähig, auf bestimmte Informationen zurückzugreifen, obwohl sie vorliegen und prinzipiell abrufbar wären. Sie sind zwar gespeichert, jedoch nicht greifbar. Der Mensch bezieht sein Wissen dann lediglich aus dem flachen Tagesbewusstsein, was ihn zu einem funktionierenden Wesen macht. Im Rahmen seines Umfelds und seiner Aufgaben legt er eine eigene, auf Basisfunktionen beschränkte Datenbank an, an der er sich orientiert, während der wesentlich größere Wissenspool der Urmatrix unerreichbar scheint.

Im Gegensatz zum deformierten Bewusstsein hat jedoch das Unterbewusstsein grundsätzlich weit direkteren Zugang zur »interkosmischen Datenbank«. Allerdings ist der Zugang oft erschwert, weil das Unterbewusstsein im Zuge der Denk- und Bewusstseinsblockaden der künstlichen Matrix gleichsam eingemauert ist. Es besteht jedoch die Möglichkeit, sich dem Vergessen zu entziehen. Sogar Erinnerungen an andere Seinsformen sind dann möglich. Darauf werde ich später genauer eingehen, im Zusammenhang mit Wegen der Innenschau und des Gewahrseins, die meditative Zustände der All-Eins-Erfahrung erzeugen. In unserem Alltagsbewusstsein jedoch liegt die Erinnerung an die Ganzheitlichkeit brach.

Warum nur streben wir Menschen als höhere Lebewesen nicht direkt zur Urquelle, wie ein durstiges Tier, das immer den kürzesten Weg zur Tränke einschlagen würde? Dies hat, wie im vorangehenden Kapitel beschrieben, evolutionäre Gründe. Gerade durch Umwege, durch unbewusstes Umherirren können wir neue Erfahrungen und damit neue Informationen sammeln. Damit etwas sich seiner selbst bewusst werden kann, ist das Abspeichern einer bestimmten Menge an Informationseinheiten nötig. Dazu ist wiederum erforderlich, dass mindestens zwei Dinge einander reflektieren. Es muss also ein Gegenüber, eine Polarität geben, damit überhaupt ein Austausch erfolgen kann. Aufspaltung ist demnach ein evolutionäres Prinzip.

Auf die geistige Ebene bezogen, könnte man sagen, dass zwei unterschiedliche Gedankenträger miteinander in Resonanz gehen müssen, um einen Informationsaustausch in Gang zu setzen. Im Laufe der menschlichen Evolution kam es auf diese Weise zu Fortentwicklungen, die man als dialektisch charakterisieren kann. Widerstreitende Ideen rangen miteinander, Völker bekriegten sich, ein Wettstreit der Weltausdeutung und der Machtansprüche begann. Aus These und Antithese gingen jeweils neue Thesen hervor, die miteinander konkurrierten. Sie alle erzeugten neue Erfahrungen, neue Informationen.

Platons Höhlengleichnis

Allerdings trat in diesem Prozess noch eine weitere Ebene zutage: die menschengemachte Matrix und ihre dazugehörigen Programme. Sie sind heute fast bis zur Perversion ausgereizt. Wir befinden uns gleichsam in einer dunklen Höhle, in der die Welt draußen nur undeutlich erkannt werden kann. So beschreibt es Platon in seinem berühmten Höhlengleichnis. Er entwirft darin das Bild von Gefangenen, die gefesselt mit dem Rücken zum Ausgang einer Höhle sitzen müssen. Im Hintergrund lodert ein Feuer. Die Schatten der Außenwelt, die im Lichtschein auf der Höhlenwand sichtbar werden, sind die einzigen Hinweise für die Insassen, welcher Art die Welt da draußen sein könnte.

Auch wir gleichen diesen Gefangenen. Jetzt sollten wir alles dafür tun, die Fesseln zu zerreißen und die Höhle zu verlassen. Doch unsere Gesellschaft ist geprägt von Blindheit und Verblendung. Die meisten Menschen verharren im Zustand des Vorbewusstseins und sind weit davon entfernt, das wahre Wesen der Welt zu durchschauen. Die Gründe dafür sind systemischer Natur. Da die Urmatrix optional offen ist, jenseits von moralischen Bewertungen, können starke gedankliche Kräfte beliebiger Ausrichtung eine Steuerungsfunktion übernehmen. Sie formen künstliche Programme, die sich zu Denkschemata verfestigen.

Gehen wir in die konkrete Anschauung, um diesen Wirkmechanismus zu verdeutlichen: Wenn beispielsweise sehr viele Menschen davon überzeugt sind, dass Gier ein gesundes Movens des Handelns sei, wird sich ein entsprechendes Programm im Bewusstsein vieler installieren. Als übergeordnetes Programm lenkt es die kollektiven Gedanken in eine bestimmte Richtung. Priorität hat dann nur noch die Gier, und immer mehr Menschen werden rücksichtslos alles dafür tun, um Geld und Macht an sich zu reißen. Eine Selbstverstärkung setzt ein, und selbst diesem sichtbar negativen Programm wird die Qualität eines vernünftigen gesellschaftlichen Konsens zugesprochen.

So entfernt das künstliche Programm die Menschen von ihrem positiv gestaltenden Schöpferpotenzial. Die Folge sind destruktive Subsysteme, in denen sich starke Machtstrukturen ausbilden. Sie werden gedanklich durch die allgegenwärtige Matrix vorbereitet und durch die künstliche Matrix der zirkulierenden Bilder und Informationen intensiviert. Die großen Manipulateure üben auf diese Weise eine Gedankenkontrolle aus, wie sie George Orwell in seinem Roman »1984« und Aldous Huxley im Roman »Schöne neue Welt« beschreiben. Es ist ein gefährliches Spiel. Das Wissen um Ganzheit wird überdeckt, die Achtung vor dem Leben, die Gewissheit der Verbundenheit verblassen. So prägen sich Verhaltensweisen des Egoismus und der emotionalen Abstumpfung ein.

Ich nenne diese Bedingungen den »Schleier des Vergessens«: Wir vergessen, wer wir sind und worin unsere göttliche Bestimmung besteht. Im »Matrix«-Film wird dieser Zustand durch ein neuronales Programm auf Basis psychogener Drogen hergestellt. Von solch einer negativen Utopie sind wir zum Glück weit entfernt. Und doch haben wir es heute ebenfalls mit »Barbituraten« zu tun, die uns von unserer Bestimmung ablenken. Neben der Fixierung auf ökonomische Werte gehören dazu die narkotischen Wirkungen von Fehlinformation, Unterhaltung und Ideologie.

Künstliche Programme

Jede Matrix braucht, um wirksam zu werden, geistig-materielle Transfermedien. Das können Erzählungen und Meinungen sein, Mythen und Sprichwörter, Erziehung und Disziplinierung. Heute übernehmen bevorzugt die elektronischen Massenmedien diese Funktion. Sie haben mittlerweile eine Phase der Dekadenz erreicht, die kaum noch zu überbieten ist.

Mit primitivsten Mitteln wird die Wirklichkeit verzerrt und pervertiert. Realitätsflucht und geistige Wohlstandsverwahrlosung sind die sichtbaren Folgen. Während die Welt um uns her zerbricht, delektieren wir uns an trivialen Reality-Formaten. Allein der Begriff müsste uns stutzig machen. Welche »reality« ist da eigentlich gemeint? Wie real sind die bunten Shows, die Klatschblätter, die formatierten Storys?

Wir schlucken die blaue Pille scheinbar freiwillig, lassen uns immer umfassender unterhalten und ablenken. Der Medienphilosoph Neil Postman prägte bereits im letzten Jahrhundert mit seinem gleichnamigen Buch die Diagnose unserer Epoche: »Wir amüsieren uns zu Tode.« Ruhiggstellt in unseren Wohnzimmern, wo wir die Welt von der Fernsehcouch aus wahrnehmen, ähneln wir immer mehr jenen Geschöpfen, die im »Matrix«-Film abhängig und leblos an ihren Versorgungsschläuchen hängen. Diese Abhängigkeit hat Methode. Sie formt eine gefährliche Untertanenmentalität – man gibt sich mit Surrogaten zufrieden, mit Ersatzwirklichkeiten.

Was hier passiert, ähnelt dem, was die bedauernswerten Geschöpfe im »Matrix«-Film erleben: eine Welt aus zweiter Hand. Heute müssen wir keine Pillen schlucken, um artifizielle Wirklichkeiten für bare Münze zu nehmen. Die Meinungsmacher und Manipulateure verabreichen uns täglich einschläfernde Substanzen mithilfe ihrer raffinierten Programme. Dass sie so mächtig sind, liegt an der Wirkungsweise der Massenmedien. Versuche mit fernsehenden Testpersonen beispielsweise ergaben, dass die Aktivität der Schläfenlappen des Hirns schon nach 20 Minuten TV-Konsum fortschreitend erlahmt. Wir geraten in einen Dämmerzustand, der unsere geistigen Reflexe und inneren Zensoren außer Kraft setzt und uns zu Süchtigen macht.

Unsere Droge heißt Amüsement, und sie wirkt durch permanente Überreizung der Sinne. Unser gesamter Wahrnehmungsapparat wird dadurch beeinträchtigt. Aus hirnphysiologischen Experimenten weiß man, dass Reizüberflutungen mit Blockaden beantwortet werden. Da die Fülle der Eindrücke nicht mehr adäquat verarbeitet werden kann, schaltet das Bewusstsein gleichsam in einen Stand-by-Modus. Wir fokussieren uns auf weniges. Die Wirklichkeitsausschnitte werden immer schmaler, größere Zusammenhänge können nicht mehr erkannt werden. Ein idealer Zustand, um die Betroffenen weiter zu manipulieren.

Wem das Amüsement nicht reicht, wiegt sich möglicherweise in der Sicherheit, durch medial vermittelte Informationen Aufschluss über die Wirklichkeit zu erlangen. Ein fataler Trugschluss, denn die veröffentlichte Meinung bewegt sich in den engen Grenzen des Mainstreams. Er ist so beschaffen, dass alles auf die Bestätigung der künstlichen Programme hinausläuft. Ein selbstreferenzieller Kreislauf beginnt, der alles ausschließt, was nicht zur Matrix der Herrschenden passt. Nur was mit dem System harmoniert, dringt in die Öffentlichkeit, alles andere wird von vornherein als Störfaktor aussortiert.

Mehr als einmal habe ich selbst die Erfahrung gemacht, dass jene, die den Programmen zuwiderhandeln, als irrelevant, wenn nicht unseriös abqualifiziert werden. Sie gefährden das System, deshalb bekämpft man sie so erbittert. Die Herrschenden wissen: Verblendung und Vorbewusstsein sind konstituierend für gesellschaftliche Systeme, in denen der Einzelne nur als Funktionsträger existieren darf. Jede Rebellion wird deshalb im Keim erstickt. Alles zielt darauf ab, das Individuum zu isolieren. Nur so ist seine einsame Funktionalität garantiert, seine fugenlose Einpassung in die Arbeitskontexte, seine Verpflichtung auf ein eingeschränktes Wirklichkeitsbild.

Was ich einsame Funktionalität nenne, ist menschengeschichtlich neu. Seit Anbeginn der Menschheit schlossen sich Einzelne zu Gruppen zusammen, zu Lebensgemeinschaften, in denen sie gemeinsame Erfahrungen machten. Ob Familie, Sippe oder Horde, es handelte sich stets um soziale Gebilde, die von lebhafter Kommunikation geprägt waren. Man tauschte sich aus, bewältigte gemeinsam Herausforderungen, lernte miteinander und voneinander. Die Wirklichkeit wurde so überprüfbar. In der Gruppe war Ganzheit zumindest zu ahnen, auch durch Werte wie Solidarität und Gemeinsinn. Gleichzeitig konnte das Individuum mit seinen speziellen Fähigkeiten zum Ganzen beitragen. Nicht zuletzt gab es in jeder Gemeinschaft Heiler und Seher, die eine Verbindung zu höheren Mächten gewährleisteten und sinnstiftend wirkten.

Vergleichen wir diese Lebensform mit der fragmentierten Existenz heutiger Menschen, so tritt der Unterschied deutlich hervor. Das Gemeinsame erschöpft sich jetzt nur noch in der rezeptiven Gleichschaltung innerhalb der künstlichen Matrix-Welt. Es geht nicht mehr um Austausch, sondern um den parallelen Transfer von Matrix-Inhalten ins Bewusstsein. Der Trend zur Singlegesellschaft ist insofern ein alarmierendes Signal. Abgekapselt, unfähig zur Kommunikation, leben wir nebeneinanderher statt miteinander. Umso leichter haben es die künstlichen Programme, sich in uns zu verankern. Sie ersetzen die Kommunikation, die uns nicht mehr gelingt. Stumm sitzen wir nebeneinander, die Augen auf die Monitore unserer TV-Geräte, Computer, Handys und Tablets gerichtet.

Der Schleier des Vergessens zieht aber nicht nur Passivität nach sich. Im aktiven Tagesgeschehen ist das Vergessen dadurch manifest, dass wir unsere Verantwortung für die Schöpfung fortschreitend abgeben. Der erreichte Grad der Unbewusstheit macht uns unempfänglich für Werte wie Achtsamkeit, Respekt und Rücksicht. Ein einfaches Beispiel dafür ist die Art und Weise, wie wir Tiere behandeln. Wir benutzen und missbrauchen sie skrupellos, anders als die Naturvölker, deren achtsamer Umgang mit der Natur sich in Ritualen zeigt. Da wird zu Ehren des erlegten Büffels ein Fest gefeiert, da wird die Seele des Tiers in einem Totem respektiert. Die heute übliche, äußerst brutale Massentierhaltung zeugt von einem gefährlichen Vergessen, von einem Bruch mit der Idee der Ganzheitlichkeit.

Was darüber hinaus der Mensch dem Menschen antut, bedarf keiner ausführlicheren Erläuterung. Die Decke der Zivilisation sei dünn, sagte einst der Soziologe Norbert Elias, und ich muss ihm leider recht geben. Gewalt, Missbrauch und Vernachlässigung in Familien gehören heute zur Tagesordnung. Kriminalität ist eine schier unvermeidliche Begleiterscheinung unseres Zusammenlebens, und noch immer lassen sich Unschuldige für Krieg und Terrorismus instrumentalisieren. All das wäre nicht möglich ohne den Schleier des Vergessens, der sich wie Mehltau über die sogenannte zivilisierte Weltgesellschaft legt.

Was aber verschafft der künstlichen Matrix ihre unangefochtene Autorität? Welche psychischen Mechanismen sind es, die Millionen Menschen vergessen lassen, dass wir Menschen zueinander gehören, als Wesen, die ihre Existenz ganzheitlich dem Allschöpfer zu verdanken haben?

Medien als Angstproduzenten

Selbst erklärte Optimisten können nicht widerlegen, dass wir den Großteil unseres Lebens damit zubringen, zweckgerichtet für eine unbekannte Macht tätig zu sein, ähnlich, wie es im »Matrix«-Film dargestellt wird. Wir sind für diese Machtinstanzen nichts weiter als nützliche Energielieferanten, ja, sie ernähren sich gleichsam von unserer Energie, unserer Arbeitskraft, unseren gleichgeschalteten Gedanken. Dies geschieht besonders dann, wenn wir Angst empfinden. Vergessen wir nicht, dass jede gedankengetragene Emotion eine messbare Energie ist, die abgespeichert und verstärkt wird. Je mehr Menschen Angst haben, desto umfassender wird das Angstgefühl vieler.

Daher ist es nicht verwunderlich, dass unsere Medien überwiegend Informationen der Furcht, der Angst und des Leids vermitteln. Emotionen der Freude, der Harmonie oder

der Liebe würden den Mächtigen nicht nützen, ganz im Gegenteil: Positive Gegenentwürfe würden uns die Augen öffnen für den unerlösten Zustand, in dem wir uns befinden. Wer aber manipuliert uns?

Im »Matrix«-Film waren es die Herren der künstlichen Intelligenz, die nach der Unterwerfung des Menschen unter die Maschine regierten. Doch auch wir können die Urheber unserer künstlichen Programme leicht ausmachen. Sie sitzen an den Schaltstellen der Ökonomie, der Politik und der großen Medienkonzerne. Doch letztlich sind sie nur irdische Vertreter einer Kraft, die ich generell als negative Energie bezeichnen würde, oder, um auf das vorhergehende Kapitel Bezug zu nehmen, als luziferische Energie.

Aus der Physik wissen wir, dass immer dann, wenn eine Resonanz erfolgt, eine Information übertragen wird. Dafür müssen gleiche Schwingungskörper und gleiche Wellenlängen vorliegen – nur Gleiches zieht Gleiches an. Eine übergeordnete, negativ codierte Energie kann daher nur von jemandem profitieren, der ebenfalls von negativen Energien bewegt wird, also beispielsweise Angst hat und sie in Form bestimmter Frequenzen ausstrahlt. Die dunkle Macht kann aus diesem Grunde unsere Angstenergie aufnehmen und für sich nutzen. Sie wird dadurch zunehmend stärker, und ihr Einfluss wächst.

Wir sprechen hier von energetischen Levels, die überaus hoch sind. Jeder Gedanke ist ein elektromagnetisches Signal, und jedes einzelne Gehirn verfügt über eine Sendeleistung von ungefähr 50 bis 100 Watt. Die menschliche Hirnfrequenz liegt zwischen 0,5 und 80 Hertz, ein Frequenzspektrum, das nahezu sämtliche Materie durchdringt. In der Summe ergibt sich eine ungeheure Energiemenge. Handelt es sich um negativ umgewandelte Energie, so liegt auf der Hand, dass es an positiver Energie fehlt. Es ist daher kein Zufall, dass sich immer mehr Menschen ausgelaugt und ausgebrannt fühlen. Sie sind frequenziell in einem System verschaltet, das ihre Energie negativ codiert und dann restlos absorbiert.

Berücksichtigt man diesen Mechanismus, so verwundert nicht, dass die Medien kaum positive Nachrichten oder aufbauende Ideen verkünden. Stattdessen wird bevorzugt die Emotion der Angst geschürt, die intensivste Emotion, zu der wir außer der Liebe fähig sind. Es muss also eine Struktur wirksam sein, die uns auffordert, ja geradezu zwingt, in die seelische Zone der Angst zu gehen. Angst hat bekanntlich viele Gesichter – Angst vor dem Verlust des Partners oder des Arbeitsplatzes, Angst vor Armut, vor dem Tod und dem Alleinsein. Es wäre nur natürlich, wenn wir nun Auswege oder zumindest Trost suchten. Beides wird uns verweigert, stattdessen werden unsere Ängste durch die Medien weiter bestätigt.

Wie viele Filme gibt es noch, die uns dazu anregen, unser Herz zu öffnen? Filme, die uns Mut machen, neue Handlungsoptionen schildern, Botschaften der Liebe und des Glücksanspruchs vermitteln? Wer auch nur einen Abend lang durch die Programmkanäle zappt, wird allerorten auf Krimiserien, Thriller und Horrorfilme stoßen. Gewalt und Tod sind die zentralen Chiffren unserer Unterhaltungskultur. Blutüberströmte Leichen, perverse Mordlust, ausgefeilte Foltermethoden werden uns täglich frei Haus geliefert. Gebannt sehen wir hin und können den Blick nicht davon lösen.

Die Herren der künstlichen Matrix haben offenbar einen immensen Einfluss auf die Unterhaltungsindustrie. Diese ist es, die die Menschheit heute am stärksten mit dunklen Energien versorgt. Aus keinem anderen Bereich kommen derart viele Impulse, die uns tendenziell degenerieren und zerstören. Unser Bewusstsein ist überlagert durch die Allgegenwart von Finsternis, Gewalt und Mord. Es dürfte offensichtlich sein, dass die Programmierer der künstlichen Matrix uns in einem Zustand der Furcht halten wollen. Sie leben davon, dass wir ängstlich sind und uns unterordnen. Mit welchem Ziel?

Angst ist die wirkmächtigste Blockade überhaupt. Sie reicht bis tief in unser Unterbewusstsein und steuert unerkannt unser

Denken, Fühlen und Handeln. Die Überflutung mit blutrünstigen Krimibestsellern und gewalttätigen Serien hat daher System. Diese wie am Fließband produzierten Formate bedienen und multiplizieren fortlaufend die Ängste, die man uns oktroyiert hat. Wenige begreifen, dass es sich dabei um irrationale Ängste handelt. Denn Angst, so meinen wir, sei ein heilsamer Reflex, dazu beschaffen, uns zu schützen. Ein Urinstinkt, der uns vor Gefahren warnt und unser Sensorium schult.

Wer sich eingehender mit Ängsten beschäftigt, kommt zu anderen Schlüssen. Psychologen unterscheiden im Allgemeinen zwischen situativer Angst und Zustandsangst. Die situative Angst wird durch eine konkrete Bedrohung ausgelöst, beispielsweise durch einen Vermummten, der uns nachts auf der Straße mit einer Waffe entgegentritt. Das spontane Angstgefühl befähigt uns, rasch zu reagieren, durch Angriff oder Flucht. Hätten wir keine Angst, würden wir die Situation falsch einschätzen und könnten leicht unser Leben aufs Spiel setzen.

Vollkommen anders verhält es sich mit der Zustandsangst. Sie ist ein Grundgefühl, unabhängig von konkreten Gefahren. Unsere heutige Zivilisation kennt eine Fülle solcher irrationalen Ängste. Sie bleiben diffus, sind also nicht Reaktionen auf konkrete Bedrohungen und daher auch schwer auflösbar. In der Fachterminologie spricht man von Phobien. Zu ihnen gehören zum Beispiel die Agoraphobie, die Angst vor öffentlichen Räumen, die Klaustrophobie, die Angst vor engen Räumen, die Xenophobie, die Angst vor Fremden, bis hin zur Furcht vor willkürlich angstbesetzten Objekten wie Spinnen. Neben Phobien haben vor allem Ängste Konjunktur, die uns in einen Zustand der Resignation treiben. Depression, Selbstzweifel und Burn-out sind letztlich nichts anderes als maskierte Ängste. Sie engen unseren Aktionsradius empfindlich ein, was zu Abkapselung und Rückzug führt.

Die Problematik besteht darin, dass auch Ängste Wirklichkeit erschaffen. Sie hemmen, verunsichern und blockieren uns nicht nur, sie nehmen unmittelbaren Einfluss auf unser

Schicksal. Wer permanent Angst hat, dass eine Beziehung zerbrechen könnte, ist bereits dabei, diese Beziehung zu zerstören. Wer übersteigerte Angst vor Gesundheitsgefahren hat, wird nach den Gesetzen der »Selffulfilling Prophecy« tatsächlich eines Tages erkranken. Vor allem aber: Angst lähmt. Sie lässt allenfalls wiederholte Zwangshandlungen zu und vereitelt jede freie Entscheidung. So bliebe zu fragen, warum wir überhaupt der Angst ausgeliefert werden. Die Antwort ist niederschmetternd: Unsere gesamte Zivilisation ist auf Angst gebaut, weil sie dem Machterhalt dient.

Machtstrukturen begleiten unser gesamtes Leben. Das beginnt bereits bei der Erziehung, die massiv in unsere Willensfreiheit eingreift. Schon kleinste Kinder werden mit Androhung von Strafen diszipliniert. Sie lernen, dass Regelübertretungen mit Sanktionen beantwortet werden. Machen sie einen Fehler, wird ihre Zugehörigkeit zur Familie infrage gestellt, also fügen sie sich und unterdrücken immer heftiger ihre Freiheitssehnsucht. Wer Angst schürt, besitzt Macht, auf diese düstere Formel lässt sich der systemische Teufelskreis der heute wirksamen künstlichen Matrix bringen. Aus der Geschichte lernen wir, wie Diktatoren und Despoten Angst und Schrecken verbreiteten. Die Programmierer der künstlichen Matrix dagegen verfahren weit subtiler. Sie haben die Angst zu einem einträglichen Geschäft gemacht.

Selten ist das so offensichtlich wie bei den milliardenschweren Versicherungsgesellschaften, die uns Ängste aller Art einreden und uns deshalb teilweise absurde Produkte aufschwatzen, mit denen jedes Risiko scheinbar vermieden wird. Millionen von Menschen zahlen trotz unseres funktionierenden sozialen Netzes zusätzlich für ihre Angst vor Altersarmut, Krankheit, Arbeitsplatzverlust, Berufsunfähigkeit. Angesichts der Turbulenzen in der Finanzwelt ist nicht einmal sicher, ob die versprochenen Leistungen jemals ausbezahlt werden. Und doch funktioniert das Angstsystem bestens, weil es sich bereits als Matrix verfestigt hat und verinnerlicht wurde.

Verwandte Strukturen finden wir auf allen Ebenen. Die Politiker drohen uns mit zukünftiger Instabilität, wenn wir sie nicht wählen – obwohl sie selbst zu dieser Instabilität beitragen. Die multinationalen Konzerne wiederum drohen der Politik mit ökonomischen Rückschlägen, falls ihre Forderungen nach Steuererleichterungen und anderen Vergünstigungen nicht erfüllt werden. Gleichzeitig sind sie es, die die Volkswirtschaften durch ihre »Heuschreckenmentalität« ernsthaft in Gefahr bringen. Der Kreislauf der Angst ersetzt jede Reflexion. Mit starrem Blick auf angedrohtes Ungemach wird jede Forderung erfüllt.

Auch im sozialen Miteinander haben Ängste eine exponierte Funktion. Sie definieren Zugangscodes zur Gesellschaft und erschaffen damit eine Matrix der Regeln und Routinen. Wer sie nicht beachtet, verliert seine Zugehörigkeit, wie das Kind, das fürchtet, von den Eltern verstoßen zu werden. Wer anders denkt, anders fühlt und andere Entscheidungen trifft, als der Matrix-Mainstream vorgibt, wird als Außenseiter und Aussteiger diffamiert oder allenfalls als Hofnarr geduldet. Da wir soziale Wesen sind, fürchten wir nichts mehr als das. Man benötigt ungewöhnliche innere Stärke und ein hoch entwickeltes Bewusstsein, wenn man sich dennoch den Regeln entzieht, was freilich mit Isolation erkauft sein kann. Lieber mitmachen als ausgegrenzt werden, lautet daher die verzweifelte Devise.

Die Funktion der Religionen

Eine besondere Rolle im Spiel von Angst und Macht spielen die Religionen. Das alttestamentarische Gebot, nicht von der verbotenen Frucht zu essen, ist ein sinnfälliges Beispiel dafür. Adam und Eva sollten nicht der Erkenntnis teilhaftig werden, wie sie sich befreien könnten, stattdessen wurde ihnen Gehorsam abverlangt. Die anschließende Strafe, die Vertreibung aus dem Paradies, war für jeden Bibelleser fortan eine unmissverständliche Mahnung, was jemandem widerfährt, der sich den Zorn Gottes zuzieht.

Und sprechen wir nicht immer noch von Gottesfurcht? Der Begriff versinnbildlicht zwar Achtung vor einem höheren Wesen, zugleich aber wird damit auch ein Machtanspruch angemeldet. Solch ein Anspruch mag für Gläubige gerechtfertigt sein. Wir dürfen aber nicht vergessen, dass die weltlichen Vertreter von Religionen dazu neigen, die göttliche Autorität für ihre eigenen, höchst irdischen Interessen zu nutzen. Bei allem gebotenen Respekt vor tiefreligiösen Menschen kann man nicht an der Tatsache vorbeigehen, dass überall dort, wo auf religiösen Überzeugungen Institutionen gebaut wurden, massive Machtansprüche weltlicher Natur vorliegen. Selbst ernannte Vertreter Gottes beanspruchen Kontrolle über die Gedanken und Handlungen ihrer Anhänger, um ihnen Gehorsam und irdische Güter abzuverlangen. Sie maßen sich damit an, im Namen des Glaubens Machtsysteme zu errichten, um zugleich ökonomische Macht zu erringen.

Schauen wir uns ein konkretes Beispiel an. Der Sozialwissenschaftler Carsten Frerk errechnete in drei Jahren intensiver Recherche das Gesamtvermögen der katholischen Kirche und ihrer Institutionen. Er kam auf die unfassbare Summe von 270 Milliarden Euro, zusammengesetzt aus Grundbesitz, Geldeinlagen, Beteiligungen und Immobilien. Wir haben es hier mit finanziellen Dimensionen eines multinationalen Konzerns zu tun, die in scharfem Kontrast zum von Jesus gepredigten Armutsgebot stehen. Warum aber lassen die Gläubigen ihre Kirchenfürsten gewähren?

Gerät das Göttliche in Menschenhand und wird es zu einem hierarchischen System verfestigt, besteht a priori die Gefahr der Manipulation. Seit jeher waren Religionen daher Instrumente, um Menschen in bestimmte Richtungen zu führen. Sie sollten sich in einer begrenzten Struktur bewegen, angepasst an die unterschiedlichen Mentalitäten und Traditionen. Ob Ägypter oder Maya, Inka oder Christen, sie alle verfügten über Priesterkasten, die gesellschaftspolitisch gesehen starke Machtzentren aufbauten. Durch die spirituelle Legitimation ihrer Vormachtstellung erschienen sie unangreifbar. Und durch gezielte Variation religiöser Inhalte hatten sie auch die Seelen der Menschen in ihrer Hand. Ein perfektes System.

Vorstellung schafft Wirklichkeit. Bis heute modifizieren Religionen unsere Vorstellungen und beeinflussen damit unser Bewusstsein. Sie konditionieren eine Wahrnehmung, die unsere Auffassung von Realität grundlegend verändert. Auch sie müssen wir daher zu den Programmen einer künstlichen Matrix zählen, denn die mystische und spirituelle Grundierung von Religion wurde im Zuge ihrer Institutionalisierung fortlaufend verdrängt. Die meisten Religionen sind nichts anderes als künstliche, von Polaritätsvertretern der höheren Dimensionen geschaffene Instrumente, wobei die Herren der künstlichen Matrix etliche Glaubensdogmen verankerten, die unhinterfragt unser gelenktes Leben durchziehen.

Vor der Entstehung der heute bekannten Glaubensrichtungen standen dagegen noch Naturaspekte im Vordergrund. Ein harmonischer, achtsamer Umgang mit der Natur war selbstverständlich, Ehrfurcht vor der Schöpfung, Rituale, mit denen man um fruchtbare Ernten und erfolgreiche Jagden bat. Die Naturvölker folgen den natürlichen Gesetzen der Erde, die ihre eigenen, für uns unbeeinflussbaren Rhythmen besitzt. Man könnte es auch so ausdrücken: Die Erde erschafft durch die Naturgesetze ihre eigene Religion.

Unter Naturgesetzen verstehe ich in diesem Fall naturgemäße Strukturen, die sich außerhalb künstlicher Programme bewegen. Demgegenüber wirken viele Religionen wie Filter, die uns unserer eigenen Natur entfremden. Mit ihren Regeln und Gesetzen setzen sie sich häufig über unsere ureigenen natürlichen Bedürfnisse hinweg und maßregeln ihre Anhänger. Andererseits fühlen wir tief in uns, dass es noch eine übergeordnete Religion geben muss, die jenseits von allen bekannten Glaubensrichtungen steht. Sie wäre die Urreligion, gemäß der eigentlichen Bedeutug des Wortes »religio«, in dem das »religiare«, die Rückkehr oder Rückbindung, steckt. Dies ist es, was die Naturvölker mit ihren Riten ausdrückten. Sie verfügten über ein tiefes Wissen um die natürlichen Zyklen, um ihre Gefahren und Heilkräfte – bis dieses Wissen vor allem durch die wenig friedfertigen Vertreter des Christentums zurückgedrängt wurde.

Die Kelten beispielsweise galten den christlichen Missionaren als gefürchtete Wissensträger, obwohl sie eine sehr hochstehende religiöse Tradition besaßen. Man verfolgte Weise und Druiden, kostbares Wissen wurde vernichtet oder unzugänglich gemacht. Uralte Heiligtümer wurden für immer zerstört, oft an energetisch bedeutsamen Plätzen, die, wie wir heute wissen, meist günstige elektromagnetische Bedingungen aufwiesen. Ähnlich erging es den indianischen Kulturen Nord- und Südamerikas und den schamanistischen Traditionen Afrikas. Alles, was nicht in die christliche Vorstellungswelt passte, qualifizierte man kurzerhand als Aberglaube, wenn nicht als Hexerei ab.

Die Inquisition, die jahrhundertelang in Europa wütete, müssen wir in diesem Zusammenhang als eine angstbasierte Maßnahme sehen, mit der die neue Glaubensmatrix gewaltsam durchgesetzt wurde. Eine Schreckensherrschaft etablierte sich, eine perfide Spirale aus Unterwerfung und Angst. Auch mit neuen Dogmen wie dem Fegefeuer und der ewigen Verdammnis sollten die Gläubigen in Schach gehalten werden, obwohl das Neue Testament die revolutionäre Idee von Liebe und Vergebung verkündet hatte.

Das Phänomen des Glaubens

Was aber ist der Glaube überhaupt? Was geschieht dabei im Gehirn als elektromagnetischem Sender und Empfänger? Wie bereits dargelegt, entsprechen Hirnsignale dem jeweils momentan Gedachten. Je intensiver wir denken und fühlen, desto mehr Neuronen werden aktiviert. Und je mehr Nervenzellen gemeinsam in Aktion treten, desto größer sind auch ihr elektrisches Potenzial und die entsprechende Abstrahlung elektromagnetischer Wellen.

Allein durch die Überzeugung beispielsweise, dass es eine Hölle gibt, wirkt dieses Bild im Unterbewusstsein und wird in den geisttragenden Elektronen abgespeichert. Zeitgleich erreicht das Bild den Hyperraum, wo es kollektiv abrufbar ist. Alle Informationen dieser Art sind dort völlig neutral vorhanden. Wir selbst sind es, die sie mit Wertigkeiten, Assoziationen und Emotionen belegen. Auch das Gehirn trifft keine Unterscheidung, nur im Alltagsbewusstsein findet diese Differenzierung statt. Anschließend wirken sich die Bewertungen allerdings als Maßstab unserer Handlungen aus.

Um diesen Vorgang genauer zu beleuchten, vergleichen wir einmal einen Gläubigen und einen Wissenden. Der Wissende sammelt seine Erfahrung durch eigenes Erleben. Der Gläubige relativiert in der Regel sein Ratiowissen und ordnet seine Realität den Inhalten unter, die ihm von Vertretern einer Religion vermittelt werden. Beide jedoch strahlen gleich intensive Hirnwellen aus, denn der Grad des Glaubens entspricht auf dieser Wirkebene dem Grad des Wissens. Neuronal gesehen, liegt also die gleiche Intensität und damit die gleiche Leistung vor, die Einfluss auf den Hyperraum und die Umgebung erzielt.

Dennoch scheint der Glaube stärker zu wirken als das Wissen. Warum aber tritt er weit suggestiver in Erscheinung? Ein aufschlussreiches Experiment konnte dieses Phänomen darstellen. Während einer Vorlesung wurden ein Professor und seine Studenten mit Messgeräten verbunden, die das jeweilige EEG aufzeichneten. Die anschließende Analyse ergab, dass in dem Augenblick, in dem die emotionale Intensität und damit die Überzeugungskraft des Professors am stärksten war, die Gehirnwellen der Studenten mit jenen des Professors übereinstimmten. Das stärkere gedankliche wie emotionale Schwingungsniveau des Professors schaltete die Gehirne seiner Zuhörer gewissermaßen auf seine Frequenz.

Obwohl zu Beginn des Experiments jeder Student ein anderes, aktuell wirkendes Schwingungsmuster respektive Bewusstseinsniveau in seinem Gehirn aufwies – weil jeder seinen eigenen Gedanken nachhing –, waren alle früher oder später resonant auf den Professor ausgerichtet. Die Probanden übernahmen seinen Gedankeninhalt selbst dann, wenn er bewusst Unwahrheiten von sich gab. Sogar ein Student, der aus dem Vorsemester bereits mit dem Thema vertraut war und wusste, wann der Professor die Unwahrheit sagte, konnte sich dessen starker Sendeleistung nicht entziehen. Es handelt sich daher um energetisch-emotionale Qualitäten, unabhängig von der »Glaubwürdigkeit« des Inhalts.

Die Beeinflussung ist dem Umstand geschuldet, dass das stärkere Neuronenpotenzial stets das schwächere dominiert. Evozieren zwei Menschen ein ähnliches Gedankenbild und besteht zwischen ihnen eine resonante Verbindung, überlagert der Mensch mit der größeren Sendeleistung denjenigen mit der schwächeren. Dies funktioniert nach dem physikalischen Gesetz, dass ein schwächerer Oszillator stets dem stärkeren folgt. Emotionen verstärken die Sendeleistung. Entsprechend war die emotionale Intensität des Professors ausschlaggebend dafür, dass seine Frequenz sich durchsetzte.

Nach dem gleichen Muster kann man sich beispielsweise das Wirken eines Magiers erklären, der durch seine suggestiven Gefühlsintensitäten alles in seinen Bann zieht. Auch bei der Hypnose wird nach diesem Prinzip verfahren. Für den Hypnoseeffekt ist es erforderlich, einen Auslöser zu benutzen, wie es oftmals in Form eines schwingenden Gegenstands geschieht. Erst dann hat der Hypnotiseur die volle Aufmerksamkeit und Hingabe seines Gegenübers. Die entscheidende Stufe der Manipulation aber ereignet sich auf der Gefühlsebene: Die Emotion verstärkt den Gedanken und macht ihn zum stärkeren Oszillator. Selbst im Wachzustand wird der Hypnotisierte dann noch Aufträge ausführen, die ihm vom Hypnotiseur eingegeben wurden, da der Speicherungsprozess weiterwirkt.

Wie können wir diese Erkenntnisse nun auf den Glauben übertragen? Das emotional besetzte Programm der meisten Religionen macht ihre Verkünder zu starken Oszillatoren. Arbeiten sie mit der Emotion der Angst, so bannen sie Wahrnehmung und Aufmerksamkeit ihrer Zuhörer, die die Inhalte zum tragenden Element ihrer selbst geschaffenen, modifizierten Matrix machen. Sie wiederholen und bestätigen, was ihnen vorgegeben wird. So sind wir Menschen es selbst, die das Programm annehmen und individuelle Ergänzungsprogramme dazuschreiben – jeder nach seiner Erfahrung und seiner Lebensweise im eingeengten Bewusstseinsraum.

All das wird im Hyperraum abgespeichert und ist jedem zugänglich. Wir identifizieren uns damit und leiten einen Circulus vitiosus ein, der eine Eigendynamik gewinnt. Es entsteht eine Spirale, die abwärtsläuft und den Bewegungsraum immer mehr beschneidet. Wer es auf psychische Einflussnahme abgesehen hat, dem bietet sich mit dem Glauben daher ein sehr effizientes Instrument. Wenn er das Angstpotenzial der Menschen kennt, ist es ihm ein Leichtes, sie gefügig zu machen und zu manipulieren.

Missbrauch der Religionen

Gerade das Alte Testament hat überwiegend dieses Angstpotenzial genutzt, mit Vorstellungen von Hölle, Bestrafung und apokalyptischen Untergangsszenarien. Allerdings sollten wir berücksichtigen, dass die einschlägigen Schriften nicht von Gott stammen, sondern nur von Gott berichten. Sie stammen aus Menschenhand und verfolgen somit auch äußerst menschliche Interessen, wenn man einmal vom Wirken höherer Entitäten absieht. Dabei denke ich beispielsweise an den Vatikan, der die christlichen Ideen für weltumspannende Machtstrukturen missbraucht. Die Botschaft der Nächstenliebe ist pervertiert worden. Alles, was Jesus einst predigte, sei es Freiheit, Unabhängigkeit oder Selbstbestimmtheit, Verzeihen und Selbstlosigkeit, wurde im Namen des Papstes der geistigen Unterwerfung geopfert. Prunk und Pracht einer selbstherrlichen Priesterkaste setzten sich an die Stelle der selbstlosen Nächstenliebe, die der Mann aus Nazareth einst verkündet hatte.

Doch die Manipulationen setzten schon wesentlich früher ein. Historiker und Soziologen sehen etwa in den Zehn Geboten des Alten Testaments durchaus pragmatisch begründete Verhaltensregeln. Sie wurden in dem Moment akut, als das Volk Israel seine nomadische Lebensweise aufgab und sesshaft wurde. In der neuen Situation entstand das Bedürfnis, das enger werdende Zusammenleben zu regeln. Dies war der Moment, in dem Moses laut der Bibel nach seiner Begegnung mit Gott die Gesetzestafeln mit den Zehn Geboten präsentierte. So konnte das Gemeinwesen strukturiert werden, und es gab fortan klare Anweisungen, Gebote und Verbote.

Durch den Verweis auf die göttliche Herkunft der Gesetzestafeln konnte Moses jedoch auf eine unhinterfragbare Autorität verweisen, die ihm die nötige Legitimität verschaffte. Die Menschen befolgten nicht nur die neu formulierten Regeln, sie glaubten daran. Nach diesem Modell verfuhren Herrscher aller Epochen, die sich als weltliche Vollstrecker eines göttlichen Willens darstellten.

Nun mag man nicht bestreiten, dass die Zehn Gebote in der Tat einen sinnvollen ethischen Verhaltenskodex festschrieben. Im Laufe der Zeit aber trat die Gottesfurcht statt der Gottesliebe immer mehr in den Vordergrund. Heute konstatiere ich bei vielen Gläubigen eine unterwürfige, übermäßig demütige und schuldbeladene Mentalität. Sie wurde durch geistliche Würdenträger verbreitet und so lange übertragen, dass sich viele Menschen anderen und Gott gegenüber für unwürdig halten. Sie fühlen sich als sündhafte Kreaturen, die niemals den Idealen ihrer Religion gerecht werden können. Selbst im wichtigsten Gebet der Christen, dem Vaterunser, wird mit der Schuld gearbeitet, in der Zeile: »*Herr, vergib uns unsere Schuld* ...« Damit wird von vornherein postuliert, dass noch der Frommste prinzipiell schuldig sei. Mit starrem Blick auf diese vermeintliche Schuld, auch als Erbsünde bezeichnet, verlagert sich der Blick auf das Negative statt auf die positiven Seiten. Wer daran glaubt, lebt nicht in seiner Mitte. Die künstlich geschürte Angst macht ihn zum seelischen Sklaven und unterdrückt den energetischen Teil des Allschöpfers, den er in seiner Seele trägt.

Diesen überlagerten Aspekt unserer Seele können wir jederzeit aktivieren, damit er uns zurückführt in die Ganzheit unseres wahren allschöpferischen Seins. Deshalb plädiere ich für die Rückkehr in die schöpferische Freiheit, für die Sprengung sämtlicher Systeme, die uns in der künstlichen Gefangenschaft der Matrix halten, seien sie nun medialer, religiöser oder ideologischer Herkunft. Wir haben es den manipulierenden Entitäten, die im Sinne ihres Spiels agierten, im Grunde sehr leicht gemacht. In der Tat könnten wir uns als verirrte Seelen bezeichnen, die vergessen haben, wer sie eigentlich sind. Wir nehmen unser eigenes Machtpotenzial gar nicht richtig wahr, obwohl es immer vorhanden war und nur auf unseren Zugriff wartet.

Das Christentum ist natürlich nicht die einzige Religion, die mit Unterwerfungsprogrammen arbeitet. Tendenziell tun es auch das Judentum und der Islam. Ähnlich verhält es sich mit der östlichen Karmalehre. Sie ist ein Dogma, das auf der Illusion von Strafe und Belohnung beruht. Die Idee, dass man für seine schlechten Taten mit permanenter Reinkarnation bestraft werde, suggeriert absolute Gefangenschaft innerhalb der Polaritäten. Doch die Vorstellung, derart eingekerkert zu sein, beschränkt sich lediglich auf den materiellen Aspekt unseres Körpers. Verschwiegen wird, dass unser Geist und unsere Seele sich zwar der Materie bedienen, jedoch nicht polaren Ursprungs sind.

Viele andere Religionen, vor allem die monotheistischen, entlarven sich schon allein dadurch, dass sie die Wahrheit anderer Glaubensrichtungen vollkommen ausgrenzen. Im Grunde ist das eine totalitäre Haltung. Die Liebe des Allschöpfers selbst beinhaltet alles, was ist, als Wahrheit in seiner Gesamtheit, ohne Begrenzungen. Ein Absolutum ist nichts anderes als ein geistiges Gefängnis, das allem Befreienden entgegensteht und mit echter, übergeordneter Schöpferliebe nichts gemeinsam hat. Es ist der Zyklus von Sein und Nichtsein, von Werden und Vergehen als Sinn des Lebens, der durch den Allschöpfer in allen Glaubensrichtungen verbunden wird.

Perspektiven der Freiheit

Das Thema geistig-religiöser Knechtschaft hat Denker aller Jahrhunderte beschäftigt. In der neuzeitlichen Philosophie war es unter anderem Immanuel Kant, der einer dogmatischen Herleitung des Göttlichen durch formal-logische Gottesbeweise widersprach. Er wies nach, dass diese Methode zu unauflöslichen Widersprüchen führt. Stattdessen schlug er vor, dass man für bestimmte Erscheinungen transzendentale Ursachen annehmen, also glauben könne. Damit relativierte er religiöse Machtansprüche, die sich rational unterfütterten. Der Glaube wurde gewissermaßen zur persönlichen Sache, nicht zu einem verbindlichen, gesetzmäßigen Konsens.

Arthur Schopenhauer modifizierte Kants Ideen und entwickelte dessen Thesen weiter. Da er sich als Atheist bekannte, konnte er sich vergleichsweise objektiv mit den verschiedenen Glaubensmodellen beschäftigen. In seiner Analyse der Religionen kam Schopenhauer zu dem Schluss, dass der Buddhismus das anspruchsvollste und intellektuell überzeugendste

Glaubens- und Seinsmodell anbiete. Buddha war ein Erleuchteter, seine Askese und seine Überwindung menschlicher Leidenschaften und Getriebenheiten dienen Schopenhauer als Orientierung, wie man dem »Jammertal der Welt« entkommen kann.

Mit der Hinwendung zum Buddhismus überwindet er das abendländische Denken, das das Individuum feiert und zugleich unterwirft. Demgegenüber betont Schopenhauer, dass die asiatischen Religionen die Isolation des Individuums aufheben. Insofern gelingt ihm die Hinkehr zum großen Ganzen, zur Verbundenheit der Menschen untereinander und ihr Einssein mit dem Kosmos. Darauf begründet Schopenhauer auch eine Mitleidsethik, ausgehend davon, dass wir uns selbst im leidenden Gegenüber erkennen sollten.

Ich halte Schopenhauers Affinität zum Buddhismus für die großartige Leistung eines Denkers, der das Wesen der Welt jenseits von starren Glaubensdoktrinen auf eine »säkulare Spiritualität« gründet. Mit seiner These, dass jegliches menschliche Verhalten Ausdruck des Willens sei, einer vorbewussten Kraft mit starker Steuerungsfunktion, kommt er dem Matrixgedanken sehr nahe. Entsprechend ist die Überwindung des Willens für ihn ein Synonym für wahre Freiheit. Solange aber der Wille – fälschlicherweise als eigener, freier Wille interpretiert – den Menschen unterjoche, bleibe dieser gefangen.

Wenige Philosophen haben den freien Willen derart einleuchtend als Illusion entlarvt wie Schopenhauer, und das lange bevor die Experimente eines Benjamin Libet dies wissenschaftlich nachweisen konnten. Im Grunde beschreibt Schopenhauer ein Paradox, wie es typisch für die Matrix und ihre Programme ist: Wir können gar nicht wollen, was wir wirklich wollen. Wir meinen nur, aus freiem Antrieb zu handeln, doch in Wahrheit sind wir programmiert. Wir mögen glauben, wir träfen eine Entscheidung, doch sie wurde unter Ausschluss unserer eigenen Wahrnehmung schon wesentlich früher gefällt.

Das betrifft bei Schopenhauer auch das Denken, dem man so gern unterstellt, es sei frei. Auch für ihn ist die Welt ein Theater des Intellekts, ein trügerisches Spiel des Verstands. Gedanken und Ideen, das zeigt er sehr einleuchtend, unterliegen genauso wie die Gefühle dem unfreien Willen. Schopenhauer sieht deshalb nur einen Ausweg: die Verneinung des Willens. Erkauft ist die Haltung freilich mit einer bewussten Einschränkung von Erfahrungen und der Unterdrückung von Gefühlen. Emotionale Indifferenz und absichtslose Versenkung sind nach östlichem Vorbild seine Lösungsangebote, die sich mit der Idee des Nirwanas weitgehend decken.

An diesem Punkt stellt sich Ihnen möglicherweise die Frage, ob selbst die Auskoppelung aus der Matrix von einer künstlichen Matrix gesteuert sein könnte. Das zu überprüfen ist schwierig, wenn nicht unmöglich, da man das Bewusstsein bisher nicht naturwissenschaftlich objektivieren konnte. Indirekt können wir jedoch das Bewusstsein durchaus messen, und zwar in Korrelation zu den Freiheitsgraden, die es zulässt. Nur ein hoch entwickeltes Bewusstsein erlaubt uns, das Selbst, befreit von künstlichen Programmen, auszuleben.

Freiheit drückt sich durch Souveränität und Unabhängigkeit aus. Sie kann allerdings durchaus negativ konditioniert sein. Immerhin wurde sowohl im Namen der Freiheit wie auch der Liebe erbittert gekämpft – man denke nur an die Trojanischen Kriege. Die Urfreiheit macht dagegen den eigentlichen Seins-Zustand des menschlichen Potenzials aus. Jenseits der Programme sind wir freie Seelen, die niemals eingeengt wurden, keinesfalls übrigens durch den Allschöpfer. Voraussetzung der Befreiung und des Erwachens ist, dass wir in den Erleuchtungszustand der entwickelten Seele eintreten. Wir selbst erschaffen ja unsere Begrenzungen durch unsere Gedanken, die wiederum in die Strukturen unserer Materie eingebettet werden.

Die Seele dagegen ist auf ihrer höchsten Stufe uneingeschränkt frei. Sie entzieht sich streng genommen jeder Beschreibung, da sie außerhalb des Universums und außerhalb der physischen Seinsform steht. Ich meine, dass der Allschöpfer mit der Seele gleichzusetzen ist. Daher steht sie auch außerhalb aller Vorstellbarkeit und ist kein aktiver Teil des Spiels. Doch sie übernimmt durchaus eine Funktion, denn die Seelenenergie erzeugt eine Ursehnsucht nach der Rückkehr in das All-Eins der Schöpferebene und erinnert uns in Momenten klaren höheren Bewusstseins daran, dass wir aus der Matrix austeigen sollten.

Im »Matrix«-Film fragt Neo: »*Was passiert mit meinem Körper, wenn ich in der Matrix sterbe?*« Morpheus antwortet ihm: »*Der Körper kann ohne Geist nicht leben ...*« Möglicherweise verbirgt sich hinter dem, was Morpheus das »Rest-Selbstbild« nennt, etwas, was auf einer höheren Ebene agiert und mit dem zu vergleichen ist, was wir als Seele bezeichnen. Nur von hier aus erscheint ein »Neustart« einen Sinn zu ergeben, was auch die Auferstehung von Neo beweist. Das jedenfall legt die wissenschaftliche Grundlagenforschung im Einklang mit spirituellen Erkenntnissen nahe.

So können wir sagen, dass die Perspektive der Befreiung in unserer Seele liegt. Sie bleibt vom Schleier des Vergessens unberührt, denn ungeachtet des deformierten Tagesbewusstseins, überdauert in ihr Trauer um die verlorene Ganzheit. Tief in uns spüren wir Schmerz und Ohnmacht noch im Vergessen und versuchen, uns das universale Aufgehobensein in der Urmatrix in Erinnerung zu rufen. Haben wir unser Bewusstsein geschärft und unsere Seele entwickelt, dringen diese inneren Bewegungen bis in den Raum der Wahrnehmung vor. Daraufhin wird ein energetisches Geschehen in Gang gesetzt, das von unserer veränderten seelischen Matrix aus direkt auf unser Leben einwirkt.

Sichtbar wird dies häufig in Form von Schicksalsschlägen. In tragischen Momenten leiden wir jedoch nicht nur, wir werden auch mit Erkenntnis beschenkt. Auf uns selbst zurückgeworfen, gelangen wir zu unserer Ursehnsucht, die uns vor Augen führt, dass wir loslassen lernen müssen, um unserer Bestimmung zu folgen. Das also, was uns die größten Schmerzen zufügt, ist oft der direkteste Weg zurück in die Freiheit der Seele.

Nicht wenige Menschen finden beispielsweise durch eine lebensbedrohliche Krankheit die Kraft, ihr Leben von Grund auf zu ändern. Angesichts des möglichen Todes besinnen sie sich auf das Wesentliche. Sie müssen loslassen, werden förmlich dazu gezwungen und schließlich wollen sie es auch. Die vorherige, fremdgesteuerte Existenzform erscheint ihnen nun schal und sinnlos. Loslassen ist dann der einzige Weg, um neues Leiden zu verhindern. Erfahrung heilt die Seele. Alles, was uns leicht und selbstverständlich erscheint, hinterlässt keinen bleibenden Eindruck. Erlebnisse aber, die uns in die tiefsten Tiefen reißen, lösen ein schockartiges Erwachen aus und befreien unser Bewusstsein.

Doch wir können auch ohne solche dramatischen Auslöser den Beschluss fassen, unser Leben zu ändern. Dann beginnen wir zu überlegen, wie wir uns mehr und mehr aus der Matrix auskoppeln können. Ein erster Schritt auf diesem Weg ist die Entscheidung, sich dem gesellschaftlichen Umfeld und den medialen Sinnesüberreizungen zu entziehen. Diese führen uns, neurologisch gesehen, von uns weg und entfremden uns unserem Selbst. Wir reagieren nur noch auf Reize und können im Grunde nicht mehr agieren. Gedankenhygiene zu betreiben ist insofern eine wichtige Unterstützung: weniger Tratsch und Klatsch, weniger Werbung, weniger Fernsehen, Radio, Zeitung, Internet. Diese Selbstkontrolle führt wieder zu einer konzentrierteren Aufmerksamkeit und Besinnung auf das Wesentliche. Die Klarheit, die man dadurch gewinnt, hilft, die Matrix zu durchschauen und unsere Freiheitsgrade entsprechend zu erhöhen.

4. AM WENDEKREIS DER WISSENSCHAFT

Der Einfluss des Erdmagnetfelds

Wie können wir zu den kosmischen Programmen zurückfinden? Wie erlangen wir die fehlende Anbindung an die Urmatrix zurück und damit das Wissen um unsere Bestimmung? Im »Matrix«-Film hält Morpheus die rote Pille bereit, die den Schleier des Vergessens lüftet. Auch medial hochstehende Personen sind in der Lage, zum wahren Kern des Seins zu gelangen. Doch es gibt klare Hinweise auf ein energetisches Geschehen, das der gesamten Menschheit schon in naher Zukunft leichteren Zugang zur Urmatrix ermöglichen wird.

Der sich abzeichnende Bewusstseinswandel, den ich neuerdings konstatiere, ist wesentlich auf veränderte elektromagnetische Felder zurückzuführen. Sie befinden sich zurzeit in einem aufregenden Wandel. Hierfür muss man wissen, dass unser Erdmagnetfeld immensen Einfluss auf uns hat. Es steuert unsere physiologischen Vorgänge, aber auch unsere geistigen Aktivitäten und unser Bewusstsein. Das Erdmagnetfeld ist seit der Entstehung unseres Planeten aktiv und geht vom Erdkern aus, wo das Sechsfache des Mondvolumens als geschmolzenes, fließendes Eisen eingeschlossen ist. Es induziert Elektrizität, und dieses elektrische Feld wiederum erzeugt ein eigenes Magnetfeld: das Erdmagnetfeld mit seinen beiden Polen. Aus diesem Grund verwendet man auch den Begriff »Geodynamo«.

Fast alle Planeten unseres Sonnensystems verfügen über ein vergleichbares Magnetfeld. Ohne unser Erdmagnetfeld können wir unsere Erinnerungen nur schwerlich abrufen. Unser körpereigenes Magnetfeld ist hierfür im Allgemeinen noch nicht genügend ausgeprägt, während ein voll bewusstes Gehirn dies mit Leichtigkeit vermag. Das geomagnetische Feld besitzt für alles Leben auf der Erde eine umfassende Steuerungsfunktion. Tiere zum Beispiel brauchen es für ihre Wahrnehmungsfähigkeit und ihre geografische Orientierung. Sie kommunizieren mit dem Magnetfeld durch Kristalle im Gehirn, die quasi als Rezeptoren wirken.

Solche magnetischen Mikrokristalle entdeckte man zunächst im Hirn von Tauben. Biologen hatten das Phänomen untersucht, warum Brieftauben eine derart untrügliche Orientierung haben, auch über weite Entfernungen hinweg. Später wies man diese Kristalle auch im Gehirn von Menschen nach, wobei die größte Konzentration in der Zirbeldrüse gefunden wurde. Sie wird von Mystikern seit jeher als »drittes Auge« bezeichnet.

Die Zirbeldrüse liegt im Zentrum des Gehirns und ist direkt an unser Erdmagnetfeld angekoppelt. Zugleich ist sie Hauptrhythmusgeber des zentralen Nervensystems. Von hier aus werden der Tag-und-Nacht-Rhythmus gesteuert sowie diverse komplexe Stoffwechselvorgänge. Sie hat Einfluss auf die Chronobiologie des Körpers, auf rhythmisch verlaufende innere Vorgänge, die sich in einem Zeitraum von 24 Stunden wiederholen. Ihr Aktionsmuster nennt man »zirkadiane Rhythmen«. Wie sie verlaufen, hängt von der Melatoninproduktion der Zirbeldrüse ab, die wiederum durch das elektromagnetische Feld der Erde bedingt ist. Bei Experimenten stellte sich entsprechend heraus, dass die Zirbeldrüse von Menschen, die sich in einem magnetisch abgeschirmten Raum aufhielten, nur sehr wenig Melatonin produzieren konnte.

Spannend wird es nun, wenn man bedenkt, dass die Zirbeldrüse nicht nur ein zentraler Dirigent des Gehirns ist, sondern in Wechselwirkung mit dem Magnetfeld der Erde agiert. Insofern übt das Erdmagnetfeld einen direkten Einfluss auf das zentrale Nervensystem aus – und auf Bewusstsein, Geist, Emotionen. Unsere Psyche und unser Bewusstsein sind also in elementarer Weise an das Erdmagnetfeld geknüpft. Eine Veränderung dieses Felds bewirkt folgerichtig eine Veränderung unserer Psyche und unserer Emotionen.

Um diese Abläufe besser zu verstehen, betrachten wir einmal genauer, wie sich das Erdmagnetfeld aufbaut. Immer dann, wenn Elektronen sich drehen, induzieren sie nach den maxwellschen Gesetzen ein magnetisches und elektrisches Feld. Wenn sich viele dieser Elektronen in eine Richtung drehen, ist das Magnetfeld größer, als wenn sie in unterschiedlicher Richtung kreisen würden. Da die Elektronen unseres Erdmantels zum großen Teil ausgerichtet sind, entsteht eine entsprechend hohe Intensität. Wir können sie exakt messen, sie beträgt etwa 0,5 Gaus. Dabei handelt es sich um einen mittleren Wert, da es auf der Erde Regionen mit unterschiedlichen elektromagnetischen Feldern gibt.

Die abweichenden Feldintensitäten und deren Schwankungen haben eine direkte Entsprechung in der Psyche und im Bewusstsein der Bewohner bestimmter Regionen. Menschen, die beispielsweise in einem schwächeren Magnetfeld leben, zeigen ein labileres Verhalten als solche, die einem stärkeren Feld ausgesetzt sind. Die Korrelationen zwischen schwankenden Feldstärken und psychischer Disposition betreffen alle Stimmungslagen, von tendenzieller Entspanntheit bis hin zu gesteigerter Aggression. Schauen wir uns etwa Südamerika unter diesem Gesichtspunkt an, so erkennen wir einen signifikanten Zusammenhang zwischen politischen Krisengebieten und den dort vorliegenden schwachen Erdmagnetfeldern. Dort herrscht eine gewisse psychische Instabilität, die einerseits gewaltsame Ausbrüche hervorruft, andererseits aber auch Wandlungsprozesse beschleunigt. In Schweden dagegen, wie generell in Nordeuropa, herrscht ein deutlich höheres Magnetfeld und damit auch ein ausgeglichener Emotionswert. Es gibt also durchaus eine physikalische Erklärung für die unterschiedlichen Mentalitäten einzelner Völker.

Der energetische Austausch mit dem Erdmagnetfeld verläuft mittels der Elektronen, aus denen wir bestehen und die als geisttragende Teilchen unsere Gedächtnisinhalte in Ankopplung an den Hyperraum speichern. Durch ihre Fähigkeit des Austauschs mittels Photonen und Neutrinos werden Informationen übertragen. Das ermöglicht Zuwachs an Erfahrungen und, auf einer höheren Ebene, die kosmische Evolution. Das Erdmagnetfeld spielt hier eine Mittlerrolle, da es die Bewegung der Elektronen steuert. Insofern lässt sich auch die Funktionsweise der morphogenetischen Felder präzisieren: Alles, was jemals auf der Erde gedacht oder empfunden wurde, ist im Einflussbereich von Elektronen abgespeichert und über diese abrufbar.

Die Begegnung zweier Elektronen, die indirekt über Photonen und Neutrinos vollzogen wird, führt zu einem Informationszuwachs beider geisttragenden Teilchen. Dies ist gewissermaßen die erste Reflexion. Je größer die Anzahl der sich mit Informationen austauschenden Elektronen ist, desto vollkommener ist das neu geschaffene Bewusstsein. Denkt man diesen Prozess weiter, so ergibt sich als ideales Resultat eine veränderte Daseinsform, innerhalb derer der Mensch zu einem ewiglich erinnernden Wesen geworden ist. Er verschmilzt im Sinne einer universalen Zugehörigkeit mit dem Ganzen und lässt daraus die Existenz eines neuen »Ichs« entstehen.

Sollte dies eines Tages verwirklicht sein, ist der Schöpfungsprozess ein weiteres Mal vollzogen worden. Die erste Form von Bewusstsein, die Selbstreflexion, steigert sich zu einem vollkommen erschlossenen Selbst-Bewusstsein. Um diese Reflexion herbeizuführen, müssen bestimmte physikalische Bedingungen erfüllt sein, beispielsweise durch den Einfluss entsprechend starker Magnetfelder. Dabei werden die geist- oder informationstragenden Einheiten in eine bestimmte Richtung gelenkt, sodass ein Austausch zustande kommen kann.

Der bevorstehende Polsprung

Hätten unsere Elektronen mit denen des Erdmagnetfelds keine Verbindung, würden wir auf lange Sicht unsere Erinnerung, ja, jedwede Orientierung verlieren. So beobachtete man es bei Astronauten, die monatelang im All unterwegs waren. Je länger dieser Zustand anhält und je nachhaltiger wir die Verbindung zu den Elektronen des irdischen Magnetfelds verlieren, desto größer werden die Irritationen. Wäre dies ein dauerhafter Zustand, so würden wir irgendwann auf die niederste Existenzstufe herabsinken, ohne Sprache, ohne Erinnerung, ohne Bewusstsein.

Das Gleiche würde passieren, wenn das Erdmagnetfeld für längere Zeit gestört wäre. Das geschieht unter anderem dann, wenn ein sogenannter Polsprung erfolgt. Im Laufe unserer Erdgeschichte hat es bereits mehrere Polumkehrungen gegeben, in einem Zyklus von durchschnittlich 250.000 Jahren. Man kann sie wissenschaftlich für die letzten 120 Millionen Jahre nachweisen, wobei die Häufigkeit zunimmt. Ein Polsprung dauert vergleichsweise lange, etwa 4000 bis 10.000 Jahre. Man kann nur spekulieren, welche Auswirkungen dies in der Vorzeit auf Lebewesen hatte. Mit Sicherheit kam es dabei zu massiven Störungen, andererseits konnte man durch Sedimentanalysen belegen, dass sich in Phasen der Polsprünge genetische Veränderungen bei Kleinstlebewesen vollzogen – und damit Evolutionssprünge.

Der letzte Polsprung ist vor etwa 780.000 Jahren nachweisbar. Daher gehen Naturwissenschaftler davon aus, dass ein weiterer Polsprung in naher Zukunft mehr als wahrscheinlich ist. Exakt berechenbar ist er nicht. Manche Forscher vermuten, dass es in 3000 bis 4000 Jahren so weit sein wird, ich dagegen bin davon überzeugt, dass er unmittelbar bevorsteht. Immerhin legt die berechnete Periodizität nahe, dass er alle 250.000 Jahre stattfindet – er ist also gewissermaßen überfällig. Messungen haben ergeben, dass das Erdmagnetfeld seit 2000 Jahren deutlich abgenommen hat und inzwischen gegen null tendiert. Es ist daher davon auszugehen, dass ein erneuter Polsprung schon in den nächsten Jahren einsetzen wird.

Wir sprechen hier von Phasen elektromagnetischer Abweichung, die krisenhafte Veränderungen nach sich ziehen. Das Auftreten von Naturkatastrophen wie Erdbeben und Überschwemmungen hängt unmittelbar mit den physikalischen Einflüssen des Polsprungs zusammen. Sollte er in naher Zukunft tatsächlich stattfinden, ist damit zu rechnen, dass das Erdmagnetfeld für die Dauer von etwa drei Tagen den Wert null halten würde. Doch schon wenige Stunden im Nullzustand würden ausreichen, um für uns Menschen eine äußerst problematische Situation zu schaffen. Wir könnten unser Erinnerungsvermögen und unser Bewusstsein einbüßen. Aber es wird auch Menschen geben, für die sich diese Veränderung kaum bis gar nicht bemerkbar macht – weil sie bereits ein eigenes Feld aufgebaut haben, durch stärkere Bewusstheit. Wie ist das möglich?

Tiefe Ausgeglichenheit und ein hoher Bewusstseinsgrad führen zu kohärenten neuronalen Aktivitäten, die ein eigenes Magnetfeld erzeugen. Dies weiß man durch Studien mit Astronauten. Um sich vor der sogenannten Astronautenkrankheit schützen zu können, absolvieren sie mentale Trainingsprogramme, sodass sie gewissermaßen elektromagnetisch autark werden. So können sie sich vor psychischen Problemen schützen, falls in der Raumstation die Elektronik versagt, die künstliche, denen der Erde nachgebildete magnetische und elektromagnetische Felder herstellt.

Die momentane Abschwächung des Erdmagnetfelds bedeutet eine große Herausforderung. Um adäquat damit umzugehen, ist es unerlässlich, dass wir unser Bewusstseinspotenzial anerkennen. Es ist gleichzeitig ein Indikator der Authentizität. Auf der spirituellen Ebene würde es bedeuten, dass man sich »in seiner Mitte« befindet, ein Zustand, der in unserer künstlichen Matrix-Kultur bekanntlich die Ausnahme ist. Insofern ist es eine sinnvolle Vorbereitung, wenn man sich einem Großteil der Sinnesüberreizungen unserer Ablenkungskultur entzieht. Dabei werden die Sinne synchronisiert, was ein höheres Potenzial an gleichschwingenden Neuronen aktiviert. Langfristig baut sich dadurch ein körpereigenes Magnetfeld auf und führt zur bewussten Erinnerung an die eigene Datenbank.

Diese Phänomene sind mittlerweile messbar. Neben dem EEG, das die elektrischen Signale des Hirns misst, verwendet man dafür MEG-Apparate, die die elektromagnetische Aktivität des Gehirns dokumentieren. Sie machen transparent, in welchem Bewusstseinszustand sich der Betreffende befindet. Im Zustand der Meditation und der ruhig schauenden Aufmerksamkeit baut sich das körpereigene Magnetfeld sehr kraftvoll auf. Auch bei Naturvölkern zeigen sich starke Felder. Durch die deutlich reduzierte Sinnesreizung sind sie authentischer und haben sich ihre besonderen Fähigkeiten der intuitiven Wahrnehmung bewahrt.

Die Sonne und der Mayakalender

Ausgehend von diesen Überlegungen, können wir nun einen Schritt weiter gehen. Es stellt sich ja die berechtigte Frage, warum das irdische Magnetfeld überhaupt abnimmt. Der sich ankündigende Polsprung ist zwar eine Antwort darauf, doch das erklärt noch nicht, warum solch ein Polsprung überhaupt möglich wird. Die eigentliche Antwort erschließt sich durch die direkte Wechselwirkung zwischen unserer Sonne und dem

Erdmagnetfeld. Denn das Erdmagnetfeld, das einen derart wichtigen Faktor für unsere innere Verfassung und auch für evolutionäre Prozesse darstellt, existiert nicht isoliert, sondern ist mit dem Kosmos verbunden.

Mit dieser Erkenntnis rückt ein neuer Faktor in den Blick: die Sonne und ihre Aktivitäten. Pathetisch gesagt, könnte man feststellen, dass die Sonne unser Schicksal ist. Sie spendet uns nicht nur Licht und Wärme, sondern hat qua Erdmagnetfeld einen immensen Einfluss auf unser Bewusstsein. Jede Eruption auf der Sonne setzt elektrisch geladene Partikel frei, die mit ungeheurer Geschwindigkeit von der Sonnenoberfläche ins Universum geschleudert werden – durch Sonnenwinde, »sunflares« genannt. Die Partikel bestehen aus Elektronen und Protonen und erreichen mit einer Geschwindigkeit von Millionen Stundenkilometern die Erde.

Sonnenelektronen, die wir zugleich als Informationsträger verstehen müssen, verändern merklich das Erdmagnetfeld und damit auch unser Gedankengut, die kollektive Informationsfestplatte der Erde. Es entsteht ein intensiver Informationszufluss, in einer Größenordnung von Trilliarden Ladungsträgerteilchen, die mit unserer Erde in Wechselwirkung treten. Sie sind es – neben den spezifischen elektromagnetischen und gravitativen Feldern der Sonne –, die wir für die Schwächung unseres Erdmagnetfelds verantwortlich machen können.

Seit man sich dieser Tatsache bewusst ist, widmet sich die Forschung verstärkt dem Geschehen auf der Sonne. Grundlegendes Datenmaterial sammelt seit einigen Jahrzehnten die NASA, die Milliardenbeträge in Satelliten investierte, um die Sonnenaktivitäten aufzuzeichnen. Zu ihnen gehört der Satellit SOHO, der regelmäßig Sonnendaten zur Erde sendet. In der Langzeitbeobachtung ergaben sich spezifische Zyklen von Eruptionen, die wiederum das Erdmagnetfeld und damit unsere Bewusstseinslage in einem darstellbaren Rhythmus steuern.

Daraus lässt sich ableiten, dass wir über unser Erdmagnetfeld Informationen von der Sonne erhalten. Wie im

Zusammenhang mit dem Polsprung erwähnt, hat das Auswirkungen auf die evolutionären Entwicklungen. Sämtliches Leben auf der Erde, von den ersten Mikroorganismen bis zum heutigen Menschen, wurde entscheidend von der Sonne geprägt. Wir müssen sie als Taktgeber der Evolution betrachten, und, wie wir sehen werden, auch als Taktgeber unserer geistigen Evolution.

Wie ungeheuer kreativ die Wirkmechanismen sind, können wir uns vergegenwärtigen, wenn wir die ersten Lebensformen der Erde in den Blick nehmen. Heute gehört das kleinste Genom einem Bakterium, dessen DNA aus 580.000 chemischen Buchstaben besteht, eine gewaltige Informationsmenge. Bakterien sind die kleinsten unabhängigen Lebenseinheiten. Dass sie sich überhaupt ausbilden konnten, ist den sonneninduzierten Magnetfeldänderungen der Erde zu verdanken. Auf der Elektronenebene wurden wahre Evolutionssprünge ausgelöst, die zu höherer Komplexität der DNA führten. Das grenzt an ein Wunder, wenn wir uns das Ausgangsmaterial vorstellen, eine »Ursuppe« kleinster Teilchen.

Erweitern wir nun den Gesichtskreis, dann ist die Sonne nicht einmal die einzige kosmische Einflussgröße. Sie erhält über den Austausch von Elektronen wiederum Informationen von ihrer eigenen Sonne, um die sie kreist. Ich erwähne dies deshalb, weil es dem Bild entspricht, das die Maya vor vielen Jahrhunderten in ihrer Topografie des Kosmos aufzeichneten. Überliefert ist dies im Tzolkin, ihrem wichtigsten Kalender. Dort wird beschrieben, wie ein »galaktischer Strahl« mehrere Sonnen verbindet und Informationen aus höheren Dimensionen zur Erde vermittelt.

Dies erlaubt uns weitergehende Aussagen über die Phänomene, die uns bevorstehen. Wissenschaftlern ist es gelungen, den Tzolkin und das I-Ging ineinander zu überführen und nachzuweisen, dass deren Aussagen identisch sind. Die Zahl 64 spielt dabei im galaktischen Programm eine große Rolle – eine auffällige Parallele übrigens zur Anzahl der Erzengel.

Durch die Kalibrierung der Zeitwelle besteht auf Basis des Tzolkins die Möglichkeit, eine hohe Ereignisdichte auf der Erde vorauszusagen. Die Brisanz des Mayakalenders wird überdies durch eine unmittelbare Korrelation zwischen Sonnenaktivitäten und einschneidenden Geschehnissen auf der Erde unterstrichen. Diese Zusammenhänge wurden erstmals 1978 von der NASA analysiert. Damals veröffentlichte der NASA-Mitarbeiter J. A. Eddy eine Studie, derzufolge Aufstieg und Untergang sämtlicher Hochkulturen mit spezifischen Sonnenaktivitäten einhergingen, von den Sumerern über die ägyptischen Hochkulturen bis zum Römischen Reich.

Die Evidenz ergab sich durch astrophysikalische Erkenntnisse, die man nun einbeziehen konnte. Die Sonnenflecken, an denen sich die Maya orientierten, sind Vorboten von Sunflares. Sind keine oder wenige Sonnenflecken vorhanden, ist nur mit geringen Sunflares zu rechnen, während zahlreiche und besonders große Sonnenflecken entsprechend intensive Sunflares zur Folge haben. Deren Einfluss auf unsere Zivilisation leuchtet ein, wenn man bedenkt, dass sich bestimmte geomagnetische Felder auf unser neuronales System, unsere Gehirnfrequenzen, auf die Hirnchemie und damit auf unser Träumen, Fühlen, Denken und Handeln auswirken.

Sonne und Evolution

Seit Darwin hatte man angenommen, dass die Evolution ein kontinuierlicher Entwicklungsprozess sei, eine fortschreitende Anpassung und Optimierung von Lebensformen an die Umwelt. Damit konnte allerdings nicht erklärt werden, warum es zuweilen Entwicklungssprünge gab und völlig neue Arten entstanden. Demgegenüber müssen wir davon ausgehen, dass eine »kosmische Absicht« hinter den sprunghaften Weiterentwicklungen steht. Immer dann, wenn Schwellenwerte von Erfahrungen erreicht wurden, entstand offenbar eine neue

Spezies. Insofern greift Darwins Theorem vom »survival of the fittest« zu kurz. Würde seine Evolutionstheorie strikt gelten, wäre der Mensch vermutlich nicht auf der irdischen Bühne erschienen. Gleiches gilt für die geistige Evolution. Auch hier können wir Sprünge rekonstruieren, etwa die Entstehung neuer Religionen und Lebensformen.

Sonneninduzierte Zyklen sind bei allen großen Kulturen zu beobachten. Folgt man dem Mayakalender und dessen Interpretation durch die NASA und bezieht darüber hinaus das aktuelle Datenmaterial ein, befinden wir uns gerade in einer Konstellation, in der sich Unter- und Aufgang eines Weltreichs abwechseln. Was wird das für uns bedeuten? Die babylonisch-sumerische Epoche wurde von der ägyptischen Blütezeit abgelöst. Nach dem Untergang der ägyptischen Kultur erlebte das hellenistische Reich seinen Höhepunkt. Dessen Untergang wiederum ermöglichte den Aufstieg des Römischen Reichs. Was nach dem Zerfall unserer Kultur entstehen wird, ist durch die Einflussgrößen der Sonne extrapolierbar: Wir stehen vor einem geistigen Evolutionssprung.

Zurzeit müssen wir uns auf eine Phase eklatant erhöhter Sonnenaktivität vorbereiten, die auf eine vergleichsweise lange Phase verminderter Aktivitäten folgt. Noch zeigt die Sonne eine auffällig schwache Aktivität. Parallel dazu nimmt jedoch die Strahlung der Sonne zu, was Intensität und Frequenz betrifft. Allein die Fakten, die die NASA auf dem World Forum Geocataclism 2011 in Istanbul offenlegte, zeigen dies sehr beeindruckend. Sie stützen sich nicht nur auf aktuelle Daten, sondern auch auf Referenzmessungen, die bei der Analyse von Gesteinsproben, jahrtausendealten Bäumen und Eisbohrungen gewonnen wurden. Anhand dieser Messwerte kann man den Stand der jeweiligen Sonnenaktivität einer Epoche präzise nachvollziehen und mit dem heutigen Zustand vergleichen.

Aus den Forschungsergebnissen lässt sich ein Indizienverlauf rekonstruieren: ein sonneninduzierter Zyklus, der exakt dem der Maya entspricht. Alles deutet daher auf ein Maximum der Sonnenaktivität im Jahr 2012 hin. Etwas Altes stirbt, etwas Neues entsteht – und dieses Mal auf einer bisher noch nie da gewesenen Intensitätsebene. Angesichts dessen erscheint es seltsam, dass der Tzolkin im Jahre 2012 endet. Dies war in der Vergangenheit häufig Anlass für negative Spekulationen, bis hin zu Weltuntergangsfantasien. Apokalyptiker traten auf den Plan, die düstere Visionen umfassender Zerstörung beschworen. Was aber bedeutet die magische Zahl 2012 wirklich?

Bereits vor einigen Jahren wurde ich während eines Kongresses gefragt, wie wir dieses Datum interpretieren sollen. Mein Antwort lautete: »2012 wird uns eine globale Transformation bescheren. Die Frage ist nur: Wann ist 2012?« Mit diesem vermeintlichen Paradoxon wollte ich darauf hinweisen, dass sich große geschichtliche Entwicklungen nicht auf ein kalendarisches Datum reduzieren lassen. Es spricht viel dafür, dass der Tzolkin deshalb 2012 endet, weil wir mit dem vorhersagbaren Bewusstseinssprung eine neue Zeitrechnung benötigen. Daran anschließen wird sich eine lange Phase der Neuorientierung, die nicht an ein konkretes Ereignis zu knüpfen ist, und schon gar nicht an einen finalen Untergang.

Wir hätten die Botschaft des Kosmos gründlich missverstanden, wenn wir uns angstvoll auf zerstörerische Energien einrichten würden. Das Gegenteil ist der Fall. Die Sonne beschert uns jetzt elektromagnetische Felder, die ich als heilsame Frequenzen bezeichne. Sie erweitern unser Bewusstsein und versetzen uns in die Lage, der bevorstehenden Umbruchsphase souverän zu begegnen. Mit der energetischen Unterstützung der Sonne werden wir offener und achtsamer werden. Wir werden andere Menschen sein, die sich ihrer Verantwortung für die Schöpfung vollkommen bewusst sind.

Der kontinuierlich parallele Verlauf von Sonnenaktivitäten, evolutionären Prozessen, kulturellen Umwälzungen und spirituellen Entwicklungen weist auf eine Synchronizität mit der Befreiung aus der Matrix hin. Das kündigt sich jetzt bereits an. Eine ständig wachsende Zahl von Menschen erwacht aus ihrer geistigen Lethargie. So wie Neo im »Matrix«-Film bemerken sie, dass etwas nicht stimmt mit der vermeintlichen Realität, und begeben sich auf die Suche. Sie wollen wissen, was wirklich vor sich geht.

Die jüngste Entwicklung auf der Erde lässt auf einen Dimensionssprung der Menschheit schließen, der auf einer intuitiven, inneren Ebene wahrnehmbar ist. Aber auch die äußere Wahrnehmung verändert sich in dem Maße unserer neuen, bewussten Einstellung. Wir werden eine Qualität des Seins erlangen, die uns von der Matrix befreit. Ja, wir werden dann zu unserer eigenen Matrix, prägen unser eigenes Programm und sind wieder Schöpfer unserer eigenen Realität.

Die Raumzeit

Wenn man davon ausgeht, dass gemäß dem Mayakalender die herkömmliche Chronologie der Zeit im Jahr 2012 von der Zeitlosigkeit der oberen Dimensionen abgelöst wird, dann kann dies nur der Grundstein für den Austritt aus dem Programm der Matrix sein – zumindest für die Menschen, die sich auf die Suche begeben.

Vieles deutet darauf hin, dass dieses Ereignis tatsächlich Ende 2012 stattfinden könnte. Seit einigen Jahrzehnten schon registriert man drastische Veränderungen innerhalb unseres Sonnensystems, für die es bisher keinerlei astrophysikalische Erklärungen gibt. So treten beispielsweise vermehrt höchstenergetische Gamma Ray Bursts auf, die ihren Ursprung zum großen Teil in der Mitte unserer Galaxie haben. Dort befindet sich nach Aussage der Maya »die Mitte von allem, was existiert«. Die Zunahme kosmischer Strahlung ist inzwischen gut dokumentiert, etwa durch den NASA-Forscher Richard Mewaldt of Caltech. Er stellte eine Steigerung um 19 Prozent fest, ein Phänomen, »das sich jenseits all dessen bewegt, was wir in den letzten 50 Jahren beobachten konnten«, so resümiert es der Wissenschaftler. Die Astrophysikerin Marina Gigolashvili, die am Georgia National Astrophysical Observatory der Ilia State University arbeitet, veröffentlichte auf dem World Forum Geocataclism 2011 eine weitere Studie, die diese Zahl erhärtet. Da das Erdmagnetfeld und damit auch die Ionosphäre, unser Schutzschild gegen kosmische Strahlung, schwächer wird, sind wir diesen Einflüssen immer stärker ausgesetzt. Das ist nicht zuletzt am Klimawandel spürbar, der weniger dem CO_2-Ausstoß als vielmehr der hohen Strahlungsintensität geschuldet ist.

Insgesamt ergibt sich ein Bild erstaunlicher Abweichungen. So ist die Sonne seit 1940 aktiver als in den gesamten 1150 Jahren zuvor. An den Polkappen des Merkur wurde Eis entdeckt, obwohl die hohen Temperaturen auf diesem Planeten dies eher unwahrscheinlich machen müssten. Auf der Venus kam es in den vergangenen 30 Jahren zu einem sechshundertfach verstärkten Ausstoß von Plasma, während die Helligkeitswerte an den Polen um das Fünfundzwanzigfache anstiegen. Der Mars erwärmt sich stetig, während der Druck dort um 200 Prozent anstieg. Auch auf dem Jupiter verzeichnet man auffällige Anomalien. Dort stieg die Helligkeit der Plasmawolken um 200 Prozent an.

Fasst man diese Aktivitäten zusammen, so deutet alles auf ein galaktisches Ereignis von ungeheurer Tragweite hin. Sehr wahrscheinlich handelt es sich dabei um einen galaktischen Synchronisationsstrahl, von den Maya »Hunab-Ku« genannt. Er würde sämtliche Galaxien kalibrieren. Sofern sich die Botschaft der Maya bewahrheitet, endet dann die gewohnte Zeitrechnung. Eine Chronologie existierte nicht mehr, eine neue Definition von Zeit bräche an, die Raumzeit.

Es gab bereits einige Versuche, die Raumzeit naturwissenschaftlich fundiert darzustellen, wie zum Beispiel im Modell von Stephen Hawking. Er erläutert es folgendermaßen: »In der Quantentheorie kann die Raumzeit von endlicher Ausdehnung sein und muss trotzdem keine Singularitäten besitzen, die eine Grenze oder einen Rand bilden. Falls die Raumzeit keinen Rand hat, ist es nicht notwendig, das Verhalten am Rand anzugeben – den Anfangszustand des Universums zu kennen. Es gäbe keinen Raumzeitrand, an dem man sich auf Gott oder irgendein neues Gesetz berufen müsste, um die Grenzbedingungen der Raumzeit festzulegen.«

Hawkings Modell mag mathematisch gut begründet sein, aber wir Menschen würden den Dimensionswechsel sicherlich nicht in der von ihm beschriebenen Art wahrnehmen. Die Zeit, die verstreicht, bleibt in der Wahrnehmung des Menschen subjektiv. Denken wir uns beispielsweise zwei Brüder, die einen Uhrenvergleich vornehmen. Der eine besteigt daraufhin eine Rakete und fliegt mit Lichtgeschwindigkeit ins All, während der andere auf der Erde bleibt. Für den auf der Erde zurückgebliebenen Bruder vergehen zehn Jahre, für den im All jedoch nur wenige Minuten – so lehrt es die Relativitätstheorie. Der Grund ist die sogenannte Zeitdilatation. Sie besagt, dass die Zeit für einen schnell bewegten Gegenstand langsamer vergeht, bis sie bei Lichtgeschwindigkeit schließlich stillsteht. Doch nur der unbewegte äußere Betrachter des bewegten Gegenstands nimmt dies auch wahr. Der Bruder, der ins All fliegt, verbleibt in seinem persönlichen Bezugssystem. Kehrt er von seiner Reise zurück, befindet er sich folgerichtig weit in der Zukunft, wird das aber kaum so empfinden. Aufgrund seiner individuellen Wahrnehmung wird sein Zeitempfinden ihm sagen, dass er tatsächlich nur ein paar Minuten unterwegs war.

Greifen wir daher bei der Betrachtung der Raumzeit auf die Tatsache zurück, dass der chronologische Zeitpfeil außer Kraft gesetzt werden könnte. Das würde eine neue Form von Gleichzeitigkeit mit sich bringen, wie sie typisch ist für die höheren Dimensionen. Alles würde simultan vorliegen, alle Ereignisse, alle Phasen von Entwicklungen. Prognosen und

Wahrscheinlichkeiten, die sich ja immer auf eine gedachte, spätere Zukunft beziehen, hätten dann keine Gültigkeit mehr. Erstaunlicherweise nähern wir uns einem Zustand, in dem genau das passiert.

Das Ende der Prognosen

Bisher haben sich alle seriösen Prophezeiungen der Vergangenheit, seien sie nun wissenschaftlicher oder mystischer Herkunft, erfüllt. Im Moment aber erfahren wir eine neue Zeitqualität, in der offensichtlich ein Großteil der bisher zuverlässigen Prognosen nicht mehr eintrifft. Ich selbst bin auf diese Auffälligkeit im Zusammenhang mit dem Bibelcode gestoßen. Er gehört zu den großen prognostischen Decodierungsschriften der Matrix. Entdeckt wurde der Bibelcode vom kabbalistischen Rabbiner Bachja Ben Ascher im 13. Jahrhundert in Spanien. Beim Studium des hebräischen Urtexts der Thora fiel ihm auf, dass dem Text ein verborgener Schlüssel innewohnt, in Abständen von 42 Buchstaben. Im 20. Jahrhundert entwickelte der Rabbiner Michael Dov Ber Weissmandl das Verfahren anhand eines mathematischen Programms weiter, mit dem er dem Text eine neue Systematik gab.

Im Laufe seiner Analyse stellte Weissmandl fest, dass in der Thora ein Code verborgen ist. Wortketten und Buchstaben aus diversen Textzeilen wurden hierbei miteinander verknüpft, unter Einhaltung abgezählter Abstände zwischen den Zeilen. So waren plötzlich eine Vielzahl geschichtlicher Ereignisse aus dem Text herauszulesen. Dazu gehörte unter anderem die Ermordung John F. Kennedys, mit vielen Details, bis hin zum Namen des Attentäters. Aus dieser Entdeckung folgerte man, dass auch zukünftige Ereignisse im Text enthalten sein mussten, auch wenn er bereits Jahrhunderte zuvor verfasst worden war. Von der Fachwelt wurde all das mit ungläubigem Staunen aufgenommen. Manche Wissenschaftler versuchten daraufhin erfolglos, den Bibelcode zu widerlegen. Weltweit erregte diese Tatsache großes Aufsehen. Auch ich verfolgte nahezu atemlos die Enthüllungen des Bibelcodes, denn er machte ganz offensichtlich eine bis dahin noch nicht entschlüsselte, verborgene Matrix sichtbar.

Im Jahr 1998 dann ereignete sich eine merkwürdige Anomalie: Ein im Bibelcode vorausgesagtes Ereignis fand nicht statt. Nach dem Code hätte in Jerusalem eine Atombombe explodieren sollen, doch nichts geschah. Anhänger des Bibelcodes rund um den Globus waren in Aufruhr, denn damit wurden auch alle anderen Prophezeiungen grundsätzlich infrage gestellt. Namhafte Mathematikprofessoren verschiedener Universitäten, allesamt Koryphäen auf ihrem Gebiet, setzten sich mit der eigenartigen Unschärfe auseinander. Sogar die Dechiffrierabteilungen der britischen Eliteuniversitäten Oxford, Stanton und Eton befassten sich mit dem Thema. Es sollte der Beweis erbracht werden, dass der gesamte Bibelcode nichts als eine Fiktion sei. Doch es blieb dabei: In der Vergangenheit hatte sich alles bewahrheitet.

Nun wurde die Matrix-Suche erweitert, und die Wissenschaftler experimentierten mit neuen Wort- und Buchstabenkombinationen. Nach einer Weile fanden sie weitere Informationen, unter anderem den überraschenden Satz: »Werdet ihr es ändern?« Das erste Mal war ein Hinweis aufgetaucht, dass nichts unveränderlich ist und dass das Schicksal umgewandelt werden kann. Nach meiner Einschätzung entspricht dies einer Auskopplung aus der Matrix, die uns in ihrem Programm gefangen hält und uns nicht erkennen lässt, wer wir wirklich sind.

Aufgrund der nicht eingetroffenen Prophezeiung ist also davon auszugehen, dass unsere Freiheitsgrade neuerdings erhöht werden. Unser freier Wille, unsere Entscheidungen und unsere Gedankenkonzentration gewinnen zunehmend wieder Verbindung mit dem Hyperraum, was bedeutet, dass sich die

Begrenzungen der Ratio zugunsten einer erstarkenden Intuition auflösen. Somit könnte der Dezember 2012 eine Phase einleiten, in der wir absoluten Zugang zum freien Willen und der nie gekannten, umfassenden Freiheit des Menschen haben werden. Von apokalyptischen Szenarien kann daher nicht die Rede sein, eher vom Ende der Einflussebenen der Matrizen.

Schmerzhafter Wandel

Ich möchte ein Beispiel anführen, das diesen Vorgängen zusätzliches Gewicht einräumt. Es handelt von einem britischen Weisen, der unter dem Namen Ananda Bosman spirituelles Wissen verbreitet. Ananda behauptet, dass wir Menschen von höherdimensionalen Wesenheiten »geträumt« werden. Er belegt seine These durch umfangreiches Datenmaterial, das ich als außerordentlich beachtenswert einstufe. Ohne Zweifel besitzt Ananda Zugang zu einer Gruppe feinstofflicher Entitäten aus höheren Dimensionen, die ihm diese Daten zur Verfügung stellten, als er für längere Zeit im Koma lag. So kommt er zu dem Schluss, dass alles, was jetzt geschieht, alle Begebenheiten, die sich im Leben der Menschen abspielen, jeweils die neuralgischen Themen tangieren.

Diese These stimmt mit meiner Beobachtung überein, dass der Mensch dort, wo seine empfindlichsten seelischen Schmerzpunkte berührt werden, dem Ausgang aus der Matrix am nächsten ist. Der Schmerz fungiert quasi als Alarmsirene und will uns daran erinnern, wer wir wirklich sind. Wir werden an unsere psychischen Grenzen geführt, um aufzuwachen. Notwendig ist das allemal. Es ist nicht mehr weit bis zu dem Punkt, an dem die Zeit des alten Programms abgelaufen sein wird – nämlich 2012.

Nach allem, was ich an Recherchen zusammentragen konnte, wird sich die Menschheit in der neuen Ära in zwei Gruppen aufteilen. Auf der einen Seite wird es Menschen geben, die zu voller Bewusstheit erwacht sind, auf der anderen Menschen, die weiterschlafen und im Traum eines anderen aufwachen. Damit folgen sie einer neuen, fremdbestimmten Matrix. Nach über dreißigjährigen naturwissenschaftlichen und geisteswissenschaftlichen Grundlagenforschungen ist dies das wahrscheinlichste Szenario. Und ist es nicht schon jetzt sichtbar?

Schauen Sie sich um. Dann werden Sie feststellen, dass sich Ihr Umfeld tatsächlich in diese zwei Lager aufteilen lässt. Die einen wollen und können sich eine Alternative zu ihrem Leben nicht vorstellen, die anderen hingegen sind bereit für den Wandel. Es spricht allerdings einiges dafür, dass die Gruppe der Erwachten stetig größer werden könnte. Von der Sonne weitergeleitet, kündigen sich zurzeit zwei revolutionäre Entwicklungen an, die eine Bewusstseinserweiterung begünstigen: zum einen die Aktivierung bisher inaktiven genetischen Materials, zum anderen die modifizierten physikalischen Parameter.

Aktivierung der Junk-DNA

Bleiben wir zunächst bei der Genetik. Alle Veränderungen des Bewusstseins können sich nur in einem Bezugsrahmen bewegen, der durch unsere unveränderliche genetische und neuronale Disposition definiert ist. Schließlich wäre es unmöglich, in einem relativ kurzen Zeitraum von wenigen Jahren unsere DNA auszutauschen, um buchstäblich neue Menschen zu erschaffen. Es muss also Zonen unserer DNA geben, die zwar existent, aber noch ungenutzt sind. Und in der Tat tragen wir genetische Informationen in uns, die unsere Wahrnehmung noch auf ganz andere Ebenen heben könnten. Was also wird mit unserem genetischen Code passieren? Durch die Elektronen unserer DNA sind wir direkt mit dem Hyperraum verbunden. Die Intensität der Verbindung entspricht, wie gesagt, unserer Bewusstseinslage. Der innere Weg dazu führt über

Bewusstheit und Meditation, der äußere über psychoaktive Substanzen, die wir entweder zu uns nehmen oder in Momenten größten meditativen Gewahrseins neurochemisch selbst produzieren. Seit einigen Jahren aber kommt ein neuer Parameter hinzu: die sogenannte Junk-DNA, der inaktive Teil unserer DNA. Man geht davon aus, dass lediglich drei Prozent des Genoms aktiv sind. Die restlichen 97 Prozent lagern gleichsam wie Abfall – englisch: »junk« – in unseren Zellen, daher der Name Junk-DNA.

Eine schlüssige wissenschaftliche Erklärung für dieses Missverhältnis gab es bisher nicht. Welche Funktion haben die übrigen 97 Prozent? Dienen sie als Reservoir? Oder sind sie in uns angelegt für den Fall, dass wir sie unter veränderten äußeren Bedingungen brauchen werden? Offenbar wartet die Junk-DNA nur auf ihre Freischaltung. Hinzu kommt, dass wir nur einen Bruchteil unserer Hirnkapazität nutzen. In jeder Sekunde nehmen unsere Sinne etwa 40 Milliarden Bits an Information auf, doch nur 30 bis 50 Bits erreichen unsere bewusste Wahrnehmung. Diese vergleichsweise kleine Datenmenge konstituiert das, was wir als unsere Realität bezeichnen. Alles deutet darauf hin, dass Teile der Junk-DNA neuerdings aus ihrem Schlaf erwachen und sich der Aktivposten der menschlichen DNA entscheidend verändert. Zurückzuführen ist auch dies auf das veränderte Erdmagnetfeld, in Koinzidenz mit der eklatanten Zunahme kosmischer Strahlung, die auf uns einwirkt.

Biophysikalisch besitzt die menschliche DNA alle Eigenschaften einer elektromagnetischen Antenne. Die Ausrichtung ihres Empfangs- und Sendepotenzials ist exakt auf unsere Sonne ausgerichtet. Durch deren auffällig abweichenden Aktivitäten erweckt die Sonne zusammen mit der Gammastrahlung die Junk-DNA. Was passiert dabei physikalisch? Die kosmische Strahlung verfügt über genügend Quantenenergie, um Elektronen aus den Atomhüllen unserer DNA zu lösen und auf diese Weise die Atomverbindungen aufzutrennen. Im elektromagnetischen Spektrum entspricht dies Wellenlängen von weniger als

200 mm, die nur in der Gammastrahlung, den Röntgenstrahlen und in der ultravioletten Strahlung vorliegen.

Führende Genforscher behaupten, dass sich aus der Junk-DNA nun eine neue Formation mit zwölf Strängen ausbildet, in unmittelbarer Kommunikation mit der Sonne. Deren Einflüsse sind daher von einer Totalität, die im wahrsten Sinne den ganzen Menschen betreffen und den informellen Austausch mit dem Kosmos erweitern. Man könnte sagen, dass unserer DNA quasi eine neue Software aufgespielt wird. Demnach wirkt trotz aller zivilisatorischen Zwänge der künstlichen Matrix noch immer die Allschöpfermatrix als kalibrierender, höchster Lenker der Geschicke. Die große Schaltzentrale der Allschöpferordnung und der Allliebe bleibt unanfechtbar, auch für die Herren der künstlichen Matrix. In dem Maße, in dem sich unsere DNA im Sinne des galaktischen Synchronisationsstrahls durch Kalibrierung verändert, verringert sich der Resonanzboden für die Matrix. Insofern befreit die Sonne unser großartiges genetisches Potenzial und damit langfristig auch uns in unserem gesamten Sein.

Kosmische Evolution

Den Einfluss der Sonne und des umgebenden Kosmos auf diese Prozesse können wir gar nicht hoch genug schätzen. Besinnen wir uns noch einmal auf den ersten Evolutionsursprung unserer Erde. Im vorhergehenden Zustand gab es noch keine organische Materie, keine schützende Ozonschicht. Blitze und vulkanische Aktivitäten waren vorherrschend. Der »turning point« war erreicht, als sich auf der Erde Leben entwickelte. Wir müssen uns auch diesen Prozess als eine Art Programm vorstellen, das speziell dafür geschrieben wurde und durch Elektronen aktiviert wurde.

Noch bevor es Materie oder Geist in selbstreflektierender Form gab, existierten bereits unsere Informationsträger, die

Elektronen, welche ein gewisses Grundwissen gespeichert hielten. Die in dieser erdgeschichtlichen Phase sehr zahlreichen Blitze führten dazu, dass immer mehr Informationen von den Elektronen gespeichert und auf der Erde eingekoppelt wurden. So konnten sich immer mehr »informierte« Elektronen halten. Sie bildeten einen Verbund, der Ausgangsstadium der ersten Aminosäuren war.

Bei diesem Vorgang waren besonders jene Elektronen ausschlaggebend, die in Form elektrisch geladener Partikel von der Sonne kamen und auf die völlig ungeschützte Erde prallten. Das Erdmagnetfeld und die elektrischen Entladungen der Blitze stellten die Speicherbedingungen her. Interessant dabei ist vor allem, wie überhaupt etwas abgespeichert wird. Dazu muss man sich darüber im Klaren sein, dass die Elektronen selbst Magnetfelder konstituieren. Durch ihre rotierenden Wirbelbewegungen wird ein Magnet und ein elektrisches Feld induziert. Das heißt: Der Magnetismus, auch der Erdmagnetismus, wird a priori von den Elektronen hervorgerufen.

Das Zusammenwirken von Elektronen irdischer und kosmischer Herkunft müssen wir uns äußerst komplex vorstellen. Auf der Erde existierten zu diesem Zeitpunkt Elektronen, die bereits eine bestimmte Information in sich trugen – beispielsweise im Gestein, das in Form flüssiger Lava vorhanden war, samt den dazugehörigen Elektronen. Daraufhin prallten die Elektronen von der Sonne auf die Erde und wurden durch das Erdmagnetfeld in eine bestimmte Richtung geführt. Es kam zu einem informellen Austausch zwischen Erd- und Sonnenelektronen.

Die kosmischen Einflussgrößen gelangten nicht nur vom Zentralgestirn unseres Sonnensystems zu uns, sondern auch von anderen Sonnen des Universums. Das gilt bis zum heutigen Tage. Permanent erhalten wir auf der Erde Informationen von Fremddatenträgern, die weiter abgespeichert werden. Diese Informationen kumulieren und summieren sich. Dadurch setzt sich der Prozess der Entwicklung weiter fort.

Am Beginn der Schöpfung gestaltete er sich derart, dass die Elektronen der Sterne sich zu den ersten Atomen formierten. Diese Atome wiederum bildeten auf chemischem Wege bestimmte Moleküle, die ihrerseits dann Aminosäuren bildeten. Wir wissen um diese Prozesse deshalb, weil sie experimentell nachgewiesen werden konnten. Die Entwicklung der Uraminosäuren zeigte der Stanley-Miller-Versuch. Bei diesem Experiment wurde der Urzustand der Erde simuliert, bevor alles Leben existierte. Ihn konnte Stanley Miller experimentell herbeiführen, indem er eine wässrige Flüssigkeit destillierte, die keinerlei organische Materie außer Kohlenstoff enthielt. So reduzierte er die Bedingungen auf die anfangs vorhandenen Größen: Kohlenstoff, Erdmagnetfeld, Gravitation und Licht in Form von UV-Strahlen. Miller arbeitete also mit den Urparametern, wobei die entscheidenden Faktoren das Erdmagnetfeld und die elektrischen Entladungen, die Blitze, waren.

Blitze beeinflussen und »erschaffen« besonders viele Elektronen. Entladungsphänomene der Spannung auf einem Energieniveau extremster Intensität schaffen kurzfristig eine Basis, auf der sich ein Informationsaustausch generiert. Das bedeutet, dass die Elektronen kosmischer und solarer Herkunft in Erdnähe gebracht und ihre Informationen in den bereits vorhandenen irdischen Datenspeicher eingespeist wurden. Der Informationsaustausch ereignete sich in einem unvorstellbar hohen Tempo auch im Labor und setzte die Produktion von Aminosäuren in Gang, die Basismoleküle der DNA – der materielle Ursprung des Lebens.

Die Reaktion lässt sich innerhalb von zwölf bis 24 Stunden im Reagenzglas ohne größeren Aufwand wiederholen, nicht nur im Labor, sondern sogar im schulischen Physikunterricht, da bereits die künstlichen Blitze und das Erdmagnetfeld als Schöpfungsgrundlage ausreichen. Das abgespeicherte Elektronenwissen der Erdelektronen und der Informationszuwachs durch die Sonnenelektronen waren offensichtlich in der Lage, einfach zu »erkennen« und entsprechend zu »beschließen«, dass sie sich erweitern wollten.

Mit der Ausdehnung bildeten sie die Grundvoraussetzung für organisches Leben qua Aminosäuren. Diese Kette lässt sich beliebig weiterführen und gilt als der eigentliche Schlüssel des Lebens. Was sich hier als biologischer Anfangsimpuls darstellt, wirkt im gesamten Universum und kann ebenfalls als eine Form der Matrix verstanden werden. Die Matrix ist demnach ein Datenspeicher mit bestimmten Gedächtnisinhalten, der sich von einer gewissen Größe an über die Elektronen erweitern möchte, und mit ihm auch die materielle Wirklichkeit, die ja aus Elektronen besteht.

So wird auch verständlich, warum zum Beispiel ein Stein einen geringeren Entwicklungsspielraum besitzt als eine Pflanze oder ein Tier. Das evolutionäre Prinzip verschafft jeder neuen Entwicklungsstufe gesteigerte Möglichkeiten. Beim Menschen schließlich vollzieht sich vollends eine neue Qualität, denn seine Elektronengemeinschaft hat im Vergleich zu Pflanze und Tier unendlich mehr Optionen. Wir stehen augenblicklich unmittelbar vor dem nächsten Evolutionsschritt. Ähnlich wie beim Sprung von der Pflanze zum Tier, ist ein vergleichbarer Quantensprung zu erwarten.

Er wird angepasst sein an einen Wissenspool, den wir abfordern, aber auch selber generieren können. Noch wissen wir nicht mit zuverlässiger Genauigkeit, welche unserer Seinsebenen davon betroffen sein werden. Ein erneuerter Geist, ein verändertes Bewusstsein – vielleicht auch neue körperliche Erscheinungsformen sind möglich. Angestoßen wird diese Entwicklung durch kosmische Wirkgrößen. Daraus ergibt sich, dass es in den weiten Fernen des Universums Entitäten geben muss, die Millionen Jahre älter sind als wir und diesen Prozess steuern könnten. Die finale Zielrichtung aller Elektronen aber ist die Rückkehr in den Informationszyklus der Urmatrix. Sie verfolgen gleichsam eine Absicht: sich mit möglichst viel Erfahrung, also ihrem maximalen Aufnahmevolumen wieder im

Sein aufzulösen und zur Urquelle, der Allschöpferebene zurückzukehren.

Wenn sie ihr maximales Wissen erreicht haben, lösen sie sich auf der drei- bis vierdimensionalen Ebene auf. Was sich auf der Erde als Seinsform befindet, wird dann nicht mehr existent sein. Die Elektronen entziehen sich sozusagen unserem bekannten Horizont und sind dann nur noch auf einer Ebene existent, die wir im weitesten Sinne als traumähnlich bezeichnen würden.

Bewusstseinserweiternde Frequenzen

Fassen wir das Bisherige zusammen: Was sich seit einigen Jahren zuträgt, ist eine vom Kosmos über die Sonne induzierte Transformation des Erdmagnetfelds und des irdischen Lebens. Die abweichenden elektromagnetischen Felder, die uns der Kosmos jetzt schickt, haben eine eigentümliche Wirkung: Sie wecken und erweitern unser Bewusstsein. Was für Sie zum jetzigen Zeitpunkt vielleicht noch hypothetisch wirkt, möchte ich im Folgenden durch Fakten erhärten, denn durch umfangreiche Studien konnte nachgewiesen werden, dass es spezifische elektromagnetische Frequenzen gibt, die spirituelle Erfahrungen begünstigen.

Bereits in den 80er-Jahren sorgte ein Experiment von Michael Persinger, Professor für Physiologische Psychologie, für Aufsehen. Er führte seine Probanden im Rahmen seines Behavioral Neuroscience Program in einen schalldichten Raum. Dort setzte er ihnen einen Helm auf und exponierte sie Frequenzen aus, die etwa einem Zehntel des damalig aktiven Erdmagnetfelds entsprachen. Diese vom Normalwert abweichenden Frequenzen wirkten direkt auf das Gehirn ein. 80 Prozent der Probanden berichteten daraufhin von spirituellen Erlebnissen. Diese reichten von Gefühlen der Schwerelosigkeit über die Wahrnehmung von Schutzengeln bis hin zu Erfahrungen, die als Einssein mit dem Universum beschrieben wurden. Dies geschah unabhängig davon, ob die Versuchspersonen sich als gläubig oder als Atheisten empfanden.

Persinger betrachtete die Versuchsergebnisse als Beweis dafür, dass der menschliche Geist nicht etwa zufällig aufnahmefähig für spirituelle Erfahrungen ist, sondern dass dies in unmittelbarem Zusammenhang mit Feldänderungen steht. So konnte er auch eine Korrelation von Erdmagnetfeldschwankungen mit geschichtlichen Zäsuren wie Aufstieg und Zusammenbruch hoch entwickelter Kulturen, mit Kriegen und epochalen Erfindungen erklären – die Beispiele habe ich bereits erläutert.

Wir leben jetzt in einer erdgeschichtlichen Phase, die große Wandlungsprozesse einleitet. Sie sind auf die veränderten Sonnenaktivitäten zurückzuführen, die, wie wir gesehen haben, das natürliche Erdmagnetfeld abschwächen, sowie auf die gesteigerte Gammastrahlung. Dadurch nähern sich die irdischen elektromagnetischen Frequenzen tendenziell genau jenen, die Persinger in seinem Experiment einsetzte. Wir alle spüren das mehr oder weniger, denn ausgelöst von den ungewöhnlich niedrigen Frequenzen und Feldstärken werden andere psychoaktive Substanzen im Gehirn erzeugt als bisher. Die Auswirkungen sind manifest, vor allem dann, wenn es zu besonders auffälligen Schwankungen kommt.

Mehrere Wirkeinflüsse verschränken sich dabei. Schwankungen der Solaraktivität beeinflussen die geomagnetische Disposition sowie die elektrische Feldstärke zwischen Erdboden und Ionosphäre. Die Ionosphäre ihrerseits wird durch elektrische Ladungsträger, Ionen, gebildet, die aus dem gesamten Kosmos, überwiegend jedoch von der Sonne stammen. Die Ionen-Elektronen-Konzentration bestimmt die elektrische Feldstärke unserer Erde, wobei die positiv geladene Ionosphäre einen Gegenpol zur negativ geladenen Erdoberfläche bildet. Die Grundfrequenz unserer Erde, die sogenannte Schumann-Resonanz, beträgt 7,83 Hz. Sie ist zugleich die

Hauptresonanzfrequenz des menschlichen Gehirns, wenn es sich im Zustand großer Bewusstheit und Entspannung befindet. Schamanen, Heiler und Zen-Meister beispielsweise senden die Schumann-Resonanz-Frequenz in den Phasen ihrer größten Konzentration aus. Während der EEG-Aufzeichnungen wurde im vorderen Stirnlappen übereinstimmend dominierende 7,83 Hz gemessen.

Professor E. Wever, ehemals Leiter eines Max-Planck-Instituts, beobachtete im Auftrag der NASA Probanden mit und ohne Einfluss der Schumann-Resonanzfrequenzen. Er belegte damit den Einfluss der Erdfrequenzen auf biologische, zirkadiane Rhythmen. Das Ausbleiben dieser Frequenzen führt zu einer Desynchronisation, das heißt einem »Weglaufen« der Rhythmen in ein chaotisches System. Künstlich erzeugte Schumann-Resonanz-Frequenzen synchronisierten diese Rhythmen erneut. Aus dem Forschungsbereich der Sinnesphysiologie ist bekannt, dass Prozesse wie Fernheilung, Telekinese oder Hypnose immer dann einsetzen, wenn der betreffende Mensch eine besonders ausgeprägte Frequenz im Alphabereich erreicht, das Hirn also Frequenzen im Schumann-Resonanz-Bereich abstrahlt.

Unsere Wahrnehmungsfähigkeit findet daher auf zwei Ebenen statt: Die erste Ebene ist dem normalen Bewusstsein zugeordnet. Hierunter ist ein binäres Denken zu verstehen: Wir denken als separate Wesen, getrennt von der All-Einheit des Ganzen. Die zweite Ebene ist dem erweiterten Bewusstsein zugeordnet. Dieser Bereich wird dem analogen Denken zugerechnet: Wir sehen uns als eins mit dem Ganzen. Genau dieses findet statt, wenn sich unser Gehirn gleichzeitig im Delta- und Betawellenbereich befindet. In diesem Zustand verschmelzen das Innen und das Außen, wir sind eins mit den Objekten unserer Wahrnehmung – man befindet sich sozusagen »im Hier und Jetzt«.

Eine besondere Rolle wird dabei dem Großhirn zugeschrieben. Dieser Bereich, auch vorderer Stirnlappen genannt, ist für Prozesse der Manifestation von entscheidender Bedeutung. Hier befindet sich die Bühne unseres Bewusstseins, unserer Sinnesleistungen, unserer Empfindsamkeit für die uns umgebende Umwelt, unserer Denk- und Vorstellungsvermögen sowie der sprachlichen Fähigkeiten.

Natürliche Erdresonanzfrequenzen harmonieren also tendenziell mit den menschlichen Gehirnfrequenzen. Sie haben je nach Modulation die Macht, den Menschen entweder zu beruhigen oder ihn aufzuwecken – je nachdem, in welchem Bereich außerhalb der Harmonie er sich gerade befindet. Als Resultat ist eine Synchronisation des gesamten Gehirns zu erkennen. Ganz anders wirken künstliche elektromagnetische Felder mit unnatürlichen Frequenzen und Intensitäten, wie sie elektronische Geräte aufbauen. Dann reagiert das Gehirn mit einer spezifischen neuronalen Aktivität. Es sind chaotische und stressfördernde Unruheeffekte hervorrufbar, die Aggression oder völlige Apathie auslösen können. Das Hirn wird durch die Sinnesüberreizung förmlich blockiert. Im idealen Übereinstimmungszustand von elektromagnetischen Erdfrequenzen und Hirnfrequenzen dagegen erfährt der Mensch seine naturgemäße Harmonie. Dann können die extraterrestrischen Strahlen ihre Aufgabe erfüllen. Während niedrige elektromagnetische Frequenzen die Melatoninproduktion der Zirbeldrüse reduzieren, können höhere Frequenzen im Megahertzbereich sie anregen, psychoaktive, bewusstseinserweiternde Neurotransmitter auszuschütten. Eine Studie belegt, dass paranormale Fähigkeiten wie das Remote Viewing einen Höhepunkt erreichten, als das Zentrum unserer Galaxis sich an einer bestimmten Position im Universum befand. Der genaue Zeitpunkt wurde als 13,30 Lokaler Sternenzeit ermittelt. Das ist bedeutsam, weil das Zentrum unserer Galaxis die Quelle von Gammastrahlen und Radiowellen ist, mit einer Frequenz von 150 Megahertz. Aus der Medizin weiß man, dass sie bei Patienten Erinnerungen wach werden lässt, die zur Ursache ihrer Krankheiten führen.

Allein in den vergangenen Monaten traten derartig extreme Feldschwankungen auf, dass sich psychische Auffälligkeiten eklatant häuften. Aktuelle Studien weisen darauf hin, dass sowohl Depressionen als auch Aggressionen zunehmen, während andere Menschen eine Bewusstseinserweiterung spüren. Es liegt in der Natur des Menschen und in der Begrenztheit seiner Interpretationsmuster, sich erst einmal auf die negativen Aspekte zu konzentrieren. Die Menschheit sei krank, wird da beklagt, und das sei nur ein Indiz mehr für Degeneration und drohenden Niedergang. Doch das ist zu kurz gegriffen.

Ich deute die momentanen Phänomene als eine Unsicherheitsphase, die den umfassenden Bewusstseinswandel ankündigt. Insofern sind vermeintliche Störungen wie depressive Verstimmungen oder Aggressionen nicht das Produkt einer erkennbaren Krankheit, sondern Vorzeichen eines sich neu aufstellenden menschlichen Bewusstseins. Viele sind jetzt schon zu geistigen Höchstleistungen fähig, andere haben Visionen oder werden Zeugen von Ereignissen, die sie als Wunder bezeichnen. Es ist nur eine Frage der Zeit, bis all diese Auffälligkeiten eine kritische Masse erreichen und zu einem globalen Wandel führen werden.

5. IM BANN DER EREIGNISSE

Zunehmende Ereignisdichte

Ein flüchtiger Blick auf den Zustand unserer Welt legt den Schluss nahe, dass wir auf ein heilloses Chaos zusteuern. Die Nachrichten von Erdbeben, Tsunamis und Vulkanausbrüchen überschlagen sich. Selbst Zonen, die geologisch als relativ erdbebensicher eingeschätzt wurden, erleben jetzt seismische Erschütterungen, wie im Jahre 2011 die Region um Washington. Vulkane, die teilweise Jahrzehnte und Jahrhunderte ruhig waren, speien Feuer und Lava. Spektakuläre Überschwemmungen halten uns in Atem. Täuschen wir uns, oder nehmen alle diese Phänomene wirklich zu?

Nein, wir täuschen uns nicht. Naturwissenschaftler konstatieren seit etwa 15 Jahren eine alarmierende Zunahme der sogenannten Ereignisdichte. Ende 2011 veröffentlichte der Weltklimarat (IPCC) einen Sonderbericht über Extremwetterereignisse. Dabei stand zunächst der Klimawandel im Blickpunkt, der unter anderem auf CO_2-Emissionen zurückzuführen ist – aber nicht ausschließlich, wie wir im Kontext der erhöhten Gammastrahlung gesehen haben. Der Trend geht eindeutig zur Erderwärmung, sodass wir schon am Ende dieses Jahrhunderts mit einer Erhöhung der Durchschnittstemperatur um zwei bis fünf Grad rechnen müssen.

»Wir werden eine drastische Zunahme von Hitzetagen und eine Verlängerung von Hitzeperioden erleben«, sagt der Klimatologe Michael Kunz voraus. Die Erderwärmung ist allerdings nach aktuellem Forschungsstand nicht die Ursache dafür, dass es zu immer mehr und immer heftigeren Niederschlägen kommt. Zu diesem Ergebnis kommen führende Klimatologen. Unbestritten aber ist: Die Häufigkeit von Starkregen und damit die Gefahr von Überschwemmungen nimmt zu, vor allem in höheren Breiten und in den Tropen.

Weitere Auffälligkeiten häufen sich. So hat sich die Zahl der Erdbeben weltweit exponentiell erhöht. Auch deren seismografisch messbare Intensität nimmt zu. Viele Forscher bringen dieses Phänomen mit dem bevorstehenden Polsprung in Zusammenhang, der seinerseits mit der Änderung des sonnenabhängigen Erdmagnetfelds zusammenhängt. Ein Begriff macht die Runde, der bislang eher in der Fachwelt diskutiert wurde: der Begriff Kataklysmus. Er leitet sich aus dem altgriechischen »Kataklysmos« her, einer Zusammensetzung der Wörter »katà«, hinunter, und »klyzein«, hinwegspülen. Gemeint ist eine alles zerstörende Katastrophe, vergleichbar der biblischen Sintflut.

In der griechischen Philosophie spielte die Vorstellung des Kataklysmus eine Rolle in der Erklärung für zyklische Ereignisse des Weltgeschehens, die man spezifischen Planetenkonstellationen zuordnete. Man ging davon aus, dass jeder Zyklus, auch »großes Jahr« genannt, mehrere Tausend Jahre dauerte. Danach komme es zu Endzeiten und Wendepunkten, die durch große Fluten – die Kataklysmen – oder sogar einen Weltenbrand eingeläutet würden.

In Literatur, Religion und Mythologie finden sich diverse Schilderungen solcher Wendepunkte. Platon wies in diesem Kontext auf den Untergang von Atlantis hin, Ovid erzählt in den »Metamorphosen« von Phaeton, der mit seinem Sonnenwagen auf die Erde stürzte und sie fast in Brand gesetzt hätte, was dem Bild des Weltenbrands entspricht. Die Offenbarung des Johannes gehört zu den detailliertesten Schilderungen eines Kataklysmus, wobei hier eine finale Katastrophe beschworen wird, die das Ende der bekannten Welt und den Beginn des Reichs Gottes markiert. Es ist ein Text, der den verfolgten christlichen Gemeinden seiner Zeit eine tröstende Perspektive geben sollte. Denn das römische Kaiserreich, so die Prophezeiung, werde untergehen, wenn dereinst Christus auf die Erde zurückkehre und das große Weltgericht abhalte.

Fakten und Zahlen

Die wissenschaftliche Forschung adaptierte im 18. Jahrhundert den Begriff Kataklysmus und wendete ihn vor allem in der Geologie an. Damit erweiterte sich das Bedeutungsspektrum, der Begriff wurde nun auch auf Geschehnisse wie Kometeneinschläge, Ausbrüche großer Vulkane und weltweite Eiszeiten ausgedehnt. Heute beschäftigt sich ein ganzes Heer von Wissenschaftlern mit diesem Thema. Jenseits mythologischer und philosophischer Begründungen richtet sich ihr Forschungsinteresse primär auf die Prävention, was die Sicherheit der Bevölkerung betrifft. Frühwarnsysteme für Erdbeben wurden installiert, um etwa Seebeben antizipieren zu können, die zu den gefürchteten Tsunamis führen. Andererseits haben auch Politik und Wirtschaft ein hohes Interesse an den Erkenntnissen, da jede Naturkatastrophe die gesellschaftliche sowie die ökonomische Stabilität bedroht.

Sehen wir uns die Fakten genauer an. Das International Committee GEOCHANGE in München hat 2011 umfangreiches Material zur Verfügung gestellt, mit dem das Ausmaß der fortschreitenden Ereignisdichte präzise beschreibbar wird. Dabei wurden unterschiedliche Parameter zugezogen. Das Komitee untersuchte zunächst die Auswirkungen auf die weltweite ökonomische Entwicklung, die mit jeder Naturkatastrophe einen Rückschlag verzeichnet. Die Zerstörungen haben sich durch die immer größere Zahl und Intensität dieser Katastrophen potenziert. 2009 beliefen sich beispielsweise die Schadensersatzzahlungen des Schweizerischen Versicherungsunternehmens Swiss Re auf 63 Milliarden Dollar, 2010 erhöhte sich die Summe auf 222 Milliarden Dollar, verdreifachte sich also.

Allein die abzudeckenden Schäden des ersten Quartals 2011 beliefen sich auf 320 Milliarden Dollar, verursacht durch den Tsunami im März 2011, der die Region rund um die japanische Stadt Fukushima zerstörte. Auslöser war ein Seebeben mit einer Stärke von 8,9 gewesen. Allein die japanische Wirtschaft erlitt einen Verlust von geschätzten 280 bis 309 Milliarden Dollar. Das Komitee befürchtet, dass sich durch die exorbitante Zunahme solcher Katastrophen eine kaum noch zu tragende Belastung der weltweiten Wirtschaftssysteme abzeichnet.

Verantwortlich für diese Ereignisse ist wesentlich die Beschleunigung der Polverschiebung um das Fünffache seit 1990, was zu erhöhter Aktivität der tektonischen Platten und somit zur Erdbebenneigung führt. 1998 erreichte der sogenannte Drift des Nordpols seinen höchsten Wert. Von da an konnte man eine deutlich steigende Anzahl größerer Erdbeben, Vulkanausbrüche und Tsunamis beobachten. Gleichzeitig stellte man eine auffällige Abweichung sämtlicher geophysikalischer Normwerte auf der Erde fest. Das betrifft unter anderem den »J2-Koeffizienten«, der anhand von Messdaten US-amerikanischer Satelliten errechnet wird. Dieser Koeffizient zeigt die dynamischen Veränderungen im Verhältnis von Äquator- und Polumfängen.

Nach Aussage der NASA sank der Koeffizient seit vielen Jahren, ausgelöst durch das Schmelzen der Eisschicht auf den Polkappen, die dort seit der letzten Eiszeit lagern. Dadurch vergrößerte sich der Erdumfang an den Polkappen und verringerte sich am Äquator. Mittlerweile hat sich die Tendenz gedreht, denn seit 1998 beginnt der Koeffizient sich zu erhöhen.

Dies signalisiert eine weltweite Neuverteilung der Masse. Entgegen früheren Beobachtungen werden die Polbereiche wieder flacher, während der Äquatorbereich sich gleichsam wölbt. Man schließt daraus, dass 1998 ein gravierendes Ereignis stattgefunden haben muss. Welches, ist noch unklar. Sie erinnern sich: 1998 ist auch das Jahr, in dem zum ersten Mal der Bibelcode außer Kraft gesetzt wurde. Hier ist die Forschung aufgerufen, ein schicksalhaftes Rätsel zu lösen.

Seit 1998 sind weitere Veränderungen auffällig, etwa, was die Höhe der Meeresspiegel betrifft. Zwischen 1997 und 1999 kam es zu einer eigentümlichen Verschiebung. Während sich der Meeresspiegel im Ostpazifischen und im Atlantischen Ozean anhob – mit einem Spitzenwert von zusätzlichen drei Zentimetern im Jahr 1998 –, sank der Level im Indischen Ozean sowie im Westlichen und im Zentralpazifischen Ozean um drei Zentimeter ab. Der Zeitpunkt dieser Auffälligkeit korrelierte mit einem stark abweichenden »J2-Koeffizienten«. Selbst wenn man berücksichtigt, dass eine Umverteilung der Wassermassen in den Weltmeeren keine Anomalität ist, schätzt der angesehene Forscher B. F. Chao die Einflussgröße des »J2-Koeffizienten« dreimal höher ein.

Signifikant ist die Zunahme großer Erdbeben der Stärke acht und höher. Auch hier wird angenommen, dass abweichende Daten des »J2-Koeffizienten« verantwortlich sind. Allgemein stieg die Erdbebenhäufigkeit seit 1900 dramatisch an. Einschlägige Listen veröffentlichte vor Kurzem die United States Geological Survey (USGS). Ihre Daten reichen bis ins Jahr 1900 zurück. Bei der Auswertung wurde deutlich, dass vor allem die Zunahme von Erdbeben der höchsten Stärke seit 1900 um beeindruckende 51 Prozent zugenommen hat. Speziell im Jahre 2010 gab es einen sprunghaften Anstieg. Im Einzelnen ergibt sich folgendes Bild: Erdbeben der Stärke 5 bis 5,9 haben sich in den vergangenen zehn Jahren um 39 Prozent erhöht und seit 1900 um 63 Prozent. Erdbeben der Stärke 6 bis 6,9 nahmen in den vergangenen zehn Jahren um 30 Pro-

Fakten und Zahlen

zent zu, seit 1900 um 40 Prozent, liegen also bei 140 Prozent des damaligen Wertes.

Mit dieser Entwicklung einer geht eine immer größere Gefährdung von Menschen. In den letzten zehn Jahren hat sich die Zahl der Erdbebenopfer um den Faktor 8,6 erhöht, im Vergleich zu den fünf Jahrzehnten davor, was heißt, dass 42 Prozent mehr Menschen an den Folgen eines Erdbebens starben. Schier unlösbar sind die Probleme der betroffenen Staaten. Frühwarnsysteme können nicht immer rechtzeitig die Bewohner einer gefährdeten Zone alarmieren, und effektive Voraussagen gibt es nur bei Seebeben, anhand derer man Richtung und Höhe der zu erwartenden Flutwelle berechnen kann.

Unmittelbare Ursache für Erdbeben ist bekanntlich die Verschiebung der tektonischen Platten, die sich permanent bewegen und zuweilen aneinanderstoßen, während sie über den Mantel des flüssigen Erdkerns gleiten. Allerdings müssen wir bedenken, dass es seit 1900 wesentlich mehr Messstationen gibt und die weltweite Kommunikation einen besseren Informationsfluss erlaubt. Insofern sind vor allem die Zahlen der letzten zehn Jahre aussagekräftig. Sie belegen eine absolut auffällige tektonische Aktivität. Da diese auch von den Einflüssen des Erdkerns abhängig ist, der das Erdmagnetfeld konstituiert, ist auf der Metaebene der Einfluss der Sonne manifest.

In Atem halten uns auch die vermehrten Vulkanausbrüche. Nach einer relativen Ruhephase von 1997 bis 1998 stieg die Häufigkeit wie die von Erdbeben sprunghaft an. Vielen Menschen wurde das bewusst, als 2010 der isländische Vulkan Eyjafjallajökull ausbrach und mit seiner kilometerhohen Aschewolke weite Teile des europäischen und nordamerikanischen Flugverkehrs lahmlegte. Ebenso spektakulär wirken die katastrophalen Überschwemunngen, die in erweitertem Ausmaß über die Küsten hereinbrechen. Das Global Flood Detection System GFDS verzeichnet seit 1998, vor allem aber zwischen 2002 und 2010, eine stetige Zunahme, die sich von

Jahr zu Jahr steigert. Es sei nur erinnert an die Überflutung Bangkoks, die niemand für möglich gehalten hatte. Nimmt man nur die Zeitspanne zwischen Februar 2010 und Mai 2010, lässt sich eine Erhöhung um das Zweieinhalbfache feststellen, wenn man die gleiche Zeitspanne zwischen den Jahren 2002 bis 2006 als Referenz nimmt.

Parallel zu diesen Entwicklungen konnte man immer häufiger Tornados dokumentieren. Der starke Anstieg ist beispielsweise in Deutschland ein auffälliges Ereignis, in einem Land also, das bisher keine Stürme dieser Intensität kannte. Wie alle anderen Abweichungen ist auch hier das Jahr 1998 Ausgangspunkt für eine eklatante Steigerung. Sie beträgt zwischen 2000 und 2005 das Zweieinhalbfache, verglichen mit den Werten in den vorhergehenden zehn Jahren. Auch in den USA ist die Tendenz ähnlich, mit verheerenden Folgen. Hurrikans, die gewaltigen tropischen Stürme, wurden ebenfalls häufiger seit dem 18. Jahrhundert.

Welche Hauptauslöser für all dies können wir im wissenschaftlichen Begründungszusammenhang dingfest machen? Die Geologen und Wetterforscher sind sich einig, dass es während der meisten dieser Wetterphänomene einen gesteigerten Gasausstoß des Erdmantels gab, was übrigens auch den globalen Temperaturanstieg beschleunigt. Das Gas entweicht Vulkanen, wenn die seismische Aktivität zunimmt. Größere Gasmengen strömen dann aus der Erdkruste und erreichen die Atmosphäre, wo sie den Treibhauseffekt, verursacht durch Industrie und Haushalte, intensivieren.

Die Schlüsselrolle jedoch spielen das Erdmagnetfeld und die Magnetosphäre. Letztere ist der Schutzschild gegen die Sonnenwinde, die nach solaren Outbursts Ladungsträger mit einer Geschwindigkeit von etwa 800 Stundenkilometern auf die Erde schleudern. Jeder Planet hat eine spezifische Magnetosphäre. Allgemein nimmt sie den Raum rund um einen Planeten ein und wird hier auf der Erde demgemäß durch das Erdmagnetfeld konditioniert. Zur Erdoberfläche hin ist die

Magnetosphäre durch die Ionosphäre abgegrenzt. Die 500-prozentige Verschiebung des magnetischen Nordpols wird zusammen mit dem fortlaufend abgeschwächten Magnetfeld der Erde als entscheidender Faktor des Klimawandels bezeichnet.

Die Sonne hat daran den Hauptanteil. Ihre Aktivitäten, die durch die Sunflares etwa zwei Tage später auf der Erde in Form von Elektronen und Protonen solaren Ursprungs feststellbar sind, haben den sogenannten »global energy spike« zur Folge. Damit benennt man das Phänomen neuer Spitzenwerte der geologischen und thermischen Ereignisse. Messbar ist dieser energy spike in der Lithosphäre, der Hydrosphäre, der Atmosphäre und der Magnetosphäre, also in allen Zonen, die sich in überlagernden Schichten rund um die Erde ausbreiten. Die Konsequenzen sind Erdbeben, Vulkanausbrüche, Tsunamis, Tornados, Hurrikans und Überflutungen – immer häufiger, immer stärker.

HAARP und das Erdmagnetfeld

Neuerdings kommt ein Faktor hinzu, der nicht kosmischen Ursprungs ist, sondern ein Produkt der physikalischen Forschung: das Projekt HAARP. Es ist die weltweit größte Sendestation elektromagnetischer Felder. Sie befindet sich auf einem eigens errichteten Militärstützpunkt in der Wildnis Alaskas, nordöstlich von Anchorage, in der Nähe der Ortschaft Gakona, und untersteht offiziell der US Navy. Die Betreiber der HAARP-Anlage behaupten, sie würden lediglich unsere Wetterphänomene untersuchen, durch Messungen in der Stratosphäre. Kritische Beobachter jedoch haben eine andere These: Sie vermuten, dass die Apparatur geschaffen wurde, um zielgerichtet Einfluss auf unser Erdmagnetfeld zu nehmen, mit allen Konsequenzen, die sich daraus ergeben, für Naturerscheinungen wie für psychische Dispositionen der Bevölkerung.

Finanziert wird das Projekt mit Beträgen in Milliardenhöhe, die offenbar aus einem Geheimfond der US-amerikanischen Regierung fließen, also vom Steuerzahler geleistet werden. Als der Sohn eines Kongressabgeordneten seinen Vater darauf ansprach, warum die Öffentlichkeit nicht über diese Transaktion informiert wurde, wehrte dieser zunächst ab. Doch der Sohn ließ nicht locker und erfuhr, dass sämtliche Informationen unter Verschluss bleiben, weil die Risiken des Projekts zu großen Protesten führen würden. Trotz aller Hindernisse erwirkte der Sohn die Offenlegung der für HAARP grundlegenden Patente und veröffentlichte sie im Internet. Aus ihnen lässt sich erkennen, dass die Patente, die HAARP hält, fast ausschließlich zur Beeinflussung des Wetters geeignet sind und dabei in Kauf nehmen, dass auch andere Systeme empfindlich gestört werden. HAARP strahlt elektromagnetische Frequenzen ab, die in unseren Gehirnfrequenzbereichen liegen.

Der gesamte Planet wird mit diesen elektromagnetischen Wellen befeldet, die bei über acht Hertz liegen. Auf diesen Umstand angesprochen, sagte ein HAARP-Sprecher, man wolle durch die ausgesendeten Frequenzen die Psyche der Menschen schützen, die durch die aktuelle Abnahme des Erdmagnetfelds in Gefahr sei. Das wage ich zu bezweifeln. Als Biophysiker betrachte ich die Tatsachen, und die lassen wenig Zweifel über die Absichten der Betreiber zu. Die HAARP-Anlage heizt mit gigantischen Energiekapazitäten von bis zu 100 Milliarden Watt die Ionosphäre auf, um mit ELF-Wellen die Erdoberfläche und das menschliche Bewusstsein zu beeinflussen. Damit kann man eine ganze Nation psychisch manipulieren, aber auch auf der körperlichen Ebene verändern, bis hin zu genetischen Defekten, die Krebs auslösen. Die Übertragung der Wellen ist weltweit möglich, kann aber auch punktgenau auf bestimmte Regionen oder einzelne Städte gerichtet werden.

Man kann kaum ermessen, was das bedeutet. Je nach Belieben könnte man mit dieser Apparatur eine ganze Stadt in psychische Labilität treiben oder ruhigstellen. Man kann das Wetter beeinflussen, Erdbeben auslösen und sogar die Pole verschieben. Nach allem, was wir über diese Kräfte wissen, wird hier mit einer fast dämonischen Manipulationsapparatur gearbeitet. Wenigen Wissenschaftlern war das bereits im Vorfeld klar. Deshalb informierten sie einige US-Politiker, mit der dringenden Warnung, dieses Projekt zu stoppen. Dennoch wurde es nach einem Großversuch im Jahre 1998 in Betrieb genommen.

Im Grunde genommen ist HAARP das modernste, leistungsfähigste und flexibelste elektromagnetische Waffensystem, das je auf diesem Planeten gebaut wurde. Der Standort ist in zweierlei Hinsicht günstig. Zum einen befindet sich die Anlage in Polnähe, was bedeutet, dass die Magnetfeldlinien der Erde in dieser Gegend besonders dicht verlaufen und zu einer erhöhten Konzentration elektrisch geladener Teilchen in der Ionosphäre führen. Zum anderen hat man hier große Vorkommen von Erdgas entdeckt, das als Nebenprodukt der Erdölförderung anfällt und zum Betrieb der HAARP-Generatoren verwendet wird.

Die technischen Aspekte gliedern sich in mehrere Funktionsgruppen, von denen die sogenannte IRI-Einheit – Ionospheric Research Instrument – zur Erforschung der Ionosphäre am meisten interessieren dürfte. Das HAARP-IRI, im Fachjargon Heater, also Heizer, genannt, ist der leistungsstärkste Hochfrequenzsender, der je von Menschenhand gebaut wurde. Der Begriff Heizer bezieht sich auf die Eigenschaft der Anlage, die Ionosphäre über die abgestrahlte Leistung elektrisch aufzuladen. Derart angeregt, zeigen sich unter gewissen Umständen künstliche, glühend erscheinende Nordlichter – Auroren. Die stärkste Aufheizung erfolgt in der F-Schicht der Ionosphäre, in etwa 200 Kilometer Höhe.

Was geschieht dabei? Die Absorption der abgestrahlten Leistung durch die elektrisch geladenen Teilchen der Ionosphäre bewirkt, dass ein gewisser Teil der gesendeten Strahlung als Wellen niedrigerer Frequenz – ELF – auf die Erde zurückreflektiert wird. Die Wirkung solcher elektromagnetischen ELF-Felder auf biologische Systeme war in den letzten 30 Jahren Gegenstand vieler wissenschaftlicher Untersuchungen. Sie wurden nicht selten von Militärs in Auftrag gegeben und finanziert.

Das US-Verteidigungsministerium verfolgt offenbar den Plan, die Leistungsfähigkeit von HAARP auf Dauer zu erhöhen. Dafür spricht, dass anstelle einer einzigen Sendeantenne 640 Einzelantennen, sogenannte Kreuzdipole, über eine weite Fläche verteilt wurden. Diese Konstruktion ermöglicht den kostengünstigen Ausbau der Sendeleistung durch Anreihen weiterer Einzelantennen. Somit hält man sich die Option offen, die Sendeleistung in Zukunft stark zu erhöhen.

Die Ansteuerung des Antennenkomplexes erfolgt phasenverschoben. Das erlaubt die Fokussierung der emittierten Strahlung auf eine nahezu beliebig kleine Fläche in der Ionosphäre. Wird der Strahl über mehrere Minuten aufrechterhalten, so entsteht ein Riss in dieser dünnen elektrischen Membran – der Schicht, die uns vor der starken Sonneneinstrahlung und dem kontinuierlichen Beschuss mit kosmischen Teilchen schützt. Auf diese Weise sind wir der kosmischen Strahlung weit intensiver ausgesetzt als in der Vergangenheit. Auch die Schwächung des Erdmagnetfelds trägt dazu bei, da es die Ionosphäre mit aufbaut. Immer stärker wird also die Sonne Einfluss auf uns nehmen.

Die Anwendungsmöglichkeiten von HAARP sind nahezu unbegrenzt. Militärisch dienen sie vor allem strategischen Zwecken. Dazu gehört die EMP-sichere Kommunikation mit eigenen U-Booten sowie die Ortung feindlicher U-Boote über ELF-Wellen. Große Gebiete können äußerst effizient vor Interkontinentalraketen und anderen ballistischen Flugkörpern abgeschirmt werden. Des Weiteren kann man Kommunikations- und Spionagesatelliten zerstören und die drahtlose Nachrichtentechnik – Funk, Radar, TV, Radio, Telefonnetze – über große Gebiete des Planeten völlig unterbinden. Was aber weit dramatischer erscheint, ist die Gefahr von Bewusstseinsmanipulationen und physischen Störungen in weiten Teilen der Erdbevölkerung. Durch gezielte Befeldung können Hirnfrequenzen und Zellstrukturen verändert werden, bis hin zur elektromagnetischen Induktion von Krankheitsmustern in biologischen Systemen. Auch die Biorhythmen sowie die DNA-Replikation würden sich ändern.

Beängstigend ist darüber hinaus die Möglichkeit der globalen Wettermanipulation und die Verschiebung geophysikalischer und ökologischer Systeme. Dies hätte eine weitere globale Zunahme von Erdbeben und Überschwemmungen zur Folge. Die Tierwelt ist davon nicht ausgenommen. Mit der Modulation von Frequenzen wird in alle Vorgänge elektromagnetischer Kommunikations-, Wachstums- und Orientierungsmechanismen eingegriffen. Zugvögel könnten ihren Weg nicht mehr finden, immer mehr Wale würden auf ihren Wanderungen die Orientierung verlieren und stranden.

Der massivste Eingriff aber wäre die Herbeiführung eines vorzeitigen Polsprungs, mit allen daraus resultierenden Folgen. Wohlmeinende Beobachter des HAARP-Projekts dagegen behaupten, es sei installiert worden, um das sich abschwächende und irgendwann kollabierende Magnetfeld aufrechtzuerhalten. Damit würde ein Polsprung sogar verhinderbar sein. Aus der historischen Erfahrung mit der Atomforschung haben wir jedoch lernen müssen, dass alles davon abhängt, in wessen Hände eine technische Innovation gerät. Da HAARP direkt der US-Regierung untersteht, können sich die Ziele je nach politischer Absicht ändern. Ob Schutz oder Waffe – die Entscheidung liegt bei der Politik.

Somit ist die HAARP-Anlage das Paradebeispiel für einen technisch-wissenschaftlichen Fortschritt, der stets eine Doppelgesichtigkeit in sich trägt. Inwieweit die zukünftigen Schritte der angewandten elektromagnetischen Forschung Fluch oder Segen für die Menschheit sein werden, bleibt offen. Berücksichtigen wir aber bekannt gewordene Zwischenfälle in der Phase der Probeläufe, kann niemand ausschließen, dass mit Absicht oder auch durch menschliches Versagen katastrophale Dinge passieren könnten.

Instabilität als Chance

Ob vorrangig sonneninduzierte oder durch Menschen verursachte Magnetfeldstörungen zu Katastrophen führen werden, lässt sich nicht eindeutig beantworten. Sicher ist aber, dass die Auswirkungen der Sonne in den kommenden Jahren eine der größten Krisen der Menschheitsgeschichte hervorrufen werden. Sind wir überhaupt darauf vorbereitet? Das International Committee GEOCHANGE spricht eine ernste Warnung aus. Es weist auf die schwerwiegenden Folgen hin, nicht nur ökonomischer, sondern auch psychologischer Natur. Die gesamte Zivilisation sei bedroht, weltweit, so wie die Natur, die verschiedenen endogenen, exogenen, vor allem aber kosmischen Einflüssen ausgesetzt ist. Es ist wahrscheinlich, so das Komitee weiter, dass der Prozess der Zivilisation langfristig destabilisiert werden könnte.

Welche plausible Erklärung bietet sich an, wenn wir diese Fakten auf ein sinnhaftes Geschehen beziehen, initiiert durch die Sonne? Die gesteigerte Ereignisdichte lässt keinen Zweifel daran, dass die Sonne tatsächlich unser Schicksal ist. Vergegenwärtigen wir uns die massiven Auswirkungen auf die Geschehnisse auf der Erde, so ist eine gewisse Furcht begründet. Noch haben die offiziellen Institutionen weder eine Idee noch einen Plan, wie sie diesen immensen Herausforderungen begegnen sollen. Und es wäre eine Illusion, dass Wissenschaftler die Probleme für uns lösen. Selbst wenn die Frühwarnsysteme immer differenzierter arbeiten – den Phänomenen ausgeliefert werden wir bleiben.

Doch in der Instabilität liegt auch eine Chance. Das ist

nicht sarkastisch gemeint. Niemand, auch ich nicht, wird mit geheimer Genugtuung zusehen, wie unsere Zivilisation untergeht, erkauft mit menschlichem Leid und Millionen Toten. Bei aller berechtigten Kritik an den kaum noch erträglichen Fehlentwicklungen unserer programmierten Kultur und ihrer künstlichen Matrix ist die Perspektive der Zerstörung keine Option.

Vielmehr möchte ich den Blick auf die dahinterliegende Ebene lenken. Ein chinesisches Sprichwort sagt: »Eine volle Tasse kann nichts Neues aufnehmen; erst wenn wir die Tasse leeren, wird sie Raum für Neues bieten.« Die Weisheit dieses Sprichworts hat mich auf der Stelle fasziniert. Es enthält die Erkenntnis, dass jede Entwicklung zugleich Abschied bedeutet, oft auch Verlust. Verständlicherweise ängstigt uns das zunächst. Wir möchten festhalten an dem, was uns vertraut ist. Umso schmerzhafter sind die Anlässe, die uns Krisen bescheren. Andererseits stellen sie alles auf den Kopf, was vorher galt. Wir halten inne. Dann fragen wir uns: Was ist wirklich wichtig?

Nach der Katastrophe von Fukushima wurde von Tag zu Tag das Ausmaß des Desasters erkennbarer. Tausende von Menschen hatten alles verloren, ihre Familie, ihr Haus, ihr Auto, alles, was ihr Leben zuvor ausgemacht hatte. Doch die Menschen zerbrachen nicht. Reporter aus der ganzen Welt wunderten sich, wie gefasst die Japaner reagierten. Sie halfen einander, unterstützten sich gegenseitig in den Notunterkünften, standen geduldig an, wenn Lebensmittel verteilt wurden. Manche Psychologen mutmaßten, diese Menschen stünden einfach unter Schock, und die emotionale Verarbeitung werde erst mit einiger Verzögerung einsetzen – Wut, Verzweiflung, Depression.

Augenzeugen dagegen berichteten von etwas ganz anderem: Diese leidgeprüften Menschen besannen sich darauf, was wirklich wichtig ist. Sie übten sich in Gemeinsinn, indem sie sich ruhig verhielten und weder panisch noch aggressiv reagierten. Sie erlebten einen Nullpunkt, an dem allein das Menschsein im Vordergrund stand. Nicht nur das Überleben also, sondern die Qualität des Überlebens geriet in den Blick.

Ich will damit nichts beschönigen. Wir stehen vor Naturkatastrophen, deren Ausmaß kaum abzuschätzen ist. Sinnvoll ist es auf jeden Fall, entsprechende Maßnahmen zu treffen. Wer in Küstengebieten oder in der Nähe von Vulkanen wohnt, sollte eigenständig verfügbare Evakuierungsmöglichkeiten erkunden. In allen anderen Regionen steht die Versorgung im Vordergrund. Wie wird das Szenario ablaufen? Alle diese Katastrophen, seien es nun Erdbeben oder Tornados, gehen sehr wahrscheinlich mit Stromausfällen einher. Deshalb sollte man schon jetzt überlegen, wie man eine Weile ohne Elektrizität auskommt. Stromunabhängige Wärme- und Lichtquellen bedeuten da eine große Hilfe. Mit dem Zusammenbruch der gesamten Logistik werden Wasser und Nahrungsmittel knapp werden, insofern ist eine gewisse Vorratshaltung geboten.

Unterstützung aus dem Hyperraum

So weit die Äußerlichkeiten. Wie aber gehen wir innerlich mit solchen Situationen um? Wie werden wir der Ängste Herr? Bei der Beantwortung dieser Frage müssen wir einbeziehen, dass Naturkatastrophen nicht die einzigen Begleiterscheinungen des von Sonnenwinden abgeschwächten Erdmagnetfelds sind. Zugleich schickt uns die Sonne zusammen mit der kosmischen Strahlung aus dem Inneren unserer Galaxis gleichsam neue mentale Fähigkeiten, indem sie auf unser Bewusstsein einwirkt. Ich schilderte bereits einige Auswirkungen. Insbesondere die Funktion der Zirbeldrüse ist hier noch einmal erwähnenswert, da sie die psychischen und physischen Dispositionen wesentlich steuert, unmittelbar an die erdmagnetische und damit solare Aktivität geknüpft. Daher reagieren wir direkt auf sonnen-geomagnetische Anomalien, die S-GMAS.

Die Zirbeldrüse und der Thalamus sind zugleich die Empfangsareale für sämtliche Informationen aus dem Hyperraum, was Eingebungen und gesteigerte Intuition begünstigt. Hier entsteht aus der empfangenen Information ein inneres Bild respektive ein entsprechendes Gedankengut. Auf dieser Ebene sind sämtliche Sinnesorgane, die uns mit der Umwelt verbinden, ausgeschlossen. Die aus dem Hyperraum empfangenen Informationen werden daraufhin dem Kleinhirn, dem Cerebellum, mitgeteilt, welches es in eigene Bilder umwandelt. Von hier aus erfolgt der Transfer zum Großhirn. Cerebellum und Hirnstamm unterstützen also den heiligsten Teil unseres Gehirns. Alles, was hier festgehalten wird, führt in der Außenwelt zur Verwirklichung.

Welche Veränderungen sind es nun, die uns helfen, uns den Herausforderungen zu stellen? Einschlägigen Studien zufolge, das deutete ich an, korrelierten Frequenzschwankungen mit erhöhten Zahlen von Verkehrsunfällen, Todesfällen, Geburten, aber auch mit Visionen und kreativen Höchstleistungen. Ich möchte an dieser Stelle etwas näher darauf eingehen.

Sonne, Bewusstsein und Gefühl

Schon die Maya verstanden die Sonne als »Herz und Geist der Galaxis« und waren überzeugt, dass sie »Absichten« habe. Vom Zentrum der Galaxis aus wurden nach Ansicht der Maya sämtliche Codierungen vorgenommen, wobei speziell Geist und Sonne in Verbindung stünden. Zu den Pionieren der wissenschaftlichen Beweisführung gehört der Physiker Alexander Tchijevsky. Er entdeckte 1919 eine Wechselbeziehung zwischen Änderungen der Solartätigkeit und biologischen Prozessen. Mit statistischen Methoden wies Tchijevsky nach, dass Epidemien wie Cholera, Grippe und Flecktyphus ausbrechen, sobald sich die Sonnentätigkeit ändert. Er beobachtete außerdem, dass Solarstürme die Funktionszustände des menschlichen Nervensystems verändern. Die Wechselbeziehung zwischen Sonnenaktivität und aggressiven Haltungen beispielsweise war offensichtlich, was mit den Daten von Kriegen und Revolutionen übereinstimmte.

Inzwischen liegt eine Vielzahl wissenschaftlicher Arbeiten vor, die einen Zusammenhang zwischen solaren Magnetstürmen und pathologischen Erscheinungen nachweisen. Die Wissenschaftler Düll und Düll berichteten 1934 eingehend von Gesundheitszuständen, abhängig von vermehrten Eruptionen auf der Sonne. Vor allem Hirnveränderungen und Hirnkrankheiten häuften sich in diesen Phasen. Des Weiteren beobachteten die beiden Forscher, dass bei vermehrten solaren Magnetstürmen die Häufigkeit von Todesfällen zunahm. Ebenso erreichte die Selbstmordrate zu diesen Zeiten Spitzenwerte. Umfangreiche weitergehende Studien schlossen sich an.

Ein herausragender Wissenschaftler in diesem Forschungsbereich ist Professor Franz Halberg. Seit den 40er-Jahren des vergangenen Jahrhunderts spezialisierte er sich auf die Untersuchung körpereigener Rhythmen und ihrer Abhängigkeit von Sonnen- und Erdfeldern. An der University of Minnesota gründete er die Chronobiology Laboratories, deren Direktor er bis heute ist. Er veröffentlichte – teilweise mit seinen Mitarbeitern – mehr als 3000 Studien, von denen er viele im Auftrag der NASA durchführte. Neben diesem Ausnahmewissenschaftler befassten sich auch zahlreiche andere Forscher mit dieser Thematik. Ich nenne einige Beispiele: Luz E. Tavera-Mendoza untersuchte Herz-Kreislauf-Beschwerden und Herzinfarktraten, Andrew Feigin Schlaganfälle, Morton Friedman die Quote der Aufnahme von Patienten in psychiatrische Kliniken sowie das veränderte Verhalten psychisch Kranker. Sie alle untermauerten die Theorie, die auf Tchijevsky zurückging, den Begründer der Heliobiologie.

Aus dem Gesamtkonvolut des Materials kann man zweifelsfrei schließen, dass es sich generell um kosmisch induzierte Irritationen handelt – mit jeweils andere Folgen. Von psychischen Störungen bis zu Bewusstseinserweiterungen reicht die Palette. Es ist sehr wahrscheinlich, dass der bereits erreichte Bewusstseinsgrad darüber entscheidet, ob man die Einflüsse konstruktiv verarbeitet oder ob sie sich als Beeinträchtigung von Gesundheit und Wahrnehmung zeigen. Damit wird transparent, warum – pointiert gesagt – der eine einen Verkehrsunfall erleidet und der andere ein Gedicht schreibt.

Wie im vorhergehenden Kapitel erläutert, findet jetzt eindeutig ein bewusstseinstransformierender Prozess statt. Er wird die Auswirkungen der Sonnenstürme in das positive Spektrum verschieben, dessen bin ich mir sicher. Dafür spricht auch, dass die Beeinflussungen in zwei Richtungen verlaufen. Zum einen sind wir vom Erdmagnetfeld abhängig, auf der anderen Seite aber führen die momentanen Abweichungen auch zu einer erhöhten Intensität des körpereigenen Magnetfelds.

Es ist davon auszugehen, dass der Menschheit zurzeit ein ähnliches Schicksal widerfährt, wie es die ersten Astronauten im Weltall erlebten. Über drastisch erfahrungsbezogene Situationen, die eine besondere Problembewältigung erfordern, werden wir scheinbar in ein geistiges Gehirntrainingsprogramm geführt. Nach und nach erhöht sich dabei die körpereigene Feldintensität und lässt uns zu souveränen und damit unabhängigen Wesen werden.

Allein indem wir Gedankengut der Befreiung, also gänzlich neue Informationen zulassen, geschieht eine Bewusstseinsveränderung in uns, und unsere innere Entwicklung macht einen Quantensprung. Das Unterbewusstsein erhält zunächst einen Teilauftrag, der abgespeichert wird und latent wirkt, etwa in Träumen. In ihnen artikuliert sich das Unterbewusstsein und tritt dann in kleinen Gedankenblasen fragmentarisch ins Tagesbewusstsein, oft durch einen spezifischen Anlass. Das kann ein Buch sein, eine Diskussion, ein Film, ein ungekanntes Gefühl. Dieser eine Auslöser reicht manchmal schon aus, eine Erkenntnis in Gang zu setzen, auch dann, wenn keine weiteren Informationen hinzukommen. Unser Unterbewusstsein weiß gewissermaßen, worum es geht, wenn es angesprochen wird.

Je intensiver sich nun der Austausch zwischen Unterbewusstsein und Bewusstsein gestaltet, desto mehr verfestigt sich ein neuer Gedanke. Das Unterbewusstsein wird quasi verstärkt aufgerufen, bis sich dieser Austausch zu einer Endlosschleife stabilisiert. Als Störfaktoren wirken jedoch die konkurrierenden Informationen der künstlichen Matrix, die den Informationstransfer leicht unterbinden können. Wenn uns das nicht bewusst ist, verlieren wir die Kommunikation mit dem Unterbewusstsein wieder, obwohl es automatisch weiterarbeitet. Es wartet dann gewissermaßen auf eine neue Gelegenheit, das Bearbeitete an die Oberfläche gelangen zu lassen. Aktivieren wir es nur selten, wird es relativ lange dauern, bis sich unsere Freiheitsgrade und Ereignishorizonte verändern. Erst dann beginnen wir, uns zunehmend aus der künstlichen Matrix auszukoppeln.

Bleibt die Verbindung bestehen, so setzen wir uns immer intensiver mit dem Neuen auseinander, mit dem immer klareren Bewusstsein, dass wir uns dafür entschieden haben. Man möchte mehr wissen und mehr erfahren, als die bisherigen Rahmenbedingungen zuließen. Über die gesteigerte Aufmerksamkeit bringen wir unseren Fokus in diese Richtung und erteilen auch unserem Unterbewusstsein den entsprechenden Auftrag. Die Intensität wird dann von unten nach oben erhöht, und der Wirkprozess beginnt aufsteigend. Er beschert uns immer wieder kleine, individuelle Bilder – Informationen, die sozusagen im Hauptprogramm inbegriffen sind. Diese ganz individuellen Geschichten bilden kleine Blasenfrequenzen von Gedanken und steigen stetig ins Tagesbewusstsein. Jetzt ahnen wir: Es existiert mehr, als wir bisher wahrgenommen hatten.

Gefühle und Krisenbewältigung

So bliebe zu fragen, was wir mit unserer Bewusstheit anfangen, wenn wir von Katastrophen betroffen sind. Eine hohe Sensibilität für kosmische Schwingungen und spirituelle Wahrheiten erzeugt ja noch keine Krisenkompetenz. Sensoren des Bewusstseins sind im Wesentlichen die Gefühle, die durch die Zirbeldrüse und damit durch die Sonne veränderbar sind. Auch dem Tzolkin der Maya ist zu entnehmen, dass sämtliche Gefühle von der Sonne beeinflusst werden. Aber welche Funktion übernehmen sie? Gefühle ereignen sich weitgehend in den Zonen des Unbewussten, doch erst, wenn wir sie bewusst spüren, sind sie auch wirklich. Vor allem dann, wenn Gefühle das Handeln steuern, ist das Bewusstsein als »Beobachter« präsent – als verbindende Kraft, die Sehen, Riechen, Schmecken, Hören und Fühlen an Gefühle und Erinnerungen koppelt. So wird eine wahrhafte Realität erzeugt, eine Gefühlsmatrix gewissermaßen.

Sind die Gefühle authentisch, durch ein hoch entwickeltes Bewusstsein, leiten sie uns zuverlässiger als der Verstand. Sind diese Gefühle aber durch die künstliche Matrix fehlgeleitet, »trügen« sie uns. Dieses Prinzip wirkt in allen gesellschaftlich relevanten Bereichen. Selbst für die Börse sind sonneninduzierte Gefühle inzwischen als eine der Ursachen für starke Schwankungen analysiert worden. Betrachten wir die Turbulenzen der Finanzwelt, können wir das Zusammenwirken von solaren Feldeinflüssen und unfreiem Bewusstsein bis ins Detail verfolgen. Stellt man die solaren Aktivitäten mittels einer Kurve grafisch da, so decken sie sich exakt mit der Kurve, die der DAX beschreibt. Der Grund liegt darin, dass es an Tagen mit erhöhten Sonnenaktivitäten vermehrt zu Panikverkäufen kommt. Die Feldveränderungen wirken als pure Irritation, Gefühle der Angst überwiegen. Das Vertrauen sinkt, und die überhasteten Verkäufe von Aktiendepots lösen starke Kursschwankungen an der Börse aus.

Ein anderes Beispiel für die Manipulation authentischer Gefühle ist die Neigung zu Gewalt und Mord. Auch hier verlaufen die Schwankungen parallel zu den Sonnenaktivitäten. Mütter, die ihre Kinder natürlicherweise lieben, misshandeln ihre Schutzbefohlenen, entgegen jedem authentischen Gefühl. Es wurden auch erschütternde Fälle von Vernachlässigung bekannt, weil sich die Eltern in elektronische Spielwelten verloren, statt sich um ihre Kinder zu kümmern. Dies sind wohl die traurigsten Auswirkungen irregeleiteter Gefühle, bei denen die künstliche Matrix das authentische Gefühl deformiert und schließlich sogar zerstört.

Glücklicherweise lässt sich eine Tendenz erkennen, dass mit den Freiheitsgraden, die uns der Kosmos schenkt, auch die innersten, natürlichen Gefühle befreit werden. Im Hinblick auf die angesprochene Krisenkompetenz ist das von großer Bedeutung. Ist das Bewusstsein auf einer höheren Stufe angekommen, haben Gefühle die Aufgabe, wie Messinstrumente Entscheidungen vorzubereiten. Das Bewusstsein nimmt dann die objektive Realität innerhalb der Raumzeit aufgrund einer emotional geprägten Empfehlung wahr. Letztlich ist dies eine treffende Definition für unsere Intuition. Während Wahrnehmung und Intellekt im Allgemeinen stark von der jeweiligen künstlichen Matrix geprägt sind, verbinden uns echte Gefühle über die Zirbeldrüse mit dem Hyperraum. Diese »Moleküle der Gefühle« gelten für alle Menschen gleich, schließlich ähneln sich Trauer und Freude, Liebe und Hass über alle kulturellen Grenzen hinweg, selbst in sehr unterschiedlichen Zivilisationsformen.

Emotion bedeutet wörtlich übersetzt »nach außen bewegen«, und tatsächlich drängt jedes Gefühl zur äußeren Manifestation: Durch Mimik, Lachen, Schreien, Körperhaltung bis hin zum Tonfall der Stimme werden Gefühle ausgedrückt und kommuniziert. Sie wirken dabei sowohl im körpereigenen Mikrokosmos als auch zwischen Individuen, gleichgültig, ob diese geografisch nah oder weit voneinander entfernt leben. Sie alle partizipieren am morphogenetischen Feld, der Ursprungsmatrix, die ja durch emotionale Intensitäten stärker geprägt wird.

Die elementarsten Gefühle bilden daher die Voraussetzung einer dauernden emotionalen Resonanz zwischen Individuen, als Schwingungsresonanz der beteiligten Elektronen. So ist erklärlich, wie es zu kollektiven Gefühlslagen kommen kann, wenn spektakuläre Ereignisse oder Katastrophen eine große, eigentlich unübersichtliche Population ähnlich schwingen lassen – wie in Japan geschehen, als Tausende von Menschen in ruhiger Verfassung dem Schrecken begegneten. Möglicherweise haben wir anlässlich des Tsunamis von Fukushima zum ersten Mal beobachten können, wie gelassen und solidarisch sich Menschen unter veränderten elektromagnetischen Bedingungen verhalten.

Gefühle haben bei der Krisenbewältigung von jeher eine Orientierungsfunktion. Erklärbar ist dies, weil wir über unsere innere Gefühlswelt mit allen Lebewesen und sogar mit unseren Vorfahren innerhalb der Evolutionskette verknüpft sind. Im Unterbewusstsein sind Wissen und Emotionen aus Millionen von Jahren gespeichert. Innerhalb einer Lebensspanne von durchschnittlich 80 Jahren verfeinert der Mensch dieses Wissen mit jeder neuen Erfahrung, die er macht. Oder, auf die Matrix bezogen: Er modifiziert die Informationen der Urmatrix. Ohne das gespeicherte Vorwissen würde er in einer sinnlosen Datenflut untergehen. Das Urwissen übernimmt deshalb eine positive Filterfunktion, da sie über die Intuition unsere Wahrnehmungen bewertet, jedenfalls dann, wenn die Wahrnehmung nicht von der künstlichen Matrix deformiert ist.

Wie alle anderen Lebewesen wird der Mensch also bereits mit einem »unendlich großen« Wissen geboren, das seine Überlebenschancen erhöht. Wie fantastisch sich dieses Wissen ausprägt, können wir an einer einfachen Fliege sehen, die mit ihrem Navigationsvermögen jeden Bordcomputer übertrifft. Andererseits bleiben das ererbte Wissen und auch die Gefühle der Matrixschicht nutzlos, sofern wir nicht lernen, sie in der jeweiligen Situation sinnvoll zu modifizieren. Dieser Lernprozess erzeugt permanent neue Präferenzen, ein heikler Vorgang, weil die Varianten anfällig sind für Bewertungen der künstlichen Matrix. Dann überlagern die Koordinaten von Erziehung und gesellschaftlichen Normen die Gefühle.

Pragmatische Prägungen treten allerdings zurück, wenn starke emotionale Erlebnisse das Individuum überwältigen. Wir wissen alle: In Notsituationen werden jegliche Konventionen unwichtig. Nach einem Flugzeugabsturz im Dschungel beispielsweise geht es nur noch um das Überleben. Tiefste, kreatürliche Emotionen wallen auf, vor allem Angst, gekoppelt mit Hungergefühlen. Selbst wer gute Tischmanieren erlernt hat, wird dann jede verfügbare Nahrung mit bloßen Händen in den Mund stopfen. Die zivilisatorischen Lernprozesse weichen zurück hinter einem uralten morphogenetischen Erbe, das ausschließlich dem Überleben dient. Man könnte diese Tatsache durchaus im Sinne einer Krisenkompetenz ausdeuten. Doch auch hier entscheidet sich alles am entwickelten Bewusstsein, sonst wären nicht Fälle von Kannibalismus nach Flugzeugabstürzen publik geworden.

Wir leben in einer Ära, die den Menschen erstmals an die Schwelle des Erwachens führt. Gelenkt von der Sonne, sind wir sehr wahrscheinlich bald schon in der Lage, durch authentische Gefühle den verunsichernden Krisen eine ungekannte innere Stärke entgegenzusetzen. Dann bleibt die zunehmende Ereignisdichte von Naturkatastrophen zwar eine Bedrohung für Leib und Leben, nicht jedoch für den Geist. »Wo aber Gefahr ist, wächst das Rettende auch«, schrieb Friedrich Hölderlin. Das Rettende sind die Sonneneinflüsse, die unsere Gefühle in die richtige Richtung führen werden. Große Kräfte werden uns zuwachsen. Wir werden Mitleid empfinden und das Bedürfnis verspüren, jenen zu helfen, die wie wir leiden. Eine Welle der Nächstenliebe wird sich ausbreiten und uns unser Schicksal tragen helfen. Danach wird nichts sein wie zuvor. Beflügelt von diesen Erfahrungen, werden wir ein für alle Mal der künstlichen Matrix entronnen sein und unser wahres Menschsein verwirklichen: liebend, hingebungsvoll, zugewandt.

6. DAS ERWACHEN DER MENSCHHEIT

Der Schlaf des Bewusstseins

Was ist unter dem »Erwachen der Menschheit« zu verstehen? Wer oder was erwacht in uns? Und was hat es mit dieser verheißungsvollen Formulierung auf sich? In diesem Kapitel möchte ich Ihnen zeigen, dass wir uns neuerdings auf eine Situation zubewegen, die sich im Einklang mit uralten philosophischen Erkenntnissen befindet. Sie zielen auf einen Bewusstseinswandel ab, der eine entscheidende Funktion beinhaltet: Er erschafft uns Menschen neu und verleiht uns die Kraft, als ethisch handelnde Wesen den göttlichen Schöpfungsauftrag zu vollenden.

»Die Weckrufe werden immer lauter, um uns aus unserem Traum zu erlösen. Wenn diese Weckrufe aufhören, sind wir erwacht, oder wir leben weiter in einem Traum, der von anderen geträumt wird«, schreibt Ananda. Bereits Heraklit spricht vom Erwachen der Menschheit. Was hatte er dabei im Sinn? Allmorgendlich wachen wir aus unserem Nachtschlaf auf und grenzen ihn klar von unserem Tagesbewusstsein ab. Aber gibt es noch eine andere Art des Erwachens? Diese Frage impliziert einen unerwachten Zustand, der dem Schlaf ähnelt, ohne dass wir ihn als Schlaf erkennen. In der Tat: Obwohl wir uns wach wähnen, gleichen wir Schlafwandlern. Nur wenigen ist bewusst, dass eine Massenillusion unsere wahrgenommene Realität aufrechterhält. Im ontologischen Sinne könnte man sagen, dass wir nicht wissen, was wir tun und wer wir sind.

Wie wir gesehen haben, können wir nicht unterscheiden zwischen der wahren Welt und vorgestanzten Mustern, die wir übernommen haben. Was wir Wirklichkeit nennen, ist lediglich ein System, das uns steuert, mit Regeln, Bewertungen und Routinen, die wir nicht reflektieren: die künstliche Matrix. Man könnte jetzt einwenden, dass das per se noch nichts Schlechtes sein muss. Wen kümmert schon, wie real die Welt ist, in der er lebt? Warum sollte er auch nur einen Gedanken darauf verschwenden, wie die wahre Welt beschaffen sein könnte?

Der Schlafwandler geht nur scheinbar wach durchs Leben. Deshalb läuft er Gefahr, gegen einen Laternenpfahl zu stoßen oder von einem Auto überfahren zu werden. Im übertragenen Sinne heißt das: Unser Verstand ist gefangen in Interpretationen, die uns keinen Aufschluss über das wahre Wesen unserer Existenz geben. Der Philosoph und Kulturwissenschaftler Karl-Martin Dietz beschreibt diesen Zustand folgendermaßen: »Als ein solcher Wachläufer läuft derjenige durch die Welt, der sein Handeln nach der Tradition ausrichtet, indem er einfach so lebt und handelt, wie es Sitte, Brauch und Tradition ist, ohne eigenen Zugriff, ohne Veränderung oder Verwandlung.«

Wir sind nicht von dieser Welt. Die Welt der Erscheinungen ist nur der quantitative Manifestationsraum von Vorgängen, die sich ganz woanders abspielen. Erst wenn wir uns aus der Matrix befreien, erwachen wir im eigentlichen Sinne und erreichen eine höhere Wahrnehmungsebene, auf der wir uns und die Grundprinzipien der Welt erkennen. Diese Sichtweise hat eine lange Tradition. Bereits der Vorsokratiker Heraklit berichtet von solch einem Erwachen, das den Einzelnen aus seiner befangenen Weltsicht erlöst. Heraklit geht es darum, aufzuwachen aus einem Zustand, in dem die Welt lediglich als Konglomerat fragmentierter, unverbundener Einzelheiten erscheint: »Die Wachenden haben eine einzige und gemeinsame Welt, jeder Schlafende aber wendet sich ab in seine eigene.«

Der Philosoph ist überzeugt, dass wir noch »wacher« für die Welterscheinungen werden könnten, als dies im normalen Wachbewusstsein der Fall ist. Erst im Zustand eines vollen Erwachens, so Heraklit, sei eine ganzheitliche Welt wahrnehmbar und erkennbar. Nach Heraklit existieren drei verschiedene Bewusstseinsschichten. Er unterscheidet zunächst zwischen der Bewusstlosigkeit im Schlaf und dem bewussten Handeln im Wachzustand. Daraufhin fügt er eine dritte Ebene hinzu: einen höheren Bewusstseinsgrad. Vergleicht man ihn mit dem Alltagswachzustand, so ist auch dieser eine Art der Bewusstlosigkeit.

Die Griechen nennen den höheren Wachzustand Aletheia, was Verborgenheit oder Unvergessenheit bedeutet. Die Aletheia, üblicherweise mit Wahrheit übersetzt, ist das, was dem Vergessen entrissen wird, sich aus dem Verborgenen heraus entbirgt: die eigentliche Seinsgrundlage der Welt.

Die Rolle des Verstands

Was könnte der Mensch nun erwarten, wenn er aus seinem Tagesbewusstsein erwacht? Heraklit spricht von einer »alles umfassenden Wirklichkeit«, die sich offenbare. Sie sei im Gegensatz zu den oberflächlich wahrgenommenen Einzelheiten der gewöhnlichen Realität eine »gemeinsame Wirklichkeit«. Er schließt daraus: »Deshalb muss man dem Gemeinsamen folgen. Während doch der Logos gemeinsam ist, leben die vielen, als hätten sie einen Privatverstand.« Das Logos-Bewusstsein hebt also die Vereinzelung und Vergegenständlichung der Welt auf. Sofern jemand diese höchste Erkenntnisform erlangen möchte, muss er daher sein Augenmerk auf das Gemeinsame der Welt legen, das allen Einzelheiten wirksam zugrunde liegt.

Ganz offensichtlich haben diesen Seinszustand bisher nur wenige Menschen erreicht. Mit einem quasi »abgetrennten« Bewusstsein zu leben kennzeichnet nach Heraklit die überwiegende Mehrheit der Menschen. Daher ist es ihnen unmöglich, sich dem Logos-Bewusstsein als dem Gemeinsamen, der Welt Zugrundeliegenden zu nähern.

Die Ursache sieht Heraklit im »Privatverstand«. Die meisten Menschen meinen, dass sie eigenständig denken, sind jedoch nur scheinbar selbstbestimmt. Hierfür haben die Griechen den Begriff des »Idiotes« geprägt, der sich lediglich um seine eigenen Belange kümmert. Wenn wir eine Person als Idiot beschimpfen, ist uns sicherlich kaum die eigentliche Bedeutung des Worts bewusst. Letztlich ist der Idiot in der ursprünglichen Definition ein selbstbezogenes Wesen, unfähig, das allgemeine Wahre vom zufälligen, individuellen Unwahren zu unterscheiden.

Durch übernommene Meinungen und Standpunkte – die fatalerweise mit Erkenntnis verwechselt werden – koppelt man sich von der Welt ab. Das Gemeinsame dagegen, das Logos-Bewusstsein, entspricht dem platonischen Erkenntnisinteresse. Ganz gleich, ob jemand die Tugend, das rechte Handeln oder die Glückseligkeit erforscht, immer geht es darum, herauszufinden, was das Wesen dessen ist, was wir in Einzelerscheinungen wahrnehmen. Erst wenn wir beispielsweise wissen, was das Wesen der Tugend ist, werden wir auch tugendhaft handeln. Bei Sokrates heißt es: »Niemand nämlich fügt wissentlich sich oder anderen Schaden zu. So ist unrechtes Handeln Folge eines mangelhaften Wissens!« Mit anderen Worten: Das Gute zu kennen und es zu tun sind eins.

An dieser Stelle wird deutlich, dass ein Erwachen aus dem Tagesbewusstsein eine starke ethische Option ist und die Voraussetzung dafür, dass sich der Mensch in seiner Ganzheit und Verbundenheit mit dem Kosmos erkennen kann. Verharrt er dagegen in Unbewusstheit und Unwissen, bleibt er blind für das wahrhaftige Gemeinsame. Somit ginge das wahre Erwachen mit Erkenntnis einher, die diese Zusammenhänge unmittelbar wahrnimmt. Der Mensch, der solch ein Gewahrsein erlangt, erkennt die Vorläufigkeit seines »Privatverstands« und beginnt, das Gemeinsame zu begreifen.

Erkenne dich selbst

Zu den berühmtesten Sätzen der Philosophiegeschichte gehört der Appell: »Erkenne dich selbst!« (Γνῶθι σεαυτόν Gnōthi seautón). Der erste Beleg für den Gedanken, dass Selbsterkenntnis die Voraussetzung einer umfassenden Welterschließung ist, findet sich in einem Fragment des Heraklit: »Allen Menschen ist zuteil, sich selbst zu erkennen und verständig zu denken.«

Sich selbst zu erkennen ist demnach der Beginn eines Bewusstseinsprozesses, der von der Selbsterkenntnis zur Welterkenntnis führt. Obwohl vermutlich jeder großes Interesse daran hat, sich selbst – und damit sein höheres Selbst – zu erkennen, halten uns eigentümliche Blockaden davon ab. Kein Wunder: Unser Leben, wie es von Gesellschaft, Staat und Kirche vorgegeben wird, gründet sich auf die Unkenntnis unseres Selbst. Was aber hemmt uns, solche Begrenzungen zu überwinden?

Wie wir gesehen haben, sind die Gründe systemischer Natur. Die Matrix, in der wir uns bewegen, würde zweifellos brüchig werden, wenn wir uns auf den Weg der Selbsterkenntnis begäben. Doch dann wäre der Fortbestand des Systems gefährdet, die gesellschaftlichen Regeln, die es uns vorschreibt, die Zwänge, mit denen es uns belegt. Jeder, der sich selber kennt, muss rebellisch werden, denn Selbsterkenntnis ist die größte Rebellion. Sobald wir uns unseres wahren Selbst bewusst werden, haben wir die Freiheit zur Veränderung und Verwandlung. Wir legen die Zwänge ab und handeln selbstbestimmt.

Wer Macht besitzt, fürchtet deshalb solch eine innere Freiheit und tut alles dafür, dass wir willfährige Schlafwandler bleiben. Im ersten »Matrix«-Film heißt es dazu: »Die Matrix ist allgegenwärtig, sie umgibt dich. Sie ist ein Gefängnis für deinen Verstand. Sie soll dich von der Wahrheit ablenken, dass du in Wirklichkeit ein Sklave bist. Ein geistiger Sklave, der genau das denkt und tut, was er denken und tun soll. Es ist sehr schwer, jemandem zu erklären, was die Matrix ist. Jeder muss sie selbst erleben.«

Selbsterkenntnis ist weder das Wissen, das wir aus Büchern sammeln, noch das akademische Wissen, wie es an Universitäten gelehrt wird. Es ist das umfassende Wissen, das entsteht, wenn wir unserem eigenen Sein in der Urmatrix begegnen. Der Moment, in dem wir uns so sehen, wie Gott uns sieht, und eben nicht, wie die Gesellschaft uns zu sehen wünscht, ist der Moment, in dem wir erwachen. Wir sind im Logos-Bewusstsein, sind wir selbst. Den gesellschaftlichen Ordnungssystemen jedoch liegt in erster Linie daran, uns zu Robotern zu degradieren. Es ist schließlich einfacher, Menschen zu beherrschen, die zuverlässig berechenbar agieren.

Jene, die gesellschaftliche Macht ausüben und hierfür die Matrix erstellt haben, achten akribisch darauf, dass wir nicht von ihren Programmen abweichen. Wie wollte man einen Jesus, einen Buddha oder Sokrates beherrschen? Sie folgten keinem Diktat, sie folgten ihrem eigenen Wesen. Oder, radikaler: Sie waren eine Bedrohung für die gesellschaftlich Mächtigen. Bevor wir uns nicht eine natürliche Gesellschaft auf Erden erschaffen, in der jeder gemäß der Selbsterkenntnis leben darf, bleibt ein Buddha immer ein Asozialer, und jeder Jesus muss ans Kreuz genagelt werden.

Bedauerlicherweise werden wir in eine künstliche Gesellschaft hineingeboren, in ein System, das herrschen will, unterdrücken und ausbeuten. Das beginnt mit der Erziehung durch unsere Eltern, die ein Teil der Gesellschaft sind, und setzt sich in der Bildung, im Konsum, im medialen Entertainment fort. Die Gesellschaft ist überall. Sie umgibt uns wie eine Matrix, ja, sie ist Teil der Matrix.

Eine weitere Hemmschwelle liegt in unserem Inneren. Auch wir wollen herrschen, möchten besitzen und mächtig sein. Solange wir unser Ego ausleben, können wir daher dem System nicht entkommen, können nicht erwachen. Das Ego verhindert Selbsterkenntnis. Es vermittelt uns stattdessen außerordentlich trügerische Bilder unseres Selbst. Und wir fürchten uns davor, dass durch den Verlust der gewohnten Selbst-Bilder unsere Pseudoidentität zerstört werden könnte.

Ängstlich fragen wir uns: Wer sind wir dann noch? Was bleibt von uns übrig? Diese Furcht jedoch ist unbegründet, denn jeder Mensch trägt den Bauplan zu einem Gott in sich. Der Mensch ist der Same Gottes, und das Tagesbewusstsein ist erst der Anfang von Logos-Bewusstsein und Gottesbewusstsein.

Im Grunde brauchen wir nichts, um uns in diesem Sinne zu vervollkommnen – wir brauchen keinerlei Disziplin, kein Dogma, keine Religion. Die höchste Weisheit besteht darin, den Kampf aufzugeben und sich auszuliefern. Wir brauchen uns nur der Natur zu überlassen. Deshalb sollten wir uns einfach öffnen, uns hingeben in absolutem Vertrauen. Ohne dieses Vertrauen werden wir weiter auf dem Leidensweg wandeln und das Göttliche in uns verleugnen. Sobald wir aber vertrauen, kann sich die Natur in uns entfalten. In diesem Moment eröffnen sich alle wahren Schönheiten.

Das geschieht von ganz allein. Wahres Vertrauen ist bedingungslose Hingabe. In dem Maße, wie unser Vertrauen wächst, öffnet sich das wahre Leben immer mehr, bis es am Ende unerschöpflich und ewig wird. Deshalb rate ich jedem: Löse die Fesseln des Verstands und wirf die übernommenen Dogmen fort! Kämpfe nicht gegen die Natur, beobachte sie und lass sie zu. Lass die Schöpfung sich in dir spiegeln. Warum tun wir es nicht einfach? Die Schwierigkeiten wurzeln in der Angst, wir könnten nichts Besonderes mehr sein, wenn wir uns in die Seinsform einer natürlichen Existenz begeben. Wir empfinden es als Privileg, unsere Individualität auszuleben, mit unserem Verstand zu glänzen, unser Ego zu präsentieren. Erkauft ist diese Haltung mit Vereinzelung, oder, wie Heraklit es ausdrückt, mit der Isolation des Privatverstands.

Das Gegenbild heißt Natürlichkeit. Überlassen wir uns der Natur, dann folgen wir unserem inneren Wesen, ohne dass wir uns von unserem Ego etwas aufzwingen lassen müssten. Wir lassen sogar zu, dass unser Ego sich auflöst. Pointiert gesagt: Unsere Menschwerdung vollenden wir erst dann, wenn wir kreatürlich leben wie ein Tier – mit dem Unterschied, dass wir bewusst leben.

Die Grenzen der Vernunft

Die Forderung nach solch einer natürlichen Existenzform basiert auf einer fundamentalen Vernunftkritik. Sie gehört substanziell zum Gegenbild, das Philosophen wie Heraklit entwarfen, in Abgrenzung zur scheinhaften Wahrnehmung. Mit unserem Denken kommen wir dem Dasein nicht näher. Wenn wir lediglich darüber nachdenken, wer wir sind, werden wir niemals das Dasein in seiner ganzen Fülle erfassen können.

So stolz wir auch auf unsere intellektuellen Leistungen sein mögen: Denken ist das größte Hindernis der Selbsterkenntnis. Durch Gefühle hingegen – das wurde im vorangehenden Kapitel bereits deutlich – kommen wir dem Dasein näher. Deshalb sollten wir zuhören, offen werden, verwundbar, empfänglich – ohne jeden Gedanken. Denken ist etwas Aktives, Zuhören etwas Passives. Wenn wir richtig zuhören, spricht die Natur selbst, ohne Worte.

Insofern ist Vernunftkritik kein simpler, antiintellektueller Reflex. In dem Augenblick, in dem wir der Ratio höchste Priorität einräumen, bilden unsere Gedanken eine abgeschottete Privatwelt. Wir begeben uns freiwillig in Platons Höhle, wo wir nur die Schatten der wahren Welt sehen. Dort bleiben wir in uns selbst eingeschlossen, ja, eingekerkert. Wenn wir jedoch das Denken hinter uns lassen, befreien wir uns aus dem selbst gewählten Gefängnis. Ohne die Allgegenwart der Gedanken öffnen wir uns und werden durchlässig. Das Dasein strömt in uns hinein, und wir strömen in das Dasein. Hier wird deutlich, wie wichtig die Abkehr von der Ratio ist. Unser Verstand will denken, will interpretieren. Noch bevor wir etwas sehen, haben wir es schon beurteilt. Unsere Gedanken leben von Erwartungen. Wir geben die Erwartungen sofort auf, wenn wir das erkennen. Solange wir das nicht verstehen, könnten wir beispielsweise denken: »Hier bin ich, ohne jede Erwartung.«

Es kommt jedoch auf die Leere an, nicht auf den Anspruch, leer zu sein. Auf Bewusstheit kommt es an, nicht auf den Anspruch, bewusst zu sein. Das ist ein großer Unterschied. Wenn sich das Ego in den Erkenntnisprozess einmischt, versinken wir in der Dunkelheit der Nacht, in Platons Höhle. Weicht das Ego zurück, so treten wir aus der Höhle in das Licht der Natur. Wir verlassen die Matrix. Jetzt endlich erkennen wir das Ganze.

Jeder, der sich auf den Weg der Selbsterkenntnis begibt, sollte zunächst die raffinierten Strategien seines Verstands analysieren. »Sieh doch«, wird der Verstand argumentieren, »ich habe alle Gedanken abgelegt. Wo ist denn nun dein Gott? Wo ist die Erleuchtung?« Mit solchen Überlegungen verstricken wir uns nur tiefer in die Labyrinthe des Denkens. Stattdessen sollten wir loslassen und von einer höheren Warte aus die listige Vorgehensweise unseres Verstands beobachten. Dann können wir ihn durchschauen und eine Bewusstseinsebene erreichen, auf der wir uns in unserer Ganzheit und als Teil des Ganzen begreifen.

Erfahrung statt Wissen

Leider fällt es uns schwer, uns von lieb gewonnenen Standards zu verabschieden, die für unsere vernunftfixierte Kultur prägend waren. Viele Denker bevorzugten im Laufe unserer Geistesgeschichte die Methodik der Argumentation. Sie schenkten der formalen Logik, der Rhetorik und den übernommenen Axiomen größere Beachtung als den eigenen Erfahrungen. Spirituelle Menschen dagegen lassen sich intensiv auf den Weg der eigenen Erfahrung ein, bis hin zu dem Moment, in dem sie sich völlig verlieren und sich ihr Ego auflöst. Ein traditionell denkender und argumentierender Philosoph endet als kristallklares Ego, ein spiritueller Mensch verschwindet gleichsam. Sein individuelles Trugbild löst sich auf.

Wenn es heißt: »Erkenne dich selbst«, so ist damit nichts Individuelles, Fragmentiertes gemeint. Selbst-Erkenntnis stellt den Zustand des Unbekannten dar, den Zustand des unpersonifizierten Seins. Wenn wir hellwach sind, voller Aufmerksamkeit, achtsam für alles, löst sich unser individuelles Ego in der Ganzheit auf.

Diese Aufmerksamkeit hat nichts mit Konzentration zu tun. Denn sobald wir uns konzentrieren, richtet sich die Wahrnehmung auf etwas ganz Bestimmtes, und wir verlieren das Ganze aus den Augen. Wenn wir aber bewusst Auflösung und Ganzheit zulassen, geraten wir in einen Zustand, den man als Erleuchtung bezeichnen kann. Das bedeutet nicht etwa, zu einem bestimmten Gott zu gelangen. Niemand wartet auf uns. Hier werden wir selber zu Gott. Wenn wir selbstlos bewusst sind, sind wir Gott. Und wenn wir vollkommen bewusst sind, sind wir ein vollkommener Gott.

Sobald ein Signal unsere Wahrnehmungsorgane erreicht, findet ein Abgleich mit den Informationen der geistigen Datenbank statt. Alles, was dann im Ähnlichkeitsbereich der aktuellen Wahrnehmungserfahrung vorliegt, steht uns als Eindruck oder Idee zur Verfügung. Naturgemäß dominieren hierbei unsere persönlichen Erfahrungen und Erinnerungen, die wir im Laufe unseres Lebens gesammelt haben, seien sie bewusst oder unbewusst.

Unsere gesamten Gedankenverläufe arbeiten nach diesem Verfahren, und dieser Vorgang vollzieht sich in unvorstellbarer Geschwindigkeit. Im Grunde genommen, könnten wir uns an sämtliche Dinge erinnern, die uns jemals widerfahren sind, sogar an die Dinge, die sich unserer bewussten Wahrnehmung entzogen haben – weil sie im Hyperraum gespeichert sind.

Nicht immer gelingt dies. Wenn wir uns beispielsweise an etwas Bestimmtes erinnern wollen, kommt es häufig zu einer Überlastung. Letztlich hindert uns aber vor allem der niedere Grad unserer Bewusstheit daran, das gesamte Erinnerungskonvolut voll auszuschöpfen. Im normalen Tagesbewusstsein ist unsere neuronale Aktivität derart hoch, dass wir den Zugang zu den tieferen und komplexeren Ebenen der Datenbank blockieren. Je entspannter wir sind, desto leichter können wir in diese Datenebenen eintauchen.

Lassen Sie mich dies an einem Beispiel erläutern. Jeder kennt die sogenannte Prüfungsangst, die den Zugang zum erlernten Wissen verhindert. Im Zustand der Angst ist das Gehirn derart belastet, dass die Informationsflüsse zur Datenbank versperrt werden – obwohl das Wissen sicher gespeichert ist und auf Abruf wartet. Wenn wir also in den Zustand des Gewahrseins eintreten wollen, der letztlich ein reines Beobachten ist, müssen wir entspannt und ruhig werden, und schon öffnen sich die Zugänge zu den komplexen Informationen unserer persönlichen Datenbank. Je bewusster wir uns dabei vom aktiven Denken fernhalten, umso tiefer reichen unsere Erkenntnisse.

Zugang zum Hyperraum

Und nun offenbare ich Ihnen, warum dieser Informationstransfer im Hinblick auf die Matrix so wichtig ist: weil wir nicht nur mit unserem individuellen Informationsspeicher verbunden sind, sofern wir uns öffnen, sondern qua Hyperraum zugleich mit allen Datenbanken des Kosmos. Alles, was im gesamten Kosmos – nicht nur in unserem Universum – jemals erfahren wurde, ist in dieser Datenbank abgelegt.

Den Zugang zu diesem universalen Informationsspeicher erreichen wir, wenn wir seine Schwingungsfrequenzen aufrufen. Der Zugangscode besteht im Ähnlichkeitsbereich der entsprechenden Frequenzen. Die Zugriffssperren dagegen haben wir lediglich durch unsere eigenen gefestigten Realitätsbilder erstellt, wie sie von der Matrix repräsentiert werden. Vorausgesetzt, wir lösen uns aus der Matrix, gibt es keine Firewall, keine Hindernisse, keine Bedingungen. Jeder kann – bewusst oder unbewusst – mit unendlich vielen Informationen kommunizieren, sofern er die frequenzentsprechenden Gedanken oder Eindrücke zulässt.

Wir stehen hier an der Grenze zum universalen Bewusstsein. Letztlich ist es ein absolutes Gedächtnis, ein umfassender Erinnerungsspeicher, der alles aufbewahrt, was ist und sein kann. Die Zugriffssperren darauf sind durch die Matrix definiert, durch die vorbewusste Reduzierung der Wahrnehmung.

De facto gibt es daher keine dummen Menschen – es gibt nur Menschen, die durch ihre übernommenen und verhärteten Denkmuster abgeschnitten sind vom universalen Wissen. Die neuronalen Verschaltungen ihrer Gehirne sind derart fixiert, dass sie nicht anders können, als Unbekanntes auf Bekanntes zu reduzieren. Sie wissen nicht, was sie sehen, und sie erkennen nicht, was sich hinter den Erscheinungen verbirgt. Daher sind sie Schlafwandler, gefangen in ihrem Tagtraum. Oder, in Heraklits Terminologie: Sie sind nicht erwacht, weil sie in ihrer Individualität gefangen bleiben und keinen Anschluss an das große Ganze finden.

Der indische Philosoph Osho, vielen bekannt unter dem Namen Bhagwan Shree Rajneesh, schildert den höheren Bewusstseinsgrad, in dem wir uns dem Kosmos anschließen, in Anlehnung an Heraklit folgendermaßen: »Das Bewusste in uns bildet nur die oberste Schicht, sie hat den Anschein von etwas Privatem in uns. Hierunter liegt jedoch eine tiefere Schicht von Unbewusstem. Auch diese Schicht hat noch etwas Privates an sich, sie steht dem Bewusstsein noch relativ nahe. Dann existiert eine dritte Schicht kollektiver Unbewusstheit. Sie enthält nichts Privates mehr. Sie ist öffentlich, sie ist universell.«

Damit entspricht seine Darstellung dem heraklitschen Modell unterschiedlicher Bewusstseinsstufen. Zugleich erklärt Osho auch, wie sich das nicht erwachte Bewusstsein Einzelner systemisch auswirkt: »Immer, wenn ich etwas unterdrücke, geht es in mein Unbewusstes und verursacht Störungen. Wenn ich es wirklich tief unterdrücke, immer weiter unterdrücke und mit allen Methoden und Kniffen so verdränge, dass es auch aus meinem eigenen Unterbewusstsein verschwindet, dann gibt es irgendwo einen Schwachen, der es irgendwie aufschnappt. Durch den Druck meiner Verdrängung angetrieben, schlägt es sich woanders wieder zur Oberfläche durch und bricht irgendwo anders hervor. Dann bin ich Christus, und ein anderer ist ein Judas.«

In dieser Passage kommt etwas sehr Wesentliches zum Ausdruck: Auch wenn ich etwas lange unterdrücke, zwinge ich es gleichsam in die große Datenbank, so, als würde ich meinen gedanklichen und emotionalen Abfall im kollektiven Datenarchiv entsorgen. Ich übertrage also gewissermaßen meine Defizite und delegiere sie unbewusst an jemand anderen – »dann bin ich Christus, und ein anderer ist ein Judas«.

Betrachten wir nun den Kosmos, der letztlich aus unterschiedlichen Schwingungsfrequenzen besteht, so sind in ihm verschiedene Realitäten, sogar verschiedene nebeneinander existierende Welten möglich, nur durch ihre jeweiligen Schwingungen getrennt. Vergegenwärtigen wir uns nun den universellen Informationsspeicher, der letztlich ebenfalls über Schwingungen gesteuert ist, kommen wir zu einer weiteren Entdeckung: Auch größere Gedankenkomplexe sind als eigene Realitäten mit einer spezifischen Schwingungsfrequenz zu verstehen, die ganze Welten und Dimensionen konstituieren. Und wir alle haben Zugang dazu.

Wir sind nicht dazu verurteilt, in einer einzigen, reduzierten Realität zu verharren, die uns der egobestimmte Frequenzbereich des Massenkollektivs vorgibt. Wir können erwachen, uns von der Matrix lösen und auf diese Weise in die Unendlichkeit von Dimensionen und Welten eintauchen.

Dass wir es nicht tun, hat neben dem Hang zu Bequemlichkeit und Routine mit der starren Beschaffenheit unserer Schwingungen zu tun. Das Beharrungsvermögen von Gedankengebilden wächst mit jeder wiederholten Erfahrung. Die Matrix stabilisiert sich selbst und wird in ihrem Einfluss stärker, je mehr Menschen sich in sie einkoppeln lassen. Bedenkt man, dass zurzeit etwa sieben Milliarden Menschen auf der Erde leben, die meisten von ihnen Gefangene der Matrix, dann kann man erahnen, wie stark der Mechanismus auf den Einzelnen zurückwirkt. Er wird undurchlässig für andere Schwingungen, Realitäten und Bewusstseinsebenen, sobald deren Frequenzen von jener der Matrix abweichen.

Aus diesem Grund weigern sich die meisten Menschen, andere Realitäten wahrzunehmen oder auch nur für möglich zu halten. Sie klammern sich an ihr eingeschränktes Weltbild, unfähig, ihr unermessliches Potenzial zu erkennen. Deshalb können sie auch nicht wahrnehmen, dass Materie letztlich nur durch Bewusstsein erzeugte Struktur ist und dass diese Struktur verändert werden kann, sobald neue Schwingungsfrequenzen ins Spiel kommen.

Krankheit oder Erwachen?

In den letzten 20 Jahren konnte man eine Zunahme des geistigen Erwachens beobachten. Als Naturwissenschaftler zähle ich dazu auch Verhaltensänderungen, die sich als Anomalien äußern. Mit herkömmlichen neuronalen oder psychologischen Theorien können sie schwerlich zugeordnet werden. Auch neue Krankheitsbilder entstehen. Sie werden als Zivilisationskrankheiten bezeichnet, was selbstverständlich wenig über ihre wahre Ursache aussagt.

Am eklatantesten zeigen sich die Abweichungen in einem zusehends verbreiteten Phänomen, dem hyperaktiven Syndrom. Seit einigen Jahren tritt es vermehrt bei Kindern auf. Eltern und zugezogene Fachärzte sind meist ratlos. Die betreffenden Kinder sind unruhig, wirken unkonzentriert und fügen sich selbst bei Anwendung strenger erzieherischer Maßnahmen kaum in Gruppen ein. Sehr schnell werden sie dann diskriminiert und in soziale Phobien getrieben.

Man kann sie aber auch neutral beschreiben. Dann werden Eigenschaften deutlich, die auf ein ungewöhnlich hohes Bewusstsein schließen lassen. Signifikant ist beispielsweise, dass diese Kinder niedrigere Wahrnehmungsfilter haben. Sie fokussieren sich nicht auf vorgegebene Wirklichkeitsausschnitte, sondern registrieren alles, was um sie her geschieht, mit geradezu generalistischer Aufmerksamkeit. Vom Zug der Wolken draußen am Himmel bis zur Fliege an der Wand entgeht ihnen nichts. Das macht sie natürlich ablenkbar und untauglich für den normalen Schulunterricht. Testet man jedoch ihre geistigen Fähigkeiten, so verfügen sie nahezu ausnahmslos über eine überdurchschnittliche Intelligenz.

Daher ist die These unzutreffend, es handle sich um ADS – um eine Aufmerksamkeitsdefizitstörung. Nicht ein Defizit, sondern ein vermeintliches Zuviel an Infomation überflutet die Gehirne dieser Kinder. Ich halte das für einen klaren Hinweis darauf, dass eine neue Generation heranwächst, deren Bewusstseinstore sich weiter geöffnet haben als jemals in den Generationen zuvor. Die übliche Medikamentierung mit Ritalin ist vor diesem Hintergrund eine brutale Maßnahme. Sie ist dem Zwang geschuldet, der normierte Vorstellungen von Erziehung und Entwicklung erfüllt, ein beispielloser Unterwerfungsvorgang, der den Kindern nicht im Mindesten gerecht wird.

Wenn Sie dies lesen, verstehen Sie sicherlich, was mich an diesen Kindern fasziniert: Sie weisen Eigenschaften auf, die immer dann auftreten, wenn sich eine Person aus der Matrix löst und damit aus allen konditionierten Mustern. Die Filter fallen, eine hohe Wahrnehmungspotenz wird geweckt. Aus meiner Beobachtung heraus sind dies Kriterien, die dafür sprechen, dass diese Kinder zu nahezu 100 Prozent im freien Willen agieren. Daher lassen sie sich auch nicht in unser Schul- und Lernsystem integrieren, genauso wenig wie in die Verhaltensmuster ihrer Eltern. Diese Kinder stellen sich, ungeachtet ihres Alters, wie selbstverständlich mit anderen Menschen auf eine Stufe und leben ein authentisches Bewusstsein der Gleichberechtigung.

Ich bin davon überzeugt, dass sie vollkommen selbstverständlich das irdische Spiel der Matrix und den marionettenhaften Akteur Mensch in all seinen Facetten durchschauen. Deshalb rebellieren sie, wenn man von ihnen das Gleiche verlangt. Es widerspricht ihrem unbedingten Freiheitsdrang. So ist es nur verständlich, dass sie sich wehren und aggressiv werden, sobald man versucht, sie in übliche Zwänge einzubinden. Es steht zu vermuten, dass hier bereits Auswirkungen aktivierter Junk-DNA vorliegen, die zu einer gesteigerten seelischen und geistigen Sensibilität führen. Deshalb hoffe ich sehr, dass diesen Kindern in Zukunft Verständnis statt Ablehnung entgegengebracht wird.

Für mehr Toleranz plädiert auch der amerikanische Mediziner Edward M. Hallowell. Er beschreibt ADS schlicht als eine »Art zu leben«. Seine Annäherung an hyperaktive Menschen zeugt von einer empathischen Auseinandersetzung, die indirekt an das anknüpft, was ich als neue Qualität der Raumzeit beschrieben habe, ein Zeitbegriff der fünften Dimension, die auf Simultanität beruht. Hallowell stellt fest: »Jemand sagte mal: ›Zeit ist das Ding, das alles davon abhält, zugleich zu passieren.‹ Zeit stückelt Momente in kleine Teilchen, sodass wir eine Sache nur zu einem bestimmten Zeitpunkt tun können. Bei ADS kollabiert die Zeit. Zeit wird ein schwarzes Loch. Für eine ADS-Person ist es, als ob alles zugleich geschieht. Das schafft ein Gefühl des inneren Tumults oder sogar der Panik. Das Individuum verliert die Perspektive und die Fähigkeit, Prioritäten zu setzen.«

Und er fährt fort: »Vielfach sind diese Leute hoch intuitiv und vorstellungsbegabt. Sie haben ein ›Gefühl‹ für Dinge, eine Art, die Ursache von Dingen sofort verstehen zu können, während andere ihren Weg auf methodische Art durchdenken müssen. Es ist wichtig für andere, gegenüber diesem ›sechsten Sinn‹, den viele ADSler haben, sensibel zu sein und ihn zu bemuttern. ADS ist eine Lebensgestaltung, und bis vor Kurzem war es versteckt, auch vor denen, die es haben. Das menschliche Erleben von ADS ist mehr als eine Sammlung von Symptomen: ADS ist eine Art zu leben.«

Ich habe diesen Mediziner deshalb so ausführlich zitiert, weil er ungewöhnlich hellsichtig alle Indikatoren des erwachten Bewusstseins benennt: die völlig neue Zeitwahrnehmung jenseits der Chronizität, die ausbleibende Selektion von Sinneseindrücken, die simultane Speicherung aller Erfahrungen analog zum schwarzen Loch, die Betonung von Intuition und sechstem Sinn. Wie armselig nehmen sich demgegenüber Ärzte aus, die ihre kleinen Patienten mit Zustimmung der Eltern in gängige Formatierungen pressen wollen. Auch wenn dies sicher mit besten Absichten geschieht, handelt es sich doch um das Beharren auf einseitig rationalen Kriterien. Unfähig, das Außergewöhnliche und Visionäre dieser Kinder zu erkennen, verkennen sie gleichzeitig, dass die vermeintlichen Kranken einen neuen Typus Mensch verkörpern, verbunden mit dem Hyperraum.

Die Erwartung des Unerwarteten

Mehr Aufklärung ist notwendig, auch mehr Bewusstsein. Um es mit Clemens von Alexandria zu formulieren, der sich auf Heraklit bezieht: »Wenn das Unerwartete nicht erwartet wird, wird man es nicht entdecken, da es dann unaufspürbar ist und unzugänglich bleibt.« Ich wage zu behaupten, dass es diese angeblich verhaltensauffälligen Kinder sind, die als Pioniere des erwachten Bewusstseins dereinst eine tragende gesellschaftliche Rolle spielen werden – dann, wenn wir gar nicht mehr anders können, als die neuen Parameter paralleler Universen und die Gleichzeitigkeit des Ungleichzeitigen anzuerkennen. Wenn wir uns in der Phase eines globalen geistigen Umbaus befinden, werden sie junge Erwachsene sein. Wir sollten uns glücklich schätzen, dass sie uns gleichsam als Vorboten des nahenden Bewusstseins- und Evolutionssprungs geschickt wurden.

Jesus sagt, überliefert im Matthäus-Evangelium: »Wenn ihr nicht umkehrt und werdet wie die Kinder, werdet ihr nicht eintreten in das Königreich des Himmels.« Jetzt bekommt dieser Satz eine ganz neue Bedeutung. Daher halte ich es auch nicht für einen willkürlichen Einfall des »Matrix«-Films, dass Kinder darin als übersinnlich begabte Wesen geschildert werden. In einer Szene besucht Neo das Orakel, das von seltsamen Kindern umgeben ist. Eines von ihnen levitiert mit Gegenständen, ein anderes verbiegt Löffel. Später, als Neo versehentlich eine Vase zerbricht, sagt das Orakel in ruhigem Ton: »Eines meiner Kinder wird es wieder richten.« Unmissverständlich wird herausgestellt, dass diese Kinder und ihre Fähigkeiten einen Auftrag an die Menschheit haben – den Auftrag, durch ihr gelebtes Vorbild und durch ihre Liebeskräfte höchster Ordnung dabei zu helfen, die Matrix aufzulösen.

Unser Schicksal wird sich daran entscheiden, ob wir unser bewusstes Menschsein auf diesem Planeten verwirklichen werden. Die Chance hierzu bietet sich jedem, nur zeigt sie sich oftmals in einer unbequemen »Verkleidung«, wie bei den angeblich hyperaktiven Kindern. Die Skepsis, mit der man ihnen begegnet, ist typisch. Im Außen stellt sich das Erwachen eher wie ein Hindernis dar, als eine Irritation oder sogar Provokation. Da wir uns auf die Ausgangsebene der Urmatrix zubewegen, sind im Spielfeld unserer künstlichen Matrix Widerstände zu erwarten. Durchschauen wir jedoch dieses Spiel, so relativieren sich die Hindernisse im Verhältnis zu unserer inneren Überzeugung. Mit dem von der künstlichen Matrix präformierten Intellekt werden wir die Multidimensionalität des Universums niemals erfassen können. Wir brauchen neue Dimensionen des Denkens und Verstehens, in denen wir alle ausgetretenen Pfade verlassen und uns trauen, die Matrix abzustreifen. Je mehr Menschen es tun, desto mehr andere werden von den neuen Schwingungen erfasst. Das ist das Erwachen der Menschheit, auf das Heraklit hinauswill.

Im erwachten Zustand werden wir mit dem Kosmos in Interaktion treten und unsere Sinnesorgane neu ausrichten. Ganz von selbst entziehen wir uns der Sinnesüberreizung der künstlichen Matrix, wie sie durch die Medien und die Unterhaltungsindustrie repräsentiert wird. In diesem Maße werden wir eine neue Emotion erfahren, ein wunderbares Pendant zu den ehemals erstrebten oberflächlichen »Kicks«. Diese Emotion erleben wir in einer Intensität von Freude, für die unsere jetzige Vorstellungskraft nicht einmal ausreicht. Wir verstehen die wahre Bedeutung von Freiheit und erkennen, dass alle unsere bisherigen Handlungen lediglich Ersatzbefriedigungen waren.

Die Wahrheit ist, dass wir schlafen und nur träumen, wir seien erwachte Wesen. Dass wir dies zu durchschauen beginnen, ist der inneren Stimme der Seele zu verdanken, die wir auch als Intuition oder Ahnung bezeichnen. Die Erlösung naht. Ein noch diffuses Gefühl schickt uns auf die Suche, die Ahnung, wie Neo es im Film ausdrückt, dass »irgendetwas mit der Welt nicht stimmt«, woraufhin die Frage nach der Wahrheit akut wird. Doch es ist nicht die Welt, mit der etwas nicht stimmt, sondern unsere vorläufige, gefangene Bewusstheit.

Gegenwärtig befinden wir uns in einem Wandlungsprozess von der Funktionserkenntnis zur absoluten Selbsterkenntnis. Die Funktionserkenntnis erlaubt lediglich, sich auf eine pragmatische und funktionelle Seinsgrundlage zu stellen, abgetrennt von der Quelle des Alles-was-Ist. So bleibt man im Stadium des Egoisten respektive »Idiotes«. Die Erkenntnis des Selbst hingegen ist das Erwachen der Menschheit.

Wir sind aufgerufen, aus der Matrix in die alles umfassende Wirklichkeit einzutreten, in der wir fest geglaubte Strukturen verändern und einen qualitativen Bewusstseinssprung der Menschwerdung verwirklichen. Sonst werden wir, wie Ananda sagt, weiter in einem Traum leben, der von anderen geträumt wird. Es ist an der Zeit, dass wir uns aus diesem falschen Traum erlösen, ganz so, wie es James Joyce in »Ulysses« formuliert: »Die Geschichte ist der Albtraum, aus dem ich zu erwachen suche.«

7. DAS ENDE DES EGOS

Das Ego als Matrix-Träger

Der Anteil des Menschen, der sich am leichtesten von der Matrix überlisten lässt, ist das Ego, das klang bereits an. Das Ego ist jener Teil unseres Ichs, der bevorzugt äußeren Steuerungen unterliegt. Mit dem freudschen Strukturmodell der Psyche gesprochen, repräsentiert das Ego das Über-Ich. Hier versammeln sich alle Wertvorstellungen und Verhaltensnormen zu einer inneren Instanz. Sie werden meist von den Eltern, aber auch vom Umfeld geprägt. Diese Formung ist kein bewusster Vorgang, vielmehr erfolgt eine fortschreitende Identifikation mit dem Über-Ich. Daher versucht der Betreffende, sich den Vorgaben des Über-Ichs anzupassen, selbst dann, wenn sie seinen ureigensten Bedürfnissen und Trieben widersprechen.

Das Ego ist somit ein vom Selbst abgespaltener Teil der Persönlichkeit und potenziell eine Quelle großen Unglücks. Anders zu sein, etwas anderes zu wollen als die mächtige innere Instanz, wird als unauflöslicher Konflikt erlebt. Anspruch und Widerspruch reiben sich aneinander. Das Selbst mit seinen eigentlich legitimen Bedürfnissen wird als Gegenspieler des »richtigen« Verhaltens empfunden und muss daher unterdrückt werden.

Auch die Denkprozesse sind davon betroffen, denn der Verstand adaptiert die äußeren Anforderungen und überdeckt die individuelle Intuition. Er gleicht sich dem an, was von anderen gedacht wird, und besitzt keine Kraft, sich davon wirkungsvoll zu distanzieren. Was wir fälschlicherweise für den Kern unseres Selbst halten, den starken Willen, die Durchsetzungsfähigkeit, die intellektuelle Selbstbehauptung, ist letztlich nur ein Produkt von Werten und Meinungen, mit denen wir geformt wurden. Unser Ego ist so konditioniert, dass wir kaum glauben können, es sei ein bloßes Konstrukt.

Dabei brauchen wir das Ego letztlich nicht. Auf der Ebene des höheren Seins und der abgespeicherten Informationen existiert es nicht. Es ist nur eine Illusion. Ein Neugeborenes beispielsweise weiß in den ersten Lebensmonaten nichts von einem Ego und lebt in der reinsten Seinsform. Erst durch das Erlernen der Sprache und die darin enthaltenen Muster und Konditionierungen bildet sich das Ego aus. Mit dieser Entwicklung geht der Verlust der Anbindung an den Hyperraum einher, und der Heranwachsende liefert sich fortschreitend der künstlich erschaffenen, psychischen Matrix aus. Das Ego dient ihm dann als Krücke, als Bewusstseinsersatz. Es tätigt die gewaltigen Verdrängungsleistungen, mit denen sich das Selbst verleugnet, um sich der Matrix anzupassen. Man könnte das Ego daher auch als effektivstes Werkzeug der matrixgesteuerten Selbstunterwerfung bezeichnen.

Dieser Mechanismus richtet sich nicht nur nach innen, er richtet sich auch nach außen. Je stärker jemand seine Bedürfnisse leugnet und verdrängt, desto selbstverständlicher wird er auch die Bedürfnisse anderer ignorieren oder sogar unterdrücken. Wir sehen hier eine psychische Kettenreaktion, die sich bis in die Spitzen von Gesellschaft, Ökonomie und Politik fortsetzt. Wo es an Selbstrespekt und Selbstachtung fehlt, wird es auch an Respekt vor anderen mangeln. Im größeren Kontext sind dann Naturausbeutung, politische Unterdrückung und Menschenrechtsverletzungen nicht mehr fern.

Wir müssen der Tatsache ins Auge sehen, dass unsere sämtlichen Gesellschaftssysteme auf der Herrschaft des Egos beruhen. Es ist Produzent und Vollstrecker unserer künstlichen Matrix-Programme. Sein Machtanspruch und seine Indifferenz gegenüber Werten wie Achtsamkeit gehören zu den Grundfesten unserer Kultur. Alles wird ihr untergeordnet. Die Glücksversprechen von Liebe und Freiheit haben vor diesem Hintergrund allenfalls noch den Stellenwert sentimentaler Träumereien.

Wenn das Ego nun ein raffinierter Komplize der Matrix ist, weil wir es mit unserer Identität verwechseln, wie können wir es dann in seine Schranken weisen? Der Bewusstseinswandel, von dem ich spreche, und damit das Erwachen der Menschheit, ist ein Prozess, in dessen Verlauf sich das Ego auflöst. Schließlich wird es nur gebraucht, solange der Mensch mit allen Kräften versucht, gesellschaftlich kompatibel zu sein. Ausschlaggebend für unsere nahe Zukunft, ja, für die Zukunft dieses Planeten wird daher sein, ob wir das Ego demaskieren und auflösen werden können. An dieser Frage wird sich der Bewusstseinswandel messen lassen und damit unser Schicksal.

Was geschieht, wenn das Ego weiterhin regiert, ist aus den jetzigen Verhältnissen leicht ablesbar. Die Naturzerstörung wird weiter voranschreiten, Millionen von Menschen werden aufgrund der Spekulation mit Nahrungsmittelaktien hungern, und die schwelenden Konflikte werden so gewaltsam hervorbrechen, dass niemand davon unberührt bleibt. Doch so, wie wir das sogenannte Böse nicht bekämpfen sollten, sollten wir auch dem Ego nicht den Kampf ansagen. Es gehört zu der künstlichen Matrix, und nur ein Loslösungsprozess auf höchstem Bewusstseinsniveau wird einen positiven Wandel hervorrufen.

Daher nützt es auch nichts, sich mit Feindbildern aufzuhalten. Sicherlich gibt es Protagonisten der Egokultur, die unseren Zorn hervorrufen. Doch wenn sie gestürzt würden, so dauerte es nicht lange, bis andere an ihre Position träten. Stattdessen sollten wir auf die Wirkung der energetischen Übertragung setzen – auf die heilsame Kraft einer Transformation, die sich in unserer Seele vollzieht und selbstverstärkend immer mehr Menschen erreicht. Keine Revolution mit Waffengewalt wird die künstliche Matrix erschüttern können, nur die persönliche Transformation voll erwachter Menschen. Sie sind es, die unmerklich erst, aber immer kraftvoller für den Bewusstseinswandel sorgen. Sie können loslassen, ihr Ego »abfließen« lassen und ihr wahres Selbst zum Vorschein bringen.

Die Auflösung des Egos

Loslassen ist ein Vorgang, den jeder Mensch mindestens einmal durchlaufen muss, spätestens kurz vor dem physischen Tod. Dann wird ihnen klar, dass sie nichts festhalten können und dass ihnen gar nichts anderes übrig bleibt als loszulassen. Der Schleier des Vergessens zerreißt. Jetzt durchschauen sie das Spiel des Seins und die dahinterliegenden Aspekte. Ich habe im Laufe meines Lebens einige Menschen kennengelernt, die ihnen nahestehende Personen in den Tod begleitet hatten. Sie berichteten mir, dass Sterbende oft noch buchstäblich in der letzten Sekunde das Gefühl hatten, sie hätten mit einem Mal alles begriffen, ihr Selbst, den Sinn ihres Lebens.

So erlösend dieser Moment für den Sterbenden ist, so unbefriedigend muss es bleiben, dass diese letzte große Erkenntnis sich erst dann offenbart, wenn der Tod die neu gewonnenen Freiheitsgrade eliminiert. Dann haben wir schließlich keine Möglichkeiten mehr, unsere individuelle Matrix zu verändern. Es wäre daher fatal, wenn wir die Welt erst kurz vor dem letzten Atemzug im Licht der Wahrheit erkennen könnten. Unser Leben wäre kein volles gewesen, unsere Erfahrungen hätten sich bis zum Tod in aufgezwungenen Pflichten erschöpft. Wir hätten dann alles dafür getan, um »gute Bürger« zu sein, aber nichts anderes kennengelernt, als zu funktionieren.

Insofern können wir aus der Erfahrung Sterbender einen wichtigen Impuls in unser eigenes Leben mitnehmen. Lange vor dem Tod schon können wir in das Programm eingreifen, indem wir in unserer vierdimensionalen Existenzform aktiv werden. Aus diesem Grund inkarnieren wir stets von Neuem – nicht, um bestraft zu werden. Es geht darum, dass wir uns ungelöste Aspekte vergegenwärtigen und gegebenenfalls korrigieren. Die Reinkarnation als Lehre der Wiedergeburt ist eine Chance auf Vervollkommnung. Erst der Tod hebt die Grenzen auf. Dann legt der Mensch die irdischen Vorstellungen von sich selbst ab, seine Persönlichkeit und die künstlich erschaffenen Zuordnungen wie Name und Herkunft. Die Illusion seiner Getrenntheit vom großen Ganzen wird langsam aufgelöst. Wohl aber bleibt jegliche gedachte Sequenz, jeder Gedanke seines individuellen Lebens ewig als Information gespeichert. Das, was sich dabei wahrnimmt, sind jedoch nicht die Gedanken. Es gibt vielmehr eine übergeordnete Ebene, die sich wahrnimmt und welche die Gedanken sozusagen hervorruft und steuert.

Diese Wahrnehmungsebene kann man als Seelenaspekt bezeichnen. Bisher habe ich vor allem von Geist und Bewusstsein gesprochen, hier nun kommt die Seele ins Spiel. Man könnte sie vielleicht mit einer Urgefühlsebene vergleichen, in der individuelle Seinsformen ausschließlich als seelische Einheiten erhalten bleiben. Die Seele ist somit ein Konzentrat aller Seinsaspekte, die einen Menschen ausmachen, die Summe aller gelebten Erfahrungen als emotionales Kondensat. Auf dieser Ebene existieren keine Bits mehr. Sie ist die Schlüsselebene mit direktem, ungefiltertem Zugang zur Urquelle.

Aufgrund ihrer Seelenqualitäten haben Menschen prinzipiell jederzeit die Möglichkeit, von ihrer irdischen Wirklichkeit aus bewusst in diese Quelle einzutauchen. Eine Vorstellung davon erhält man, wenn man sich mit Nahtod-Erfahrungen auseinandersetzt. In den Studien der Sterbeforscherin Elisabeth Kübler-Ross sind unzählige solcher Erlebnisse nachzulesen. Übereinstimmend berichteten Patienten, die klinisch tot waren und danach reanimiert wurden, von einander ähnelnden Erfahrungen. Zu ihnen gehört die Exkorporation. Die Patienten nahmen sich selbst über ihrem eigenen Körper schwebend wahr und konnten anschließend detailliert berichten, was sich rings um sie im Raum zugetragen hatte. Obwohl ihnen körperlich kein äußeres Lebenszeichen mehr anzumerken war, konnten sie sehen und hören, was geschah – von einer Position außerhalb des Körpers aus.

In diesen Momenten waren sie dem Hyperraum angeschlossen. Sie existierten nicht mehr materiell, denn ihr Körper lag ja reglos und ohne messbaren Herzschlag auf einem Klinikbett. Allein die Seele lebte weiter. Das, so die Berichte, löste ungeheure Euphorie aus. Mit tiefer Freude verließen die Sterbenden die irdische Existenzform und betraten einen Transferraum, oft als Tunnel beschrieben, der in eine farbige Welt größten Glücks führte.

Seele und Ego-Ich

Die Souveränität und Unsterblichkeit der Seele sind ein Faktum. Und doch müssen wir durch Erfahrungen und durch das Auswerten von Gedankengut fortschreitende Phasen durchlaufen, bis die Erfahrungsebene schließlich zur Seelenebene führt. Durch bewusstseinserweiternde Umstände kommt man dem Aspekt der Seele phasenweise näher.

Dieses wahre Ich hat nichts mit dem Ego-Ich gemeinsam. Es ist das höhere Selbst, die Essenz des individuellen Seins. Es unterscheidet sich vom Ego-Ich dadurch, dass es unwandelbar ist. So, wie wir unser Aussehen durch kosmetische Chirurgie verändern können, können wir auch unser Ego-Ich variieren. Wir tun es im Grunde permanent, da sich die künstliche Matrix verändert und wir uns ihr anpassen wollen. Das wahre Ich jedoch ist unsere unveränderliche Seele. Das übersehen wir, weil unsere Selbstwahrnehmung im Zustand der Vorbewusstheit hauptsächlich auf das Ego konzentriert ist.

Das Ego aber ist immer nur ein Instrument, eine pragmatische Facette unseres Ich – ein überaus sinnvolles Instrument übrigens, um überhaupt auf der Erde funktionieren zu können. Doch unser »kosmisches Ziel« erreichen wir nur, wenn wir das Ego überwinden, damit die Seele als solche, also das, was uns substanziell ausmacht, wieder ihren Weg zu sich selbst zurückfindet.

Diesen Vorgang könnte man als das Kernprogramm bezeichnen, als ein kosmisches Szenario. Es gibt eine kosmische Imagination – die Imagination der Anima mundi, der Seele des Universums, auch Weltenseele genannt. In ihr enthalten sind die Imaginationen von Galaxien, Sonnensystemen, Ökosystemen, Gesellschaften, einzelnen Organismen. Diese Aspekte jedoch haben durch die Programme der Matrix untereinander keinerlei Kontakt. Sie sind nichts als Teile eines Puzzles, die ungeordnet nebeneinanderliegen.

Nur die Gesamtheit des zusammengesetzten Puzzles kann uns die Erfahrung des Ganzen zurückbringen. Auf diesen Zugewinn an Erfahrung zielt der Bewusstseinswandel, an dessen Schwelle wir stehen. Dann erkennen wir, dass unsere Seelenaspekte einst Teile des Allschöpfers waren. Anschließend wurden sie auseinandergewirbelt und getrennt. Doch unsere Sehnsucht nach Ganzheit bewahrt in sich die Erinnerung an das Glück der Ganzheit auf. Darum dachten spirituelle Denker aller Epochen über unsere Verbindung mit dem Universum nach. Darum vermittelten sie die Gewissheit, dass wir eines Tages wieder im Allschöpfer ruhen werden, im Licht der Erkenntnis, voll erwacht, mit glasklarem Bewusstsein.

Erwachen und Traum

Heraklits Metapher des Erwachens zielt auf eine Bewusstseinslage, in der das Ego schweigt und die Seele sich dem Hyperraum überlässt. Auf der neurologischen Ebene lässt sich veranschaulichen, wie man die Anbindung an den Hyperraum intensivieren kann. Wenn sich unsere beiden opponierenden Gehirnhälften, jeweils zuständig für Ratio und Intuition, in einem harmonischen Zustand gleicher Aktivität befinden, haben sie eine Vereinbarung miteinander getroffen. Damit ist es möglich, bewusst wahrnehmbar Zugang zum Hyperraum, zur Intuition, zum Instinkt zu finden. Das ist die eine Möglichkeit.

Eine andere Möglichkeit, welche diese jedoch nicht ausgrenzt, ist es, sich aktiv an einer Veränderung der künstlichen Matrix und der Löschung des Egos zu beteiligen. Dafür muss man sich vergegenwärtigen, dass man mit jeder Bewusstseinslage eine andere Gehirnfrequenz aussendet. Einfach gesagt: Wenn wir in einem entspannten Zustand sind, dann senden wir eine andere Frequenz aus als im angeregten oder gar überreizten Zustand.

Was passiert dabei in unserem Gehirn? Während des normalen Tagesbewusstseins zeigt das EEG sehr schnelle Betawellen mit 12 bis 40 Schwingungen pro Sekunde, gemessen in der Maßeinheit Hertz. Im entspannten Zustand sind schnelle Alphawellen von 8 bis 12 Hertz manifest. Die deutlich langsameren Thetawellen mit 4 bis 8 Hertz werden an der Grenze zwischen Wachen und Schlafen gemessen. Bei tiefer Entspannung, etwa während des Schlafs, liegen sehr langsame Deltawellen mit 0,5 bis 4 Hertz vor.

Durch ein spezielles Training ist es möglich, das Bewusstsein über längere Zeit in der Zone zwischen dem Wachzustand im Betabereich und dem Schlafzustand unterhalb des Alphabereichs zu halten. Der Alphabereich ist der Übergangsphase zuzuordnen. Darauf folgen die Delta- und Thetabereiche, die der reinen Schlafphase angehören. Während des Verweilens im Alphabereich kann man beides überschauen, sowohl die Ebene des Bewusstseins als auch des Unterbewusstseins. Auf beiden Ebenen ist das Ego ausgeschaltet, und damit sind es auch die Manipulationen der künstlichen Matrix.

Der Bereich, der die Durchgangsebene zwischen Wachbewusstsein und Unterbewusstsein respektive Schlafbewusstsein markiert, liegt unter 8 Hertz. Hier ereignen sich alle schlafähnlichen Situationen. Wenn wir uns in einem Zustand bewusster Aufmerksamkeit – also weder im Wach- noch im Schlafzustand – befinden, stehen wir an einer Bewusstseinsschwelle, die durch den Wert von 8 Hertz markiert wird. Hier liegt offenbar auch der Zensor, der darüber entscheidet, was dem Wachzustand oder Schlafzustand zugeordnet wird.

Bei jedem Übergang von der einen in die andere Phase passieren wir jeweils den Frequenzbereich von 8 Hertz. Der innere Zensor kann in der Regel nicht ausgeschaltet werden – er drängt uns, diese Schwelle zu überschreiten, statt sie als Zustand zu verlängern. Es gibt jedoch Techniken, die uns erlauben, den besonderen 8-Hertz-Frequenzbereich länger aufrechtzuerhalten. Es ist eine Phase, die wir als bewussten Schlafzustand bezeichnen könnten. Man kann sich dann sogar während des Träumens genau dieses Zustands bewusst sein – »luzides Träumen« genannt. Auch hier sind beide Hemisphären des Gehirns gleichermaßen aktiv.

Das Gleiche geschieht bei sogenannten Déjà-vu-Erlebnissen. Die Möglichkeit, Zugang zu solchen Bewusstseinsebenen zu finden, ist nur schwer beeinflussbar, auch wenn es dafür langwierige und aufwendige Techniken gibt. Wenn man sich jedoch mittels spezieller Übungen vollkommen bewusst in diesen luziden Bereich begibt und ihn sich quasi selbst erschafft, hat man die künstliche Matrix tatsächlich verlassen und dementsprechend seine eigene Matrix generiert. Dies könnte man als eine Selbstüberlistungstechnik bezeichnen. Sie schafft die Voraussetzungen, dass man zum Beobachter seiner selbst wird, ohne dass das Ego Bewertungen vornimmt. Dieser Zustand wird nun begünstigt durch die Veränderungen des Erdmagnetfelds. Sukzessive versetzt es uns in die Lage, existenzielle Informationen aus dem Unterbewusstsein abzurufen und sie sofort in das Bewusstsein zu transformieren. Man könnte das mit dem Festhalten von Träumen vergleichen, die ins Tagesbewusstsein gerettet und sogar im Langzeitgedächtnis abgelegt werden können. Nur wenige vermögen dies, da man sich an seine Träume normalerweise nicht oder kaum erinnert und sie lediglich passiv erlebt. Doch mit der Herbeiführung des vollkommen offenen Bewusstseinszustands ist es möglich, alles in den Wachzustand zu übertragen.

Dafür beginnt man zunächst mit der bewusst kontrollierten Aufmerksamkeit im Tagesbewusstsein. Alle Handlungen, selbst trivialste, wie das morgendliche Zähneputzen, macht man sich ganz genau bewusst. Dadurch beginnt man, den mechanischen Ablauf der Matrix zu unterbrechen. Für eine solche Übung benötigt man etwa vier bis acht Wochen. Dann funktioniert das bewusste Beobachten auch im Traumzustand, und man befindet sich dauerhaft in der luziden Qualität. Man nimmt wahr, dass man träumt, kann im Traum agieren und selbst Regie führen. Ganz bewusst kann man nun aus diesem Traumzustand Programme in sein Bewusstsein überleiten, da man sich am folgenden Morgen daran erinnern kann.

Für die mehr als 30.000 Jahre alte Volksgruppe der australischen Aborigines ist das alles gelebte Wirklichkeit. Sie befinden sich auf einem völlig anderen Bewusstseinsniveau als wir. Ihr Tagesbewusstsein deuten sie als Traum, ihre Träume aber als Realität – in Umkehrung unserer Definition. Jene Aborigines, die nicht in die Großstädte abgewandert sind und die nach wie vor ein Nomadenleben führen, bewegen sich permanent im luziden Klartraumbereich. Sie sind damit tatsächlich Akteure und Regisseure ihrer Träume.

Auch wenn es geradezu unglaublich wirkt: Diese Menschen generieren ihren Traum und gehen darin gleichsam spazieren. Dort haben sie eine Familie, besuchen Freunde, vollziehen heilige Rituale. Für sie ist all dies pure Realität, die der Tagesrealität übergeordnet ist. Wenn sie in der folgenden Nacht träumen, setzen sie den Traum vom Vortag fort, setzen gewünschte Veränderungen in Gang und leben all dies so real aus wie wir unsere Realität. Ganz selbstverständlich beherrschen sie die Kunst der Telepathie und unterstützen durch psychoaktive Pflanzen ihren besonderen Bewusstseinszustand.

Es versteht sich von selbst, dass sie dabei nicht vom Ego regiert werden. Sie trauen allein ihrer Existenz als Wesen, die nicht nur in einer Dimension gefangen sind, sondern parallele Ereignisräume durchwandern. Eine Ahnung davon erhalten wir, wenn wir unseren Schlaf analysieren, den die Aborigines ja als Tor zur wahren Wirklichkeit betrachten. Bereits in unseren Träumen verlieren sich die persönlichen Anteile zunehmend, und es ist dann gut zu erkennen, wie relativ unser Ego als Vertreter der Persönlichkeit letztlich ist. In den Traumebenen sind sich wesentlich mehr Aspekte von uns bewusst, da sich die vierte Dimension der Zeit verliert.

Dimensionen des Selbst

In den unterschiedlichen Dimensionen sind unterschiedliche Aspekte des Menschen angesiedelt. Von dort aus wirken die jeweiligen Dimensionsprogramme. Je höher sich die Aspekte des Menschen innerhalb der Dimensionshierarchie – einer Pyramide ähnlich – ansiedeln, desto »unpersönlicher« werden sie. Mit anderen Worten: Die absolute Persönlichkeit tragen wir in der ersten bis vierten Dimension, im Tagesbewusstsein. Gehen wir den nächsten Schritt, so tritt das Ego im Traum oder in der Meditation zurück und löst sich im Tod vollkommen auf. Auf der X10-Ebene nach Burkhard Heim existiert das höhere Selbst ungeteilt. Wir müssen also bedenken, dass es sehr unterschiedliche Aspekte von uns in unterschiedlichen Dimensionen und wahrscheinlich auch in unterschiedlichen Universen sowie Parallelwelten gibt.

Wissenschaftlich ist das durchaus erklärbar. Die moderne Physik nimmt ohnehin an, dass wir in multiplen Universen leben. Die genaue Anzahl ist bis heute nicht schlüssig berechenbar. Da aber offensichtlich Parallelwelten und Spiegelwelten existieren, besteht die hypothetische Möglichkeit, dass der Mensch mehrfach parallel verlaufende Existenzen verkörpert. Die verschiedenen Selbste, die sich daraus ergeben, können sich miteinander verbinden, auch wenn man im Tagesbewusstsein nur direkten Zugang zum Jetzt-Selbst hat. Sobald es gelingt, bewusst in den luziden Bereich des Unterbewusstseins zu gleiten und den dazugehörigen Frequenzbereich zu halten, eröffnet sich der Zugang zu allen Selbsten. Solche Bewusstseinssprünge versetzen uns sogar in die Lage, in die Zukunft blicken zu können.

Auch dies ist wissenschaftlich belegt. Den Forschungen des Physikers Hartmut Müller zufolge existiert eine stehende Welle, die sogenannte Gravitationswelle, die das Universum von Anfang bis Ende verbindet. Ähnlich dieser Gravitationswelle gibt es eine Zeitwelle, die von der Vergangenheit bis in die unendliche Zukunft reicht. Auf ihr kommt es zu Überschneidungspunkten, wo sich Zukunft und Vergangenheit in der Gegenwart treffen. An solchen Punkten haben wir beispielsweise Déjà-vu-Erlebnisse. Die wenigsten Menschen sind sich allerdings der Tatsache bewusst, dass sie in die Vergangenheit reisen könnten und gleichzeitig sehr viel wahrscheinlicher Aspekte aus der Zukunft repräsentieren. Was wäre, wenn man solche Erfahrungen bewusst hervorrufen könnte? Was, wenn wir auf diese Weise beliebig in Vergangenheit und Zukunft reisen würden?

Es scheint faszinierend, dass wir die Chance haben könnten, vom Jetzt aus Ereignisse der Vergangenheit zu verändern, um eine andere Gegenwart zu erschaffen. Mit der Zukunft würde es sich anders verhalten. Wenn jemand durch luzides Träumen in die Zukunft schaut, dann nicht aktiv in der Form, dass er in das Geschehen eingreift. Er bleibt Beobachter, wie in einem Film. Somit nimmt er lediglich wahr, was geschieht, und kann mit den gewonnenen Informationen wieder in die Gegenwart zurückkehren, um möglicherweise dort etwas zu verändern.

Relevant ist, dass sich diese Phänomene unabhängig von konstruierten Ich-Formen wie dem Ego ereignen. Beim Blick in die Zukunft sieht man nicht sein konstruiertes Ich, sondern die Summe aller Wahrscheinlichkeiten des Selbst. Vermutlich würde sich nach der Rückkehr aus der Zeitreise das gesamte Bewusstsein ein zweites Mal verändern, da die letzten Steuerungen der Matrix entfallen. Der erwachte Geist greift nun selbst in das Geschehen ein. Er ist dem vorgegebenen Programm der Matrix entkommen.

Das betrifft nicht nur die künstliche, menschengemachte Matrix, es betrifft auch jene übergeordnete Matrix, deren Code sich durch die eingangs angesprochenen prognostischen Methoden wie Astrologie, Palmblattbibliothek, Tzolkin oder Bibelcode entschlüsseln lässt. Im Bibelcode wird ja noch die Frage gestellt: »Werdet ihr es ändern?« Die Antwort kennen wir. Der erwachte Geist unterliegt keinen Codes und keinen Programmen mehr, nur noch der Urmatrix. Von dem Zeitpunkt an, an dem die Menschheit ihre Zukunft selbst generieren und verändern kann, werden alle Prophezeiungen ungültig.

Offenbar gelingt das bereits ansatzweise, sonst hätte der Bibelcode 1998 nicht erstmals versagt. Ein weiterer Hinweis darauf ist der Tzolkin der Maya, der bekanntlich im Dezember 2012 endet. Wie bereits dargelegt: Auch wenn wir dieses Datum nicht buchstäblich nehmen sollten, so ist es doch wahrscheinlich, dass schon Einflüsse des angekündigten Zeitenwandels spürbar sind. In den kommenden Jahren dann wird ein Phasensprung einsetzen. Das alte Programm wird durch unser eigenes ersetzt. Dann haben wir die Möglichkeit, unsere Realitätsbühne nach eigenen Vorstellungen zu gestalten, und können unsere Zukunft nachhaltig verändern, mit einer ungekannten Freiheit, die der Allschöpfer der befreiten Seele von jeher zugesprochen hatte.

Dimensionstore

Es wirkt ein wenig wie Science-Fiction, wenn wir uns diesen Themen nähern. Wie sollten wir Zeitreisen bewerkstelligen oder sogar Reisen in andere Universen? In der Physik gehören solche Überlegungen längst zu den Standardthemen. Astrophysiker sind sich sicher, dass die Tore zu anderen Dimensionen und parallelen Universen in den schwarzen und weißen Löchern liegen. Wir nähern uns hier einem der spannendsten Forschungsgebiete der Physik überhaupt.

Schwarze Löcher entstehen im Endstadium massereicher Sterne. Sind sie ausgebrannt, so stürzen sie in sich zusammen und werden dabei unvorstellbar verdichtet. Physiker nennen dies einen Gravitationskollaps. Die Schwerkraft wirkt in diesem Stadium in derart gigantischer Weise, dass selbst Licht nicht mehr nach außen dringt. Es gelangt nur bis zu einer gewissen Grenze, die als Ereignishorizont bezeichnet wird. Ein schwarzes Loch besteht demnach aus einem zusammengepressten Kern, dem Sternüberrest, und einem diesen umgebenden Hohlraum, aus dem weder Licht noch Materie entweichen können.

Bevor es so weit kommt, gehen von sehr alten Sternen qua Elektronenemission Informationen aus, die zur Entstehung der Grundbausteine biologischen Lebens führen. Insofern sind alte Sterne die Quelle des Lebens. Offenbar spielen sie zielgerichtet Informationen in umgebende Galaxien ein und erfüllen damit einen kosmischen Evolutionsplan. Da sie anschließend zu schwarzen Löchern werden, ist es wahrscheinlich, dass sich die »kosmische Quelle des Lebens« nach wie vor in ihnen befindet. Man hat also allen Anlass, in ihnen Dimensionstore zu vermuten.

Quantenphysiker sind sich heute sicher, dass in einem schwarzen Loch, auch unter der Bezeichnung Wurmloch bekannt, sämtliche Universen miteinander in Verbindung stehen. Auch Albert Einstein vertrat diese Theorie. Man vermutet, dass ein Kubikzentimeter des Vakuum-Hyperraums einem Kubikzentimeter des Wurmlochs entspricht. Die Masseenergie des einen Kubikzentimeters lässt in Erkenntnisebenen vordringen, welche noch vor wenigen Jahren für absolut unglaublich gehalten wurden. Tatsächlich zeigt uns das aktuelle astrophysikalische Bild ein Szenarium biblischen Ausmaßes. Schwarze und weiße Löcher als Aus- beziehungsweise Eingänge zu anderen Dimensionen und Universen sind Darstellungen, die selbst in den eher konservativen Reihen der Wissenschaftler mittlerweile akzeptiert sind.

Wie unterscheidet sich nun das weiße Loch von einem schwarzen? Und wie kam man überhaupt auf diesen Begriff? Einige Astrophysiker vermuteten von jeher, irgendwo im Universum müsse ein Ort existieren, der das Prinzip des schwarzen Lochs umkehrt – an dem also Materie und Energie abgestrahlt werden. Weiße Löcher erfüllen diese Bedingungen. Sie sind die Geburtsorte neuer Sterne. Wir können dies eingehender anhand der Leier-Konstellation betrachten, welche dem uns bekannten Sternbild der Leier entspricht. Dort wird ein hohes Maß an Energie abgestrahlt, mit dem bloßen Auge am Nachthimmel als Licht sichtbar, strahlend hell.

Weiße Löcher emittieren Energie in Form von Licht sowie den Ladungsträgern Elektronen und Protonen. Dadurch, dass sie die Geburtsorte neuer Sterne sind, kann man in ihnen das Modell der Entstehung des Universums betrachten. Und in der Tat: Das größte weiße Loch war unser Kosmos zum Zeitpunkt des Urknalls. Messungen erhärteten, dass alles, was von schwarzen Löchern durch ihre gigantische Gravitation angezogen wird, in den weißen Löchern wieder ausgestoßen wird. Einmal mehr betrachten wir damit ein polares Prinzip, das auf eine übergeordnete Eigenschaft schwarzer und weißer Löcher schließen lässt: Die schwarzen Löcher fungieren als Eingänge, die weißen Löcher entsprechend als Ausgänge zu anderen Universen. Die Gegensätze schwarzes und weißes Loch könnte man mit den Gegensätzen Universum und Gegenuniversum vergleichen. Das weiße Loch bringt die verdichtete Materie wieder ins Universum und ist der Gegenpart zum schwarzen Loch, ein Sinnbild des ewigen Stirb und Werde.

Wie wirkt sich dies auf uns Menschen aus? Selbstverständlich können wir die weißen und schwarzen Löcher nicht mit Flugkörpern bereisen. Doch wir haben andere Möglichkeiten. Der britische Physiker Sir Roger Penrose wies im menschlichen Gehirn natürliche Resonanzhöhlen nach, in denen mikromagnetische Felder gemessen wurden, deren Struktur jener der von schwarzen und weißen Löchern ähnelt. Die Resonanzhöhlen liegen im Hypothalamus, im Thalamus, in der Medulla-Oblongata und im Hippocampus. Hier scheint sich die Fähigkeit einer Transgression in andere Universen zu befinden. In einer EEG-Untersuchung konnte Penrose die Struktur eines schwarzen Lochs indirekt nachweisen. Dies lässt die Schlussfolgerung zu, dass wir in unserem Kopf ein eigenes Universum besitzen, das unter bestimmten Voraussetzungen mit anderen Universen kommuniziert.

Erleuchtung

Das menschliche Bewusstsein ist eng verknüpft mit der im Weltraum allgegenwärtigen Schwerkraft, der Gravitation. Dies bedeutet, dass zwischen Bewusstsein und Gravitation eine Verbindung besteht. Gravitation krümmt bekanntlich den Raum und verdichtet die Zeit zur Materie. Das Bewusstsein hingegen ist bestrebt, sich aus der Materie zu befreien. Das sogenannte schwarze Licht entspricht daher einem verdichteten Bewusstsein, das sich selbst wieder verliert. Darauf weist auch hin, dass sich die Zeit verlangsamt, je näher ein Körper ans Zentrum des schwarzen Lochs gelangt, so lange, bis die Zeit im Zentrum absolut stillsteht. Die weißen Löcher stellen demgegenüber in ihrer Funktion als Raumzeit-Tunnel Dimensionstore dar, die das Bewusstsein im wahrsten Sinne des Wortes erleuchten. Durch weißes Licht wird sich die Materie selbst bewusst, und die Zeit beschleunigt sich.

Beide Kräfte, weißes und schwarzes Licht, wirken auf das menschliche Bewusstsein ein. Sie können durchaus als Korrelate unseres Geists verstanden werden. Quantenphysiker wissen, dass das Verhalten der Materie sich verändert, wenn sich Atome in einem höheren Energiezustand befinden. Sie reflektieren und absorbieren entsprechend andere Bereiche des Lichts, sogenannte elektromagnetische Photonen. Auch im Menschen schlummert dieses Potenzial. Es wird aktiviert, so beschreibt es die aktuelle Quantenphysik, wenn starke Bewusstseinskräfte wirken. Ein Mensch mit einem hohen Energieniveau befindet sich daher im Erleuchtungszustand.

Aktivieren wir also unsere Bewusstseinspotenziale. Sie sind da und warten nur darauf, dass wir durch sie das Universum in uns und weitere Universen erkunden. Wer solche Erfahrungen einmal gemacht hat, wird sein Selbst erkennen, unabhängig von jedweder künstlichen Matrix, die nur das Ego verstärkt und verhindert, dass wir uns unserer kosmischen Möglichkeiten bewusst werden. Wir stehen erst am Anfang dieser Optionen. Die Sonne unterstützt uns durch die feldbedingten Bewusstseinserweiterungen dabei. Diese Chance sollten wir nicht untätig verstreichen lassen.

8. DIE KRAFT DER INNENSCHAU

Dekonditionierung

Das Ich ist nicht das Selbst. Dieser einfache Satz ist ein wichtiger Hinweis auf die Grenzen der Matrix und zugleich eine Handlungsanweisung, um aufnahmebereit für die Urmatrix zu werden. Das Ich, das wir meist für unsere Identität halten, ist letztlich ein Konstrukt – und wird vom Ego beherrscht. Sein Bauplan vollzieht sich nach den Regeln der Programme. Sie bestimmen, was wir denken und wie wir handeln, sie spiegeln uns damit vor, wer wir angeblich sind.

Erst wenn unser Gehirn an die Urmatrix angeschlossen ist, können wir unser Selbst erkennen – unser höheres Selbst. Es ist ewig und unveränderbar. Es lässt unsere Individualität in ihrer ganzen Fülle gelten, mit unseren gesamten Anlagen und Begabungen. Der routinierte Alltag dagegen spricht jeweils nur schmale Ausschnitte unseres Selbst an, manchmal sogar gar nichts davon. Das, was wir tun, um im System zu funktionieren, ist letztlich auswechselbar. Jeder andere könnte es genauso gut oder genauso schlecht tun.

Der Unterschied zwischen Ich und Selbst ist so gravierend wie der Unterschied zwischen der Tätigkeit eines Fließbandbeiters und dem schöpferischen Handeln eines genialen Künstlers. Vom Fließbandarbeiter werden nur präzise festgelegte Handgriffe verlangt, maschinengleich und stereotyp. Der Künstler aber kann aus der Unendlichkeit seiner Ideen schöpfen, aus dem Reichtum der Urmatrix.

Selbst wenn Sie nicht am Fließband stehen, dürfte Ihnen klar sein, dass ein Großteil Ihrer beruflichen Aktivität normiert ist. Man erwartet von Ihnen zuverlässig das, wozu man Sie angewiesen hat. Auch im privaten Bereich folgen Sie unbewusst den Vorgaben, wie Sie konsumieren sollen, wie Sie Informationen beziehen und auswerten, wie Sie mit Ihren Mitmenschen umgehen.

Deshalb geht es in diesem Kapitel um Dekonditionierung. Es ist ein Vorgang, den Morpheus und seine Gefährten im »Matrix«-Film bereits vollzogen haben und den Neo nach Einnahme der roten Pille als äußerst schmerzhaftes Erlebnis der Wiedergeburt durchläuft. Uns sind andere Mittel gegeben. Sie erfordern einen meditativen Zustand maximaler Entspannung, in dem der Gedankenkreislauf unterbrochen wird.

Der Zugang zu noch unbekannten Daten vollzieht sich am leichtesten, wenn wir mit Situationen konfrontiert werden, die uns auf eine neue Wahrnehmungsebene transferieren. Das geschieht beispielsweise, wenn man es mit einem völlig unbekannten Objekt zu tun hat, mit einem Gegenstand, den man nicht vertrauten Phänomenen zuordnen kann. Eine Irritation entsteht, weil die persönliche Datenbank vergeblich nach diesem Gegenstand durchsucht wird. In dem Augenblick, in dem man sich dann in einen Zustand absoluter Entspannung versetzt, in die gedankenlose Beobachtung, wird der Suchprozess erweitert. Alles, was sich im Ähnlichkeitsbereich dieses Gegenstands in der universellen kosmischen Datenbank befindet, steht jetzt zur Verfügung. Diesen Vorgang bezeichnet man als Inspiration.

Übung 3-D-Sehen

Der Zustand des reinen Beobachtens wird auch als Gewahrsein bezeichnet. Er ist vergleichbar mit dem 3-D-Sehen. Wer schon einmal den 3-D-Effekt beim Betrachten von speziellen Grafiken erlebt hat, wird sofort verstehen, worauf ich hinauswill. Ich spreche von jenen Bildern, auch Magic-Eye-Grafiken genannt, die von Computern erzeugt werden und nur durch eine eigentümlich entspannte Wahrnehmung dreidimensional wirken. Ganz ohne Brillen oder andere Hilfsmittel geht es darum, mit den Augen das eigene Gehirn zu überlisten.

Die dreidimensionale Wahrnehmung ist nur möglich, wenn wir unsere bisherigen Muster ablegen, unseren übersteigerten Willen, unsere Anstrengungen der Interpretation. Nur, wer sich von dieser Absicht löst, kann ein 3-D-Bild vollständig wahrnehmen. Wer solch einen Zustand erreicht, den wird zunächst ein großes Staunen erfassen. Etwas Neues, Ungekanntes erschließt sich, eine neue Dimension des Schauens.

Die neuen Eindrücke, die das normale Sehen vorher ausgeblendet hatte, hinterlassen eine wertvolle Erkenntnis. Wir lernen eine Wirklichkeit kennen, die sich allein durch eine andere Wahrnehmungsart erschlossen hat – durch den Verzicht auf die gewohnte Decodierung von Sinnesreizen. Wer diese Erfahrung gemacht hat, wird sicherlich noch etwas ebenso Bedeutsames festgestellt haben: Sobald man seine Aufmerksamkeit auf ein bestimmtes Detail des Bilds richtet, fällt man aus dem 3-D-Schauen wieder heraus. Allgemein formuliert, steigt man also in die 3-D-Wahrnehmung ein, indem man die gebräuchlichen Wahrnehmungsinstrumente ablegt, und verlässt das 3-D-Schauen, sobald man in die alten Wahrnehmungsmuster zurückfällt.

Die Ursache liegt in unserer Hirnstruktur. Sie ist unser wertvollstes und machtvollstes Instrumentarium, demgegenüber der Körper lediglich eine Trägerrolle übernimmt. Bekanntlich besitzen wir zwei Gehirnhemisphären, die sich opponierend und ergänzend gegenüberstehen. Die rechte Gehirnhälfte ist für Ratio und Verstand zuständig, die linke für Intuition und Kreativität. Pointiert gesagt: Während die linke Hemisphäre noch den Beweis für ein Phänomen sucht, weiß die rechte längst intuitiv, dass es existiert. So spielen die beiden Hirnhälften das Spiel der Polarität.

Beide Hemisphären sind gleichberechtigt und dienen einander als Spiegel. Dazwischen läuft über die Ratio ein Filterprogramm ab. Unser innerer Zensor, der Verstand, prüft und selektiert in jeder Sekunde alle Eindrücke, die uns begegnen. Bis zu einem gewissen Grad hat der aussortierende Verstand auch eine Berechtigung, weil wir sonst an der Fülle ungefilterter Informationen verzweifeln würden. Wir hätten keine Orientierung mehr und versänken in einem Meer der Sinneseindrücke, unfähig, lebenserhaltende Entscheidungen zu treffen.

Die verblüffende Option von 3-D-Bildern ist es, dass wir bei ihrer Betrachtung beide Hemisphären des Gehirns in eine energetische Balance bringen können. Ziel ist es, die Aktivität der rechten und linken Hirnhälfte zu synchronisieren, damit nicht die eine aktiver ist als die andere. Gelingt dies, so hat man direkten Zugang zum Unterbewusstsein und zum Hyperraum. Die Balance fällt uns leider schwer. Allzu schnell gewinnt eine der beiden Hirnhälften wieder die Überhand. Dann gleitet partiell etwas aus der intuitiven Seite in die Ratio hinein und wird durch den Verstand interpretiert.

Allgemein gilt: Man kann Fremdbestimmung und Unbewusstheit korrigieren, wenn man es schafft, beide Gehirnhälften in einen zumindest relativen Einklang zu bringen. Das passiert, falls man aus der Sicht des intuitiven Glaubens Erklärbarkeit und Nicht-Erklärbarkeit in sich vereinen kann, sie einfach akzeptiert. Dadurch hebt sich das gegenläufige Spiel kurzzeitig auf. Wenn beide Hemisphären gleichermaßen aktiv sind, dann sind wir in der Lage, Dinge aus dem Hyperraum beziehungsweise unserem Unterbewusstsein in unser Tagesbewusstsein dringen zu lassen.

Interessant ist es, dass das Gehirn von Kleinkindern diese Leistung ohne Anstrengung vollbringt. Im Laufe der weiteren Entwicklung verlieren Heranwachsende diese Fähigkeit. Das geschieht zu dem Zeitpunkt, an dem sie beginnen, eine Sprache zu erlernen und somit die Hemisphäre der Ratio stärker in Anspruch nehmen. Die Ratio übernimmt in diesem Moment die Funktion eines Blockers für die intuitiven Dinge. Mit jedem Tag, an dem man Kindern auf der Verstandesebene Neues vermittelt, büßen sie ihre Erinnerung und die Ankopplung an den Hyperraum ein. Im selben Maße verringert ihr Gehirn die Produktion des psychoaktiven Wirkstoffs DMT, der als bewusstseinserweiternd gilt.

Ich halte die Erfahrung des 3-D-Schauens für eine sehr wirkungsvolle Übung. Sie vermittelt uns ein Gefühl dafür, dass wir imstande sind, unsere Wahrnehmung zu beeinflussen und zu verändern. Bei mehrfacher Wiederholung können wir dadurch einen Bewusstseinsgrad erreichen, an dem wir lernen, eine Beobachterposition zu stabilisieren. Sobald es uns gelingt, immer länger im Beobachterzustand des Gewahrseins zu verweilen, wird sich das auch auf unser Tagesbewusstsein auswirken. Wir spüren intuitiv, dass es andere Schichten von Wahrnehmung und Erkenntnis gibt, als wir jemals ahnten. Vertrautes wird fremd, neue Dinge rücken in den Blick.

Die angstfreie Beobachterposition

Sie selbst können solch einen Bewusstseinsgrad mit ganz simplen Mitteln erreichen. Für mich hat sich bewährt, an bestimmten Tagen alles, was ich normalerweise mit der rechten Hand tue, mit der linken auszuführen. Für einen Linkshänder gilt das entsprechend umgekehrt. Falls Sie Rechtshänder sind: Versuchen Sie einmal, sich mit der linken Hand zu kämmen, Ihr Frühstücksei zu essen, den Schlüssel ins Schloss zu stecken. Es klingt einfach, und doch werden Sie die Erfahrung machen, dass dann nichts mehr selbstverständlich ist. Alles erscheint ungewohnt, die Routine ist unterbrochen. Sie denken plötzlich darüber nach, was Sie eigentlich den ganzen Tag über tun und warum Sie es tun.

Dies ist ein Verfremdungseffekt, der Sie herausreißt aus dem, was Sie für Normalität halten. Und Sie werden erkennen: Wenig an unserem Leben ist normal im Sinne unserer Bedürfnisse und inneren Impulse. Wir bewegen uns im engen Korsett erlernter Routinen und haben die Sinnfrage längst ad acta gelegt. Fangen wir deshalb an, unsere Handlungen, Gedanken und Gefühle zu beobachten. Vorurteilsloses Beobachten und Weitergehen sollten von nun an unser Ziel sein.

Einmal mehr möchte ich betonen, wie wichtig es ist, dass wir bei solchen Übungen unseren Verstand konsequent ausblenden. Sobald wir in den Reflex des Denkens zurückfallen, fallen wir in die Matrix zurück. Wie gesagt: Diese Matrix hat große Macht über uns, weil jene, die die Programme erschaffen haben, uns beherrschen wollen. Ihre Raffinesse geht so weit, dass wir für wahr und wirklich halten, was doch nur Täuschung und Illusion ist.

Im »Matrix«-Film eröffnet Morpheus dem Auserwählten Neo: »Die Matrix ist nur ein Computerprogramm. Sie basiert zwar auf Gesetzen, die wir kennen, etwa der Schwerkraft, jedoch kann man, wenn man den Glauben und den Willen dazu hat, einige Gesetze brechen und andere auch umgehen.« Daraufhin erkennt Neo, dass er der Matrix entkommen kann. Er begibt sich in einen anderen Seinszustand, wo er Konditionierungen und Glaubenssätze hinter sich lässt.

Interessanterweise wird im Film ein Trainingsprogramm beschrieben, das eine Ablösung von der Matrix ermöglicht. Morpheus sagt zu Neo: »Nicht denken – wissen!« Er ermutigt Neo, alle gewohnten Reaktionen zu übersteigen, mit den Worten: »Mach dich von allem frei, Angst, Zweifel, Misstrauen!« Damit benennt er die stärksten Blockaden, die uns hemmen. Angst, Zweifel und Misstrauen sind starke Gefühle. Ihre psychischen Auswirkungen in Religion und Medien wurden bereits angesprochen. Innerhalb der Matrix fungieren Ängste als innere Wächter, die uns vom Unbekannten fernhalten sollen. Sie formen eine starke innere Instanz. Wer sie überhört, so suggeriert es die Matrix, muss mit empfindlichen Sanktionen rechnen.

Bestimmt kennen auch Sie solche Gefühle. Unbekanntes erzeugt Angst, auch Ungewohntes, Überwältigendes. Alles, was uns irritieren oder erschüttern könnte, wehren wir deshalb von vornherein ab. Wir meinen, uns schützen zu müssen vor dem, was wir nicht kennen. Daher kehren wir immer wieder zum Gewohnten zurück.

Ich gebe Ihnen ein einfaches Beispiel. Angenommen, Sie fühlen sich in bequemer, lockerer Kleidung am wohlsten, doch Ihr berufliches Umfeld verlangt Ihnen einen korrekten Anzug mit Krawatte ab. Kein Chef muss Sie extra darauf hinweisen. Ihre innere Instanz hat längst Angstbarrieren errichtet, die es Ihnen quasi verbieten, in legerer Kleidung im Job zu erscheinen – aus Furcht, dann nicht mehr anerkannt zu sein.

Die Liste ließe sich beliebig verlängern. Da ist die Angst, nicht die richtigen Statussymbole zu besitzen. Der Zweifel, ob man den richtigen Partner gewählt hat, der gesellschaftlich anerkannt wird. Das Misstrauen gegenüber Menschen, die ganz anders agieren als »normal«, das Misstrauen auch gegenüber den eigenen Gefühlen wie Unbehagen, depressive Verstimmung oder Wut. Würden Sie diesen Gefühlen trauen, so würden Sie Ihr Leben ändern. Doch die innere Instanz des Programms hindert Sie daran.

Die Überwindung der Angst

Warum ist die Überwindung der Angst so wichtig? Mit jedem bewussten oder unbewussten gedachten Gedanken und den dazugehörigen Gefühlen erschaffen wir unsere Realität. Wir sind unsere eigenen »Realitätenmacher«, indem wir den programmierten Gedanken Priorität einräumen. Die Folgen sehen wir täglich. Was uns zurzeit gespiegelt wird, ist eine zerbrechende Welt. Dennoch neigen wir dazu – gemäß den Aufträgen der Matrix – diese Brüche als vorübergehende Krisen abzutun.

Lange wird sich dieses Reaktionsmuster nicht mehr halten können. So, als hätte uns jemand die rote Pille gereicht, werden wir schmerzhaft mit unserer Illusion konfrontiert. Immer mehr Menschen begreifen, dass sie Zuschauer eines Umwälzungsprozesses sind, innerhalb dessen sie zu Akteuren werden können. Sie verlassen die Ebene der Unbewusstheit, auch die Ebene des Egos, und sehen: Wir haben die Verhältnisse so erschaffen, dass wir in ihnen nicht glücklich sind. Die Krisensymptome rütteln an uns, und das Erwachen ist nicht mehr fern.

Sinnvoll ist es, sich auf diese Transformation vorzubereiten, denn die dramatische Ereignisdichte ist ja nicht Außerirdischen zu verdanken, sondern wesentlich uns selbst. Wer in dieser Situation die Gewissheit hat, dass sein höheres Selbst ihn leiten und schützen wird, kann gelassen und sogar freudig jede Veränderung annehmen, ohne Angst, ohne Zweifel, ohne Misstrauen. Die geistige Evolution findet in uns statt. Der Prozess ist bereits in uns angelegt. Die Ressourcen sind vorhanden, sie müssen nur eingeschaltet werden.

Die Aspekte unseres höheren Selbst, das haben wir anhand der veränderten elektromagnetischen Strahlung analysieren können, werden jetzt vom Kosmos zum Vorschein gebracht. Was auf uns einwirkt, sind Felder, die unsere ungenutzte DNA aktivieren und unser Bewusstsein befreien. Die Filter fallen und damit die Blockaden.

Natürlich geschehen solche Prozesse nicht schmerzfrei. Viele spüren es daran, dass sie neuerdings aggressiver sind, nervöser, oft sogar hyperaktiv. Der Grund dafür ist, dass wir mit dem Wegfallen der Filter plötzlich sehr viel mehr wahrnehmen, was mit einer Sinnesüberreizung einhergeht – wie bei den erwähnten ADS-Kindern. Verständlicherweise versuchen wir dann zunächst automatisch, das Unwohlsein mit unseren alten Denkstrukturen zu deuten. Wir verstärken die Dosis der Narkotika, seien es nun Medikamente oder Ablenkungen, wir versuchen, uns ruhigzustellen. Davor möchte ich eindringlich warnen. Wenn wir unter den neuen Bedingungen im alten Modus, in den alten Denkmodellen stecken bleiben, wird es uns deutlich schlechter gehen. Wir werden Kopfschmerzen bekommen, unter Depressionen leiden, an uns und der Welt verzweifeln. Deshalb kommt es darauf an, dass wir mit den alten Modi auch unsere übernommenen Bewertungen ablegen.

Das Schlüsselwort heißt loslassen. Es leitet einen Wahrnehmungswandel ein wie beim 3-D-Sehen, das ebenfalls nur dann gelingt, wenn wir das Gesehene nicht zwanghaft auf der Folie bisheriger Erfahrungen decodieren, sondern uns absichtslos im Geschauten verlieren. Übernommene Denkschablonen helfen uns nicht weiter. Befreien können wir uns von ihnen, indem wir bewusst gedankenfreie Räume schaffen, in denen der Geist zur Ruhe kommt. Man mag das Meditation nennen, Tiefenentspannung oder Versenkung.

Innenschau und Achtsamkeit

Was sich dabei einstellt, nenne ich Innenschau. Sie vollzieht sich vollkommen unabhängig von oktroyierten Strukturen. Weitere Begriffe dafür sind Achtsamkeit und Gewahrsein, wie sie der Philosoph und spirituelle Denker Krishnamurti erläutert: »Achtsamkeit ist ein aufmerksames Beobachten, ein Gewahrsein, das völlig frei von Motiven oder Wünschen ist, ein Beobachten ohne jegliche Interpretation oder Verzerrung.« Gelingen könne das nur in einem Zustand größter Bewusstheit: »Je größer das Gewahrsein der bewussten Schichten ist, desto mehr kommen die verborgenen Schichten an die Oberfläche.«

Wenn Sie erst einmal solch eine Ebene absichtsloser und doch aufmerksamster Innenschau erreicht haben, werden Sie verblüfft feststellen, dass die inneren Wächter kapitulieren. Sie haben keine Macht mehr über Sie, weil Ihre Ängste und Befürchtungen erlöschen. Auch dies beschreibt Krishnamurti überaus einleuchtend: »Wenn Aufmerksamkeit da ist, wenn ein Gewahrsein da ist, in dem keine Wahl, kein Urteil ist, nur Beobachtung, dann werden Sie sehen, dass Sie nie wieder verletzt sein werden, und die vergangenen Verletzungen sind weggewischt.«

Ich überlasse es jedem, wie er am besten diesen medialen Zustand erreicht. Ganz bewusst biete ich keine speziellen Methoden an, weil auch sie nichts weiter wären als verordnete Programme. Krishnamurti weist denn auch unmissverständlich darauf hin, dass es keine verbindliche Strategie dafür geben dürfe: »Ich behaupte, dass die Wahrheit ein pfadloses Land ist und dass es keine Pfade gibt, die zu ihr hinführen – keine Religionen, keine Sekten. Das ist mein Standpunkt, den ich absolut und bedingungslos vertrete. Die Wahrheit ist grenzenlos, sie kann nicht konditioniert, sie kann nicht auf vorgegebenen Wegen erreicht und daher auch nicht organisiert werden.«

Deshalb möchte ich Sie ermutigen: Finden Sie heraus, was Sie am meisten entspannt. Machen Sie sich bewusst, in welchen Situationen Sie sich selbst am intensivsten spüren – Ihr Selbst, wohlgemerkt, nicht das von anderen konstruierte Ich. Der eine mag solche Erfahrungen eher in der Natur machen, ein anderer, wenn er sich vollkommen in eine bestimmte Musik fallen lässt. Es kommt nur darauf an, den absichtslosen Zustand zu erlangen, in dem wir von keinem Gedanken und von keiner Bewertung mehr behelligt werden.

Bevor Sie sich in den kritiklosen Zustand der Innenschau begeben, sollten Sie sich klarmachen: Es gibt nichts Gutes oder Böses. Solche Bewertungen entspringen allein der Matrix und ihren normierten Urteilen. Ich erwähne das deshalb, weil die

Innenschau Sie möglicherweise mit irritierenden Bildern überrascht. Vielleicht nehmen Sie sich selbst sogar als Dämon wahr, als jemanden, den Sie so nicht sehen möchten. Vieles könnte aus verborgenen und verdrängten Schichten in Ihnen hochsteigen, womit Sie niemals gerechnet hätten – alte Schuld, längst vergessene Vergehen, verdrängte Schwächen.

Es wäre ein Fehler, wenn Sie dann zurückschrecken. Wie gesagt: Bewerten Sie nichts, schauen Sie einfach. Auch wenn Sie scheinbar negative Dinge entdecken, sind sie nicht negativ. Die Sinnhaftigkeit Ihres bisherigen Seins bestand darin, Erfahrungen zu sammeln, gemäß dem evolutionären Prinzip. Gerade wenn Sie das schamhaft Verdrängte an die Oberfläche steigen lassen, erfüllen Sie die Aufgabe der Innenschau.

Das Prinzip des verlorenen Sohns

Ich nenne es das Prinzip des verlorenen Sohns, das in einer Geschichte des Neuen Testaments erläutert wird. Darin wird von einem Vater erzählt, der zwei Söhne hat: einen gehorsamen, der die Freude des alten Vaters ist, und einen aufsässigen, der sich sein Erbe auszahlen lässt und die Familie verlässt. Nach Jahren kehrt dieser Sohn nach Hause zurück, abgerissen, bettelarm. Sein Erbe hat er durchgebracht, alles ist ihm misslungen. Er ist auf die unterste gesellschaftliche Ebene abgesunken.

Stellen Sie sich vor, wie ein »normaler« Vater nun reagieren würde. Vermutlich wäre er abweisend seinem abtrünnigen Sohn gegenüber, überheblich oder sogar voll beißenden Spotts. »Das hast du nun davon«, könnte er sagen und das Scheitern als gerechte Strafe betrachten. Ganz anders der Vater in der Geschichte. Er lässt ein Lamm schlachten und feiert die Rückkehr des verlorenen Sohns mit einem rauschenden Fest – zum großen Ärger des daheimgebliebenen Bruders, der scheinbar alles richtig gemacht hat.

Die Geschichte schildert eine archetypische Wahrheit, denn der Vater erkennt an, dass der verlorene Sohn viel Schlimmes und Selbstzerstörerisches tun musste, um zu seiner wahren Bestimmung zu gelangen. Er musste die Dunkelheit kennenlernen, um die Bedeutung des Lichts zu verstehen. Deshalb feiert der Vater das große Fest. Er weiß, dass der verlorene Sohn freiwillig zurückgekommen ist, auch weil er erkannt hat, dass er zur Familie gehört. Der Vater respektiert und achtet diesen Erkenntnisprozess.

Genauso wie der Vater seinen verlorenen Sohn sehe auch ich den Menschen. Alle Erfahrungen, alle Dinge, die wir als gut oder böse bewerten, sind nur subjektiv betrachtet. Im Grunde haben wir es eigentlich immer nur mit Qualitäten im Sinne von Erfahrung zu tun. Wenn ich Erfahrungen mache und dabei leide, dann liegt es an mir, zu sagen: Jetzt kann ich mich entscheiden. Jetzt weiß ich, wer ich bin und was ich wirklich will. Ist der höhere Bewusstseinsgrad aber noch nicht erreicht, muss ich anschließend erneut fallen und das Muster wiederholen.

Halten wir also fest, dass Gut und Böse nur Attribute des Subjektiven sind, Bewertungen, die sich innerhalb der Matrix abspielen. Es könnte auch alles ganz anders sein, so wie in Goethes Faust, in dem Mephisto sagt: »Ich bin die Kraft, die stets das Böse will und stets das Gute schafft.«

Wir kennen solche Paradoxien. Ein aktuelles Beispiel ist die Genforschung, deren Protagonisten überzeugt sind, dass sie ein Segen für die Menschheit seien. Andererseits kann die Genforschung zur Selektion missbraucht werden und zur Abwertung genetisch nicht perfekter Menschen führen. Wir sind nicht nur vorschnell mit unseren Bewertungen, wir geraten mit ihnen unweigerlich in Dilemmata, die wir dann anhand des Wertekodex der Matrix aufzulösen versuchen.

Daher schlage ich einen dritten Weg vor, die bedingungslose Offenheit. Betrachten wir uns in der Innenschau wie in einem Spiegel, mit allem, was uns ausmacht. Das ist die heilsamste Meditation, besonders im Hinblick auf die Transformation, die sich jetzt ereignet. Alles, was uns im Außen und im Jetzt vielleicht Schmerz zufügt, dient lediglich dazu, dass die Routine des Alltags unterbrochen wird, um diese Innenschau zu erfahren. Jeder, der kurz vor dem Übergang in den anderen Seinszustand steht, kennt diesen Zustand, selbst wenn er lange in der alten Struktur gelebt hat.

Homöostase

Jetzt erodieren die Matrix-Syteme, und uns eröffnen sich ungekannte Chancen. Wir erhalten mit kosmischer Unterstützung Gelegenheit, unser Bewusstsein freizulegen und bereit zu sein für das Neue, das sich ankündigt. Es mag sein, dass das Neue nicht das ist, was wir erwartet haben. Doch genau hier sollten wir uns einmal mehr von Bewertungen verabschieden. Wichtig ist allein, dass eine kollektive Wandlung stattfindet und wir begreifen, dass wir alle unmittelbar davon betroffen sind. Dann können wir das Neue, das sich offenbart, vorurteilsfrei anschauen und achten.

Es besteht nicht der geringste Anlass zur Sorge. Das Neue wird sich im Sinne der Homöostase entwickeln, in der Logik des selbsttätigen Ausgleichs, der den Selbstheilungskräften und der Selbstregulation des Körpers verwandt ist. Über Feedbackschleifen werden dabei ohne jede äußere Steuerung von innen heraus immer genau jene Korrekturen vorgenommen, die den gesamten Organismus stabilisieren. Es ist ein Prinzip, das man auf menschliche Gemeinschaften übertragen kann, besonders jetzt, da es immer mehr Menschen gibt, die sich mit der Urmatrix verbinden.

Auch Sie können das tun und damit zur Homöostase beitragen, durch Hingabe, Innenschau und Loslassen. Damit unterstützen Sie die Transformation der Erde. Entwickeln Sie ein Gewahrsein dafür, dass wir von den kosmischen Strukturen geliebt werden. Die meisten Menschen spüren das nicht, weil sie der Matrix verhaftet sind. Doch wir können so weit gehen und sagen: Was momentan im Außen passiert, ist nichts anderes als die Offenlegung des Codes. Wir entschlüsseln ihn, wenn wir uns die Zeit nehmen, alle Konditionierungen zu durchbrechen, oder sie durch die äußeren Ereignisse unfreiwillig unterbrechen müssen.

Jeder Krankheitsprozess leitet sich derart ein. Je nach Krankheitsbild wird jemand aus dem Alltag gerissen, durch Schmerz oder Fieber, vielleicht auch durch einen Krankenhausaufenthalt. Dann gilt nichts mehr, was vorher galt, und wir haben Gelegenheit, in die Innenschau zu gleiten. Extrapolieren wir dieses Modell auf die universale Ebene, verstehen wir den Sinn der Krisen als Unterbrechung des Gewohnten und der alten Maßstäbe. So verändern sich unsere Schwingungen, und innerhalb des Rückkopplungsvorgangs der Resonanz verändern wir im wahrsten Sinne des Worts die Welt.

Bislang haben wir eine deformierte Realität durch deformierte Schwingungsmuster erzeugt. Damit haben wir unsere Verantwortung für die Schöpfung abgegeben und eine Scheinwelt akzeptiert, deren Folgen uns nun beeinträchtigen. Aber jeder von uns besitzt das Potenzial, die Matrix und damit auch die inneren Blockaden zu überwinden. Dafür ist die Innenschau unentbehrlich. Sobald wir offen und durchlässig werden, können wir uns mit unseren Wahrnehmungen in das geistige Feld der Urmatrix einkoppeln.

Veraltete Programme sind momentan im Begriff, sich aufzulösen – auch Gesetzesbücher wie die Bibel und andere alte religiöse Schriften, die nichts anderes waren als ein Leitfaden für das Zusammenleben der Menschen. Unerbittlich in ihrer Strenge, hatten sie nichts mit wahrer Liebe zu tun. Sie stammten nicht vom Allschöpfer selbst, sondern waren Menschenwerk. Nun trennt sich die Spreu vom Weizen, Urmatrix und künstliche Programme werden in ihrem Kontrast sichtbar.

Bewusstseinserweiterung

Essenziell ist dabei die Bereitschaft zur Bewusstseinserweiterung. Dafür möchte ich noch einmal auf den Sündenfall des Alten Testaments zurückkommen. Adam und Eva durften nicht vom Baum der Erkenntnis essen, und das war nicht nur eine Beschränkung der Reflexion, es war auch dazu angetan, Bewusstseinserweiterungen zu verhindern. Der Apfel ist mehr als ein Symbol, er hat eine ganz konkrete Bedeutung: Die Kerne des Granatapfels und die Rinde der Baumwurzeln enthalten einen besonderen Wirkstoff, Dimethyltryptamin, kurz DMT genannt. Wenn man ihn zu sich nimmt, wird man von einem erleuchtungsähnlichen Zustand erfasst. Er ähnelt dem Zustand von Babys, die mit einem von DMT durchtränkten Gehirn geboren werden, damit eine direkte Anbindung an den Hyperraum haben und noch mit dem All-Sein verbunden sind.

Es steht natürlich jedem frei, psychogene Substanzen zu verwenden, um eine temporäre Bewusstseinserweiterung herbeizuführen, statt sich einem mentalen Training zu unterziehen. Dennoch darf man nicht erwarten, dass das Bewusstsein quasi auf Knopfdruck reagiert. Man wird zwar möglicherweise in einen erleuchtungsähnlichen Zustand geraten und den Bewusstwerdungsprozess damit vermeintlich verkürzen. Doch eine bloße Substanz allein reicht ohne Erkenntnis nicht aus. Die innere Erfahrung des Loslassens ist durch nichts zu ersetzen. Man wird erkennen müssen, wer man in Wirklichkeit ist. Das bedeutet, sich direkt und ungeschminkt wahrzunehmen und sich dem Bild zu stellen, das kommt.

Zu meiner Jugendzeit, also vor mehreren Jahrzehnten, gehörte ich zu den Probanden eines wissenschaftlichen Projekts, das sich mit der Erforschung psychogener Substanzen beschäftigte. In diesem Falle handelte es sich um LSD 25, welches damals noch nicht auf der Indexliste stand und in Apotheken sogar rezeptfrei erhältlich war. Unter ärztlicher Aufsicht wurden wir an EEG-Geräte angeschlossen und mussten Fragen beantworten. Es ist kaum möglich, meine Erfahrungen in treffende Worte zu fassen, doch ich erlebte Zustände nie gekannter Erweiterung meines Seins. Einige Jahre später durfte ich im Rahmen eines Rituals eine weitaus anspruchsvollere Substanz kennenlernen, das sagenumwobene Soma. Dessen Wirkungen entsprechen jenen von Ayahuasca, einem der stärksten schamanischen Heilmittel.

Der Ethnopharmakologe Christian Rätsch schreibt: »Ayahuasca ist ein Erkenntnismittel, das dem Menschen seine Stellung im Universum zeigt und die wahre Wirklichkeit offenbart.« Eingesetzt wird es in schamanistischen Heilritualen, um das Wesen einer Krankheit zu ergründen: »Traditionsgemäß nimmt ein Schamane Ayahuasca, um die Krankheit im Patienten zu erkennen, oder er gibt auch dem Patienten diesen Trank und führt ihn durch die ›wirkliche Wirklichkeit‹ zu seinem Zentrum. Dadurch kann der Patient seine Probleme oder Krankheitsursachen erkennen und so beheben.« Es kommt darüber hinaus vor, dass der gesamte Stamm den Trank einnimmt, um gemeinsame mystische Erfahrungen zu machen und sich seiner Stellung im Kosmos bewusst zu werden.

Ayahuasca und Soma basieren auf ähnlichen Wirkstoffen, Betacarbolinen und Tryptaminen, wie sie auch die Zirbeldrüse produziert, sofern die entsprechenden elektromagnetischen Felder auf sie einwirken oder eine Person selbst diese Felder meditativ generiert. Soma führt den Menschen in weit tiefere Ebenen. Es ist nach 3500 Jahre alten Überlieferungen der Sumerer ein »Göttertrank«. Im sumerischen Gilgamesch-Epos wird es als »Unsterblichkeitstrank« bezeichnet. Es bewirkt auch eine Demaskierung des Egos. Gewöhnliche Drogen hingegen rufen eine gewisse Fixierung auf Zwangsvorstellungen hervor, aus denen man sich nicht befreien kann. Besonders unter Alkoholeinfluss entsteht eher die Abtrennung vom eigenen Bewusstsein als ein Auf-sich-Zugehen. Der Beweggrund eines Trips ist die Flucht, da ein Junkie meint, der Realität entrinnen zu können. Dadurch werden jedoch sämtliche Ausgänge aus der falschen Realität versperrt.

Nach der Einnahme von Soma dagegen überschreitet man sämtliche Grenzen und gelangt auf eine unvorstellbar klare Bewusstseinsebene, die mit der uns bekannten Welt nichts mehr gemeinsam hat. Soma ermöglicht einen ständigen Zugriff auf die erlebten Erfahrungen; jedes Fraktal davon wirkt wie ein holografisches Bild. Zwar stellt dieses Bruchstück nicht das ganze Erleben als solches dar, vermittelt aber den absoluten Zugang zum Ganzen.

Meine eigenen Erfahrungen ergaben, dass durch die Einnahme dieser Substanz eine Anbindung an das höhere Selbst gelingen kann. Es ist die konzentrierte Summe aller unserer positiven Erfahrungen und Erkenntnisse – aus sämtlichen erfolgreich absolvierten Leben in der materiellen Grobstofflichkeit und auch in der höherdimensionierten Feinstofflichkeit. Dieser Bewusstseinszustand markiert den Unterschied zur Wirkung üblicher Rauschdrogen.

Im halluzinogenen Zustand unter Soma-Einfluss kann der Mensch sich auf mehreren Ebenen des Seins gleichzeitig wahrnehmen. Er erhält Zugang zu der Hintergrundebene seines Handelns und seiner Gefühle. Dafür spielt es eine wichtige Rolle, mit welcher Geisteshaltung man sich in dieses Abenteuer begibt. Falls man sich nach ausreichender innerer und äußerer Vorbereitung auf die Soma-Erfahrung einlässt, bewirkt sie den Erhalt der anderen Realität in unserer Realität und wird damit zu einem greifbaren Faktum, das immer wieder abrufbar ist.

Wenn die entsprechenden Vorbereitungen vor der ersten Soma-Sitzung richtig getroffen wurden, reicht im Grunde eine einzige Einnahme, um die Erfahrung zu verankern. Bei den Schamanen ist es üblich, sich durch tagelange Rituale wie Gesang, Fasten und Tanz sorgfältig auf die Einnahme bewusstseinserweiternder Stoffe vorzubereiten. Ihr bewusst gelenkter Geist stellt sich auf diesen Zustand respektvoll ein. Nur auf diese Weise sind sie in der Lage, das enorme Energiepotenzial des Unbekannten zu verkraften und ihm integrativ standzuhalten.

Durch ein gewisses Training kann man sich also mit der Zeit völlig aus der Matrix auskoppeln. Im Anschluss an die Soma-Erfahrung verändert sich das Leben in ähnlicher Weise, wie es im »Matrix«-Film zu sehen war, als Neo die rote Kapsel wählte. Die antrainierten Strukturen verändern sich, eine erweiterte Aufmerksamkeit wird gewonnen. Man erkennt seine eigene Authentizität und spürt den Unterschied zwischen den 30 Prozent des freien Willens und den 70 Prozent marionettenhafter Funktion. Es wird uns plötzlich bewusst, dass das, was wir hier leben, nichts anderes als ein Restselbstbild ist. Darüber hinaus erlebt man sich auf der Ebene all seiner Seins-Aspekte und sieht sich als Parallelentität in seiner absoluten Grenzenlosigkeit, vollkommen auf sich allein gestellt, ohne jede gewohnte Orientierung.

Das Abenteuer Soma ist natürlich nicht vergleichbar mit dem, was wir unter Meditation verstehen. Ein großes Missverständnis wäre es, dass ausschließlich bewusstseinserweiternde Substanzen zu einer Auskopplung führen. Die eigentliche Pointe besteht darin, dass unser Gehirn solche psychoaktiven Substanzen eigentätig in dem Moment produziert, in dem wir uns in einem Zustand größter innerer Ruhe befinden. Erreicht man diese Zone, so ist es möglich, die Matrix zu verlassen und in eine andere Realität einzutauchen. Unsere bekannte Welt wird dabei völlig ausgeblendet.

Luzides Träumen

Grundsätzlich ist jeder Mensch in der Lage, mittels seiner Gedanken Einfluss auf seine Körperfunktionen zu nehmen. Nur wenigen gelingt dies, etwa manchen Yogis und Eingeweihten in Indien. Sie beherrschen beispielsweise die Fähigkeit, ihren Herzschlag anzuhalten. In solchen Momenten umfassender

Bewusstseinssteuerung produziert das Gehirn körpereigenes Soma, Pinoline genannt. Im Zusammenhang mit der Zirbeldrüse ging ich bereits darauf ein. Dies ist der Zustand, den ich Urbewusstheit nenne. Neueste wissenschaftliche Ergebnisse zeigen, dass unsere Träume durch Pinoline ausgelöst werden. Je länger unsere Augen geschlossen sind, desto mehr Melatonin wird produziert, und als weitere Folge entsteht daraus Pinoline. Im Zustand des Schlafs sind sämtliche Neuronen unseres Gehirnes mit ihrer höchsten Bit-Frequenz (1012) aktiv.

Luzide Träume entstehen, wenn ein Neurotransmitter der Zirbeldrüse, das Dimethyltreptamin (DMT), aktiviert werden kann. Normalerweise wird es durch ein körpereigenes Enzym zerstört. DMT setzt Informationen aus dem Hyperraum in innere Bilder um. Diese Zustände des Bewusstseins lassen uns in den Fluss der lebendigen Sprache der DNA eintreten, also in Bereiche, die das volle Kontingent des freien Willens beinhalten und uns somit unser eigenes Universum kreieren lassen.

Neueste Ergebnisse aus der DNA-Forschung haben ergeben: Jede Zelle mit der darinliegenden DNA bildet einen Hohlraumresonator. Nach dem Modell von Franz A. Popp entsteht dann in der Zelle ein fluktuierendes, stehendes Wellenfeld, oder, genauer: eine elektromagnetische Infrarotwelle, die mit einer Schallwelle gekoppelt ist. Die Frequenz liegt im IR-Bereich und stellt die physikalische Qualität einer sogenannten stehenden Welle dar. Wenn ein Mensch diese DNA-Schallwelle, einen tief brummend-vibrierenden Ton, vergleichbar dem Klang eines Didgeridoo, selbst anstimmt, wird den verschiedenen DNA-Teilen, die voneinander abgeschnitten sind, ermöglicht, miteinander in Resonanz zu treten. Hierdurch findet eine Verbindung zwischen Bewusstsein und Unterbewusstsein statt, gleichzeitig strahlt die DNA vermehrt UV-Wellen aus.

Der tief klingende Ton ist gewissermaßen die Frequenz der DNA, ein subharmonischer Anteil der Grundfrequenz. Er ist hörbar, weil durch die Verbindung von Pinoline und DMT eine große Anzahl von DNA-Einheiten zusammengeschaltet werden. Viele Formen der Meditation arbeiten mit diesem Ton, am berühmtesten ist das kehlig gesummte »Om«, mit dem man die tiefste Entspannung erreicht. Wenn wir diesen Ton mit unseren Lippen vokalisieren, verändert sich in unserer DNA die Intensität des ultravioletten Lichts.

Sämtliche Informationen erfährt unsere DNA über Frequenzen im UV-Bereich. Versuche aus der modernen Klartraumforschung – etwa durch Paul Tholey, Universität Frankfurt/M., und Stephen Laberge, Stanford-Universität, – zeigten, dass es in einem solchen Zustand nicht zur sonst üblichen Zeitverzerrung kommt. Bei dieser Art von Träumen läuft die Traumzeit quasi synchron zur messbaren Zeit der Realität im Wachzustand.

Kosmisches Wissen

An dieser Nullpunkt-Verbindung unserer DNA ist das gesamte kosmische Wissen zugänglich. Im Normalzustand dagegen wird statt Pinoline ein anderer Neurotransmitter ausgeschüttet: Serotonin. Es verschafft uns die Wahrnehmung der Zeit als Halluzination. Der Messwert von Pinoline, ermittelt durch Blutbildanalysen, erhöht sich seit einigen Jahren, die Tendenz ist weiter steigend. Durch die aktuellen Veränderungen der Sonnenmagnetfelder verändern sich die geometrischen Eigenschaften unserer Neurotransmitter, wodurch größere Mengen von Pinoline produziert werden. Dies bewirkt eine Verbindung zu jenen höheren Dimensionen, die außerhalb jeglicher künstlicher Matrix liegen. Das elektromagnetische Spektrum unserer Sonne hat uns bisher in der Zeit gefangen gehalten. Jetzt lässt uns die Sonne zeitübergreifende Erfahrungen machen, die Raumzeit: In den 1930er-Jahren wurde Pinoline als Telepathie-Transmitter bezeichnet. Der Effekt erklärt sich durch die Anbindung an den Hyperraum, über den auf der Ebene der Resonanz entsprechende Verknüpfungen hergestellt werden. Pinoline ist der sich am schnellsten drehende Neurotransmitter. Seine Bewegung ermöglicht die elektrische Supraleitfähigkeit – was einem Wurmloch gleichkommt, durch das wir in den Hyperraum gelangen. Die Wurmlochwirkung erfolgt in unserer DNA, was bedeutet, dass der elektrische Widerstand aufgehoben ist und das Bewusstsein mit dem »Nullpunkt« verbunden ist.

Die Supraleitfähigkeit hängt mit einer geometrischen Neuformierung der Elektronen zusammen. Sie gruppieren sich dann zu einer kreisförmigen Anordnung, bei der rund um ein Elektron in der Mitte sechs weitere platziert werden. Da sie sich in ständiger Bewegung befinden, verursacht der Wirbel eine Implosion von sechs Gravitationswellen, wobei eine siebte Implosion die Verbindung zum Hyperraum herstellt. Dies ist die physikalisch detaillierteste Erklärung für die Nullpunkt-Energie, die im Hyperraum vorliegt. In dem geordneten Muster polarisieren sich die Elektronen gegenseitig, stabilisieren ihren Spin, verlangsamen sich und erstarren in ihrer Anordnung, sodass sie »nicht frei« sind. Diese Kontrolle und Verlangsamung des Elektronenspins ist der Schlüssel zur Supraleitfähigkeit und wird in der Tieftemperaturphysik weiter erkundet.

Grundsätzlich ergeben sich zwei Möglichkeiten, solch einen Zustand hervorzurufen: über die Aufnahme psychoaktiver Substanzen oder über die elektromagnetische Ebene, die wir mit einem erwachten Bewusstsein, aber auch durch tiefe Meditation beeinflussen können. Auch wenn sich unser Bewusstsein in einem Zustand ekstatischer Liebe befindet, werden vermehrt Pinoline-Moleküle produziert. Dann entstehen die eben beschriebenen elektromagnetischen Wurmlöcher, die jenseits aller Beeinflussung liegen und uns somit Freiheit schenken. Weder Gedankenkontrolle noch Manipulation ist dann möglich.

Dies belegt, wie grundlegend alle Wege zu Innenschau und Gewahrsein sind. Der Bewusstseinswandel wird zwar kosmisch unterstützt, doch es liegt nahe, dass wir ihn auch unsererseits aktiv herbeiführen sollten. Wir werden ihn dringend brauchen, das zeigte das Kapitel über die zunehmende Ereignisdichte. Die Wirkung der Pinoline erleichtert uns den Abschiedsschmerz von gewohnten Strukturen, möglicherweise lässt er ihn uns sogar ganz vergessen. Dann würden wir in tiefer Ruhe und Bewusstheit selbst chaotische Übergangsphasen über uns ergehen lassen und könnten unsere Energie darauf verwenden, das Neue zu gestalten, das sich im Zerbrechen des Alten abzeichnet.

9. AM BEGINN DER TRANSFORMATION

Wann geschieht der Umbruch?

Die Manifestation des globalen Wandels ist bereits mit Händen zu greifen. Wir haben eine Stufe erreicht, auf der die Matrix brüchig und damit durchschaubarer geworden ist. Trotz der scharf zensierten Medien, trotz Gedankenkontrolle und politischer Unterdrückung ist die Welt im Aufruhr.

Noch nie gab es zeitgleich derart viele Revolutionen wie etwa momentan in Nordafrika. Rund um den Globus formieren sich zudem Protestbewegungen gegen die Fahrlässigkeit der ökonomischen Entscheider. »Occupy Wallstreet« und »We are 99 percent«, die aktuellen Aktionen einer immer aufgebrachteren Gruppe von Menschen, belegen dies kraftvoll. Die Entwicklung nimmt Fahrt auf, und wer sie bewusst beobachtet, erkennt, dass wir uns tatsächlich mitten im Transformationsprozess befinden. Wann wird er abgeschlossen sein? Wie gestaltet sich der finale Umbruch? Ich selbst habe in meinem Buch »(R)evolution 2012« dargelegt, warum ich ausgehend vom Kalendarium der Maya eine Zäsur Ende 2012 für plausibel halte. Doch ich möchte einmal mehr darauf verweisen, dass sich die Idee der Transformation nicht auf einen Stichtag reduzieren lässt, genauso wenig, wie ein ominöser Countdown angezählt ist.

Unser Universum ist nicht vollständig mathematisch oder kalendarisch determiniert, sonst gäbe es keine unvorhergesehenen Evolutionssprünge, keine plötzlichen Umstürze. Der bevorstehende Paradigmenwechsel ist vielmehr eine Frage der Wahrscheinlichkeit, so wie auch die Quantenphysik nur Wahrscheinlichkeiten errechnen kann, aber keine vorhersagbaren Messergebnisse. Wir haben jedoch die Möglichkeit, aus den aktuellen Ereignissen eine gewisse Tendenz herauszulesen. Sie spricht untrüglich für ein Zeitfenster von wenigen Jahren, innerhalb derer sichtbare und spürbare Veränderungen kommen werden.

Noch sind die meisten von uns durch die Matrix deformiert. Wir brauchen das völlige Erwachen des Bewusstseins, um die Quantenwahrscheinlichkeit zu verlassen und eine immer höhere Gewissheit für die Notwendigkeit und die Wirkungsweise der Transformation zu erlangen. Dabei sollten wir uns nicht auf Daten oder Szenarien festlegen, sondern vielmehr den Regulations- und Heilungsprozess selbst in den Blick nehmen. Dann begreifen wir, was uns verändert, vor allem aber: was wir verändern können. Wir sind nicht hilflose Opfer der Matrix. Wir können Beobachter und Akteure zugleich sein, mit großer Gestaltungsmacht. Allein, uns fehlt der Glaube.

Nach den Gesetzen der Quantenphysik fungiert der feste Glaube als eine Art »Realitätsschalter« beziehungsweise »Quantenlöscher«, wie der Physiker Ulrich Warnke es formuliert. Elementare materielle Ereignisse auf der Quantenebene entstehen aus einem breiten Spektrum von Möglichkeiten. Solange man den Quanten nicht kraft des beobachtenden Bewusstseins erlaubt, sich wie Elementarteilchen zu verhalten, kommt ihnen keine bestimmte Position zu. Dies hat Werner Heisenberg in seiner Theorie der Unschärferelation erläutert: Im physikalischen Vakuum entstehen Teilchen und Antiteilchen dann aus dem Nichts und verschwinden auch wieder.

Die erschaffende Kraft des Beobachters

Letztlich verankern wir erst durch unsere Vorstellung einige der Teilchen und Antiteilchen in unserem vierdimensionalen Raum. Der Physiker John A. Wheeler bestätigt: »Quantenphänomene sind undefiniert bis zu dem Moment, wo sie gemessen, beziehungsweise beobachtet werden.« Bereits das potenzielle Wissen, als Ahnung oder Intuition, aber auch als Glaube im Sinne des Beobachtereffekts reichen aus, um ein Quant zu aktivieren. Die bloße Möglichkeit, dass es aufgrund einer Theorie Aussagen über einen spezifischen Quantenweg geben könnte, zwingt das Quant, sich zu erkennen zu geben.

Physikalische Versuche erbrachten, dass allein durch die hohe Intensität von Gedanken Realitäten erzeugt werden können. Ähnlich wird dies in einer Szene des »Matrix«-Films geschildert, als Trinitys Glaube an die unzerstörbare Liebe die Auferstehung Neos evoziert. Trinity erschafft dieses Wunder durch ihren unerschütterlichen Glauben, genährt durch Liebesenergie. Diese steht für die wahre Realität und ist der hohen geistigen Dimension X10 zuzuordnen, auf der sich unser höheres Selbst ansiedelt. Wir können sie aktiv wecken. Dazu müssen wir uns der absichtslosen, frei assoziierenden Erfahrung anheimgeben. Wie kann so etwas vor sich gehen?

Stellen Sie sich vor, Sie befinden sich auf einer Straße, angefüllt mit materiellen Dingen – Autos, Häuser, Bäume, Menschen. Sie sitzen auf einer Bank und beobachten lediglich, was geschieht, ohne damit ein bestimmtes Ziel zu verfolgen. Während Ihre Blicke umherschweifen, fällt Ihr Augenmerk auf einen Bettler. Es sind zwar noch wesentlich mehr Menschen dort, doch Sie betrachten lediglich diesen Bettler. Ihre aktuelle Aufmerksamkeit ist zwar bei ihm, Ihre assoziierenden Gedankenspiele beschäftigen jedoch Ihre inneren Welten.

Die Frage stellt sich nun: Warum hat gerade der Bettler Ihre Aufmerksamkeit auf sich gezogen? Wer oder was führte diese Selektion durch? Die Psychologie versucht, hierauf Antworten zu geben, indem sie das Unterbewusstsein dafür verantwortlich macht, abhängig von persönlichen Erfahrungen. Die Gründe sind jedoch weniger interessant als die Tatsache, dass Sie in dem gleichsam geistesabwesenden und dennoch beobachtenden Zustand unbewusst gehandelt haben. Hätten Sie eine bestimmte Person gesucht, weil Sie mit ihr verabredet waren, hätten Sie sich nicht derart frei dieser Situation überlassen können. Die Auswahl wäre bewusst verlaufen, und damit auch die entsprechenden Assoziationen.

Auf der anderen Seite lenkt unser Unterbewusstsein unsere Wahrnehmung nicht selten auf Situationen, die von wesentlicher Bedeutung für uns sein können. Unsere Sinneswahrnehmung ist mit einem Aufnahmegerät vergleichbar, das unterschiedslos alles aufzeichnet – das, was dem Verstand einen Eindruck aufprägt, und vieles, was zunächst keinen Eindruck zu hinterlassen scheint. Dies sinkt dann unter die Ebene des Bewusstseins, wird aber für einen möglicherweise zukünftigen Gebrauch abgespeichert. Es wird zu einem Bestandteil des Erfahrungspools, ein sehr komplex fortlaufender Prozess, der mit der Aktivität des Sinnes-Nervensystems verbunden ist.

Können Sie sich vorstellen, was es bedeuten würde, wenn Sie jederzeit Zugriff auf alles hätten, was Sie jemals – auch unbewusst – wahrgenommen haben? Welch eine Fülle würde Ihnen zur Verfügung stehen! Wie souverän könnten Sie Einfluss auf Ihre Realität nehmen! Blockiert wird der Zugang allein vom ordnenden Verstand, der unablässig das routinierte Tagesgeschehen limitiert. Es muss daher darum gehen, den Geist von seiner Last zu befreien, sich gedanklich auf Trivialitäten zu konzentrieren, wie sie während des Alltags absolviert werden.

Eine gewisse Entlastung bedeuten bereits die Reflexe, die wir besitzen, um bestimmte Abläufe zu sichern, etwa die Atmung oder die komplexe motorische Koordinationsleistung des Gehens. Doch darüber hinaus wird unsere geistige Energie noch viel zu sehr absorbiert von bedeutungslosen Details. Sie fehlt uns als energetische Gestaltungskraft, mit der wir die aktuellen Transformationsbewegungen unterstützen könnten.

Auch das Unterbewusstsein ist gefangen und kann selten als Quelle für intuitive Wahrnehmungen und aktive Eingriffe in das transformatorische Geschehen genutzt werden. Dies hat wesentlich mit der tendenziell überreizten Verfassung innerhalb der künstlichen Matrix zu tun, aber auch mit emotionalen Blockaden, die sich wie Wächter vor dem Unterbewusstsein aufbauen. Eine unausgeglichene Person schwelgt für gewöhnlich in allerlei Fantasievorstellungen. Geheime Erinnerungen und unterdrückte Wünsche treten zutage, auch sexuelle Obsessionen. Aufgrund unserer rigiden Moralprogramme bringen sie starke Schuld- und Schamgefühle mit sich, manchmal auch Hass oder Selbsthass.

Solche negativen Gefühle können von der gesamten Persönlichkeit Besitz ergreifen und das Selbst schwächen, wodurch es instabil wird, sich möglicherweise sogar fast auslöscht. Die erlernten Bewertungen durch die künstliche Matrix verhindern, all dies urteilslos anzunehmen. Demgegenüber ist die Fähigkeit, sich selbst zu erheben und zum Meister seiner eigenen Realität zu werden, durchaus erlernbar. Das erste Gesetz ist das »Gesetz der Suggestion«. Jeder Mensch ist auf die eine oder andere Art für suggestive Erfahrungen empfänglich. Gleichzeitig beherrscht er die Autosuggestion, bestimmt aber selbst darüber, in welche Richtung sie sich bewegt.

Negative Suggestion

Die Erfahrung zeigt, dass das Prinzip der Autosuggestion bei den meisten Menschen eher eine negative Grundhaltung erzeugt. Da sie unachtsam für die Qualität ihrer Gedanken sind, beschäftigen sie sich fortwährend mit selbstschädigenden Vorstellungen, die in das subjektive Selbst vordringen. Solch eine negative Einstellung wirkt auf heimtückische Weise destruktiv. Schon allein, wenn wir unablässig über die schwere Krankheit eines anderen sprechen, beeinflussen wir damit unseren Körper derart nachhaltig, dass eine unmittelbare Gefahr der eigenen Erkrankung besteht.

Die negative Einstellung erzeugt innere negative Suggestionen, und ein Zirkel beginnt, in dem die ständige Besorgnis genau jene Symptome hervorruft, die man am meisten fürchtet. Es ist für mich immer wieder unverständlich, wie wenige Menschen sich dieser Gesetze bewusst sind. Dabei könnten wir sie auch positiv nutzen – durch Zyklen der Zuversicht und der Freude. Doch wir versagen, weil wir keine bewusste Wahl treffen, so wie der Beobachter auf der Bank, der sich dem Bettler zuwendet. Natürlich hat auch ein Bettler unsere Aufmerksamkeit verdient, aber mehr im Sinne der Solidarität. Wir können ihm freundlich einen guten Tag wünschen und ihm Geld geben, so verlangt es der Gemeinsinn. Doch niemand kann von uns verlangen, dass wir unsere geistige Energie an ihn fesseln.

Man muss ein exponentiell hoch entwickeltes Bewusstsein haben, um sich diesen Menschen zu widmen und gleichzeitig vor negativen Denkschleifen geschützt zu sein. Ich bewundere jeden, der diese energetische Leistung vollbringt und sich hilfsbedürftigen Menschen zuwendet. Es ist aber auch kein Geheimnis, dass eine gewisse professionelle Teilnahmslosigkeit die Voraussetzung für karitative Berufe ist. Jemand mit »normalen« emotionalen Reaktionen wird in der Regel in Labyrinthe negativer Vorstellungen geraten. Wir sind dann affiziert durch das Leid, das wir sehen.

Kehren wir noch einmal auf die Straße zurück. Sie selbst waren die Person auf der Bank in diesem Beispiel. Imaginieren Sie nun, was geschehen wäre, wenn Sie eine bewusste Auswahl getroffen hätten. Sie hätten sich etwa in den Anblick einer Blume verloren oder in den harmonischen Formen einer Marmorskulptur. Kritiker könnten Ihnen jetzt Eskapismus vorwerfen, weil Sie Ihre Augen angeblich vor dem Elend verschlossen. Doch das wäre zu einfach. Wie wir später sehen werden, ist eine bewusst gelenkte Aufmerksamkeit auf positive, erschaffende Energien die Voraussetzung dafür, dass wir überhaupt eine fundierte Ethik entwickeln und etwas zu geben haben.

Es dient weder der persönlichen Entwicklung noch dem großen Ganzen, wenn das Bewusstsein durch unachtsam herbeigeführte Negativschleifen an seiner Entfaltung gehindert wird. Insofern ist die Hoheit über die eigenen Gedanken und Erfahrungen von größter Brisanz. Diese Mechanik, nicht etwa die Willenskraft, ist ein entscheidender Faktor für unser geistiges Wohlergehen. Vorrangig die Emotionen sind dabei von Bedeutung.

Wer um diese Dinge weiß, kann Schicht um Schicht die negativen Sedimente abtragen, die sich im Selbst eingelagert haben, vor allem aber kann er die Bildung neuer verhindern. Vergegenwärtigen wir uns, dass negative Suggestionen in Stresssituationen entstehen. Leider hat der Mensch zumeist größere Versagensangst als Zuversicht, erfolgreich zu sein. Treten die Bewertungskategorien der künstlichen Matrix hinzu, hemmen solche Ängste auch die Ausbildung eines spirituellen Bewusstseins. Jede Erweiterung der Wahnehmung ist dann von der Angst vor dem Scheitern begleitet. Je mehr ein Mensch fortschreitet, desto mehr hat er in seiner Vorstellung zu verlieren, falls er versagt. Seine Vorstellungskraft suggeriert ihm dieses Scheitern geradezu.

All das können Sie nicht nur verhindern, sie können das genaue Gegenteil erreichen: glückhaftes Gelingen. Haben Sie den Mut, positive Visionen zu entwickeln. Gehen Sie darin spazieren wie die Aborigines in ihren Träumen. Machen Sie Ihre kühnsten Träume zu Ihrer freudigen Realiät.

Psychische Potenziale der Transformation

Was genau wird geschehen, abhängig davon, wie viel Gedankenhoheit wir über uns erlangen? Ich sehe grundsätzlich drei Optionen: Re-Evolution, also Rückentwicklung, Evolution oder Revolution. Viele denken, dass sich solche Entwicklungen unweigerlich aus einem hohen Aggressionspotenzial heraus ereignen werden. Revolutionen implizieren Gewalt, blutige Auseinandersetzungen, Kampf. Das ist richtig, aber nur die halbe Wahrheit. Die gewaltsamen, manchmal auch blutigen Aufstände, wie sie mittlerweile auch die Industrieländer erfassen, als etwa in London marodierende Plünderer durch die Stadt zogen, sind nur Vorboten einer inneren Entwicklung.

Das psychische Potenzial dafür wird aktiviert durch kosmisch ausgelöste Veränderungen unserer Neurochemie. Viele Menschen spüren jetzt ihre Wut und entladen sie machtvoll. Was sich hier vollzieht, sind Korrelate von Feldveränderungen, die weltweit einen wahren Flächenbrand der Revolutionen auslösen werden. Das sollte uns aber nicht ablenken von dem eigentlichen Wandlungsprozess, dem Erwachen des Bewusstseins. Die aggressiven Ausprägungen sind nur ein Zeichen dafür, dass viele erkennen, wie übel ihnen mitgespielt wurde. Dann aber wird der Blick frei für die systemischen Gründe. Je grundsätzlicher wir das durchschauen, desto mehr sinkt die Aggressionsbereitschaft.

Noch richtet sich der Protest gegen Politiker, Finanzjongleure und Unternehmensführer, die rücksichtslos die Natur ausbeuten. Gegen all jene also, die uns de facto manipuliert haben. Doch das ist ein Übergangsprozess. Allmählich wird sich das Bewusstsein dafür schärfen, dass nicht einzelne Personen am Pranger stehen, sondern unsere gesamten Strukturen, sei es politische, ökonomische oder geistige Macht.

Ich sage voraus, dass diese Strukturen nicht nur von außen unter Druck gesetzt werden, sondern dass sie sich unweigerlich von innen heraus auflösen. Auch Institutionen und ihre

Funktionsträger werden loslassen müssen, weil ihnen aufgeht, dass ihre strategischen Ziele und ihre manipulativen Taktiken nicht mehr zu verbergen sind. Die Bewertungsgrundlagen, an denen sie gemessen werden, verändern sich radikal, und damit auch die Bewertung von Überzeugungen, Waren, Dienstleistungen, Versprechen. Niemand glaubt heute mehr, dass Banken wohltätige Einrichtungen seien. Niemand vertraut heute mehr dem Wirken multinationaler Konzerne. Auch das Vertrauen in die Politik schwindet.

Alle Systeme, die sich eine widernatürliche Machtposition angemaßt haben, werden fallen. Einmal mehr möchte ich betonen, dass kein Anlass für Ängste besteht. Es ist gut zu wissen, dass beunruhigende Symptome wie Aggression, aber auch Depression und Burn-out im Kontext des Erwachens zu verorten sind und lediglich einen Übergangszustand markieren. In dem Moment, wo wir erkennen, dass unsere Filter zurückweichen und wir von ungekannten Eindrücken überflutet werden, gibt es keinen Raum mehr für Aggressivität und Gewalt. Umso wichtiger ist es, dass wir uns geistig vorbereiten auf das Neue, das kommen wird.

Die Wiederentdeckung des Gemeinsinns

Dafür sind keine speziellen Übungen erforderlich. Innenschau und Gewahrsein werden ganz von selbst neue Bedürfnisse hervorbringen, die nicht künstlich erzeugt sind, sondern unserem höheren Selbst entsprechen. Hierzu gehört zum Beispiel die Entdeckung des Gemeinsinns, der in der Matrix-Kultur des Egoismus verloren ging. Die meisten zwischenmenschlichen Beziehungen basieren heute auf Berechnung, Loyalität und Solidarität bleiben auf der Strecke in der Ellbogengesellschaft. Familien und Freundschaften zerbrechen, jeder kümmert sich nur noch um sich selbst.

Ohne dass wir es bewusst registrieren, hat sich unser soziales Leben stark verändert. In meiner Kindheit, als es noch kein Fernsehen gab, war es selbstverständlich, dass die Familie abends beieinandersaß und sich austauschte. Von dem Moment an, als der erste Fernseher im Wohnzimmer stand, Sinnbild der medial vermittelten Wirklichkeit, änderte sich alles. Statt die Kommunikation miteinander aufrechtzuerhalten, ließ man die Phase der gleichgeschalteten Kommunikation anbrechen. Aus aktiv kommunizierenden Menschen wurden passiv aufnehmende Wesen, fixiert auf das, was von außen kam.

Die sozialen Folgen sind uns heute sattsam bekannt und lassen sich allgemein als Ende des Gemeinsinns beschreiben. Die Gespräche, einst sinnstiftend und integrierend, versiegten. Das wunderbare Zugehörigkeitsgefühl, der aus Empathie geborene Familiensinn, verebbte. Man brachte sich nicht mehr ein, interessierte sich nicht mehr primär für das unmittelbare Umfeld, sondern nur noch für das, was von außen kam. So schwand auch die Akzeptanz füreinander, das fundamentale Wissen um die engsten Vertrauten.

Falls wir uns der fatalen Implikationen einer matrixgesteuerten Wahrnehmung bewusst werden, können wir diese Entwicklung rückgängig machen. Jeder kann diesen Schritt vollziehen, es ist ganz einfach. Ich betrachte das als eine Einübung neuer ethischer Werte, die sich am Horizont des Bewusstseinswandels abzeichnen. Insofern erleichtern wir den Prozess, indem wir Formen des Miteinanders und Gemeinsinns ausprobieren.

Das beginnt bei jedem Einzelnen. Ich habe dafür die Formulierung gewählt, dass wir ein Rendezvous mit uns selbst ritualisieren sollten. Dafür wählen wir bewusst einen Tag, an dem wir uns aus dem Medienkreislauf ausschließen – kein Rundfunk, keine Zeitung, kein Fernsehen, auch kein Buch. Nachdem wir diese freiwillige Matrix-Askese erprobt haben, können wir sie auf das Zusammensein mit anderen Menschen ausdehnen. Das kann ein Treffen sein, bei dem nichts als eine

Kerze auf dem Tisch steht, ein bewusst einfaches Setting, in dem die Wertschätzung anderer gelingt.

Beginnen kann man mit Familienmitgliedern und den engsten Freunden. Wichtig ist es, dass bei solch einer Zusammenkunft kein äußerer Grund vorliegt, kein Anlass, kein Thema, das abgearbeitet werden muss. Einzige Motivation sollte sein, dass man einander gemeinsam begegnen und sich austauschen möchte. Wenn offenbleibt, was dabei herauskommt, vermeidet man jene entartete, entfremdende Position der Berechnung, wie sie durch die Matrix zur Normalität geworden ist.

Sie werden erstaunliche Erfahrungen machen, glauben Sie mir. Menschen, die Ihnen nahestehen, werden Ihnen besondere Dinge anvertrauen, ganz ohne die typischen Ängste, die uns voneinander trennen. Anschließend werden Sie sich wie ein neuer Mensch fühlen. Ganz gleich, ob Sie sich offenbart haben oder ob ein anderer es getan hat – Sie werden ein neues Gespür für Zusammengehörigkeit entwickeln. Innere Blockaden fallen weg, vieles, was man als Geheimnis mit sich herumgetragen oder aus Scham verborgen hat, verliert seine Peinlichkeit und seinen Schrecken.

Das Prinzip des 100. Affen

Warum das so wichtig ist? Wie wir anhand des Elektronenmodells und der morphogenetischen Felder erfahren haben, potenzieren sich Erfahrungen dieser Art. Sie breiten sich aus wie eine Welle und erfassen auch andere. Aus der Keimzelle der Veränderung wird eine Bewegung. Das ist ein Phänomen, das grenzüberschreitend für alle Bereiche gilt. Diese verblüffende Koinzidenz wurde erstmals in der Verhaltensbiologie analysiert. Sie wurde bekannt als das »Prinzip des 100. Affen«. Ich möchte es kurz schildern, weil es sehr anschaulich macht, worum es hier geht.

Auf einer japanischen Insel unternahmen Wissenschaftler Versuche mit einer Gruppe von Affen. Man warf ihnen Süßkartoffeln in den Sand, um ihre Reaktion zu beobachten. Die Affen nahmen die Kartoffeln und verzehrten sie, bemerkten jedoch den unangenehmen Nebeneffekt des Sands zwischen den Zähnen.

Einer der Affen war etwas schlauer als die anderen. Er trug die erbeutete Kartoffel zu einem nahe gelegenen Bach und wusch sie, bevor er sie aß. Neugierig, wie Affen sind, folgten seine Gefährten ihm, um zu sehen, was er tat, und ahmten ihn anschließend nach. Sie trugen ihre Kartoffeln ebenfalls zum Bach. Nachdem die Forscher weitere Kartoffeln in den Sand warfen, wurde es zum Usus der Affenpopulation, sie vor dem Verzehr zu waschen. So taten es alle, 99 an der Zahl, bis der 100. mit seiner Kartoffel nicht zum Bach ging, sondern ans Meer und sie dort im Salzwasser wusch.

Der findige Affe muss dabei entdeckt haben, dass die Kartoffel nun salzig und damit noch besser schmeckte. Es dauerte nicht lange, bis auch alle anderen Affen es ihm gleichtaten. Daraufhin geschah etwas sehr Interessantes. Nicht nur die gesamte Affenpopulation auf der Insel gewöhnte sich an, die Süßkartoffeln im Meerwasser zu waschen. Auch Affen auf einer 90 Kilometer entfernten Nachbarinsel verhielten sich spontan so, als die Forscher ihnen Kartoffeln in den Sand legten. Sie liefen ohne Zögern ans Meer und wuschen sie dort. Das Gleiche passierte auf dem weit entfernten Festland.

Was war die Erklärung? Durch den 100. Affen war genügend Potenzial an Energie zusammengekommen, dass der innovative Gedanke auf alle anderen Affen übersprang. Es war zu einer Übertragung gekommen, die, wie wir wissen, über Elektronen und ihre übergeordneten Informationsspeicher ermöglicht wurde. Obwohl das Hirn eines Affen dem eines Menschen deutlich unterlegen ist, war der Austausch möglich – weil Elektronen als subatomare Informationsträger nicht an Intelligenz, Sprache oder theoretisches Wissen gebunden sind. Sie agieren frei. So war ein Phänomen zu beobachten, das die Forscher zunächst in ungläubiges Staunen versetzt hatte.

Unsere Welt ist nur in dem Maße determiniert, wie wir es zulassen, unsere Unbewusstheit zu leben. Determinierungen – und damit auch Prophezeiungen – treten nur ein, solange wir unbewusst, also unerwacht sind. Doch unsere Gedanken und Erwartungen erzeugen eine neue Realität. Aus wiederholt gedachten und erfahrenen Situationen erschaffen wir den »Mega-100. Affen«. Obwohl parallel zu den Programmen Naturgesetze wirken, kann unser Geist mithilfe seiner Vorstellungen sogar diese verändern – nur solange wir nicht erwacht sind, unterliegen wir den Gesetzen aller Programme.

Es spielt also keine Rolle, ob ein Einzeller, ein Affe oder auch ein Mensch einen spezifischen Lernprozess durchläuft. Alles hängt lediglich davon ab, ob durch ein erhöhtes Energiepotenzial das Wissen auf andere übertragen wird. Können Sie sich vorstellen, was das für die geistige Evolution der Menschheit bedeutet? Können Sie ermessen, welche Perspektiven sich damit auftun? Angenommen, es finden sich genügend Menschen, die sich innerlich vom Krieg verabschieden, so wird dieser Bewusstseinswandel auf die übrige Menschheit überspringen. Auch spirituelle Erkenntnisse übertragen sich ab einer bestimmten Anzahl derer, die diesen Prozess durchlebt haben, auf andere.

Wie bereits angesprochen, wirken hier Sheldrakes morphogenetische Felder. Sie stellen nicht nur das bisherige Weltbild infrage, sie geben auch der Parapsychologie neue Denkanstöße. Sheldrakes Theorie zufolge richtet sich das Universum nicht nach unveränderlichen Mustern, ist also nicht fixiert, sondern formt sich permanent neu, vor allem durch Gewohnheiten, die im Laufe der Zeit durch Wiederholung entstanden sind. Je mehr Wiederholungen erfolgen, desto stärker wird dieses Feld. Doch es gibt kein Endresultat. Neue Ideen können jederzeit alte überlagern und ablösen. Was, wenn Sie zum Pionier einer neuen Bewegung würden? Beginnen Sie bei sich, bei Ihrem Umfeld. Vertrauen Sie auf die Kraft Ihrer Gedanken und damit Ihrer Ausstrahlung, Sie können viel bewegen!

Chaos und dissipative Strukturen

Diese Prozesse verlaufen nicht immer linear. Was wir Leben nennen, ist eine komplexe dissipative Struktur. Mit diesem Terminus bezeichnet man offene, dynamische Systeme, innerhalb derer sich plötzliche Umschlagsphänomene ereignen, zuweilen ausgelöst durch minimale Änderungen der Randbedingungen. Der Wetterforscher Ed Lorentz fasste dies in seinem berühmt gewordenen »Schmetterlingseffekt« zusammen: Bereits der Flügelschlag eines einzigen Schmetterlings, so Lorentz, könne prinzipiell durch fortlaufende Selbstverstärkung thermische Turbulenzen erzeugen, die sich auf einem anderen Kontinent bis zum Tornado steigern.

Mit der Chaosforschung wurde dieses Phänomen detaillierter beschreibbar. Sie beschäftigt sich mit komplexen dynamischen Systemen, die jenseits der linearen Kausalität veränderbar sind. Daher kann, umgangssprachlich gesagt, selbst eine kleine Ursache eine große Wirkung haben. Wir nehmen das als Chaos wahr, als maximale Unordnung. In Wahrheit haben wir es mit dem Paradox eines deterministischen Chaos zu tun. Es folgt einer Logik, die erst auf der Mikroebene sichtbar wird, etwa, wenn die matematischen Strukturen solcher Ereignisse visuell dargestellt werden.

Während das Chaos an der Oberfläche der Wahrnehmbarkeit ein Synonym für Unordnung zu sein scheint, erweist es sich auf der Mikroebene als streng geordnet. Was wir für Chaos halten, ist also lediglich ein grundsätzlich instabiles System, das sich unberechenbar und blitzschnell ändert, im Nachhinein aber Ordnung aufweist. Wie in der Evolution, wie in der Schöpfung überhaupt, gibt es kein Endresultat, nur Bewegung. Auch der Wissenschaftler Ilja Prigogine weist darauf hin, dass auf der molekularen Ebene selbst noch das vermeintliche Chaos sehr wohl organisiert und gesetzmäßig verläuft.

Setzen wir diese Erkenntnisse in Beziehung zur Entwicklung der Menschheit, die ja ebenfalls ein komplexes dynamisches System darstellt, lässt sich folgern: Wenn auch nur ein Mensch sein Verhalten ändert und diese Änderung über einen längeren Zeitraum hinweg beibehält, so kann er damit die ganze Spezies ändern. Sonst wäre auch kaum zu erklären, warum einzelne Propheten wie Jesus oder Mohammed derart gewaltige gesellschaftliche Umwälzungen auslösen konnten. Hat eine bestimmte Menge Menschen einen geistigen Prozess nachvollzogen, so ist er anschließend eine neue Randbedingung für das betreffende System.

Dieses Phänomen müssen wir mit der Ankopplung an den Hyperraum zusammendenken. Mit einer Eingebung, Intuition oder Idee werden dann Programme respektive bereits vorhandenes Informationsgut aus dem morphogenetischen Feld des Hyperraums aufgerufen. Der Hyperraum wiederum steht in Verbindung mit sämtlichen denkenden Wesen des Universums, da sie das Fundament neuer Schöpfungsebenen bilden.

Bisher vollzogen sich alle Veränderungen auf unserem Planeten »chaotisch«. Das Pendel des kollektiven Schicksals schlug mal nach der einen, mal nach der anderen Seite aus, ganz so, wie es das Spielprogramm der Götter bedingt. Für eine gewisse Stabilität unseres materiellen Universums sorgten allein unsere durch die Matrix präformierten Gedanken – in der Physik spricht man, wie bereits angedeutet, vom »Beobachter-Effekt«. Heute geht die Quantenphysik davon aus, dass allein durch Denken und Beobachten unser sichtbares Universum aufrechterhalten bleibt.

Erinnern wir uns an das ursprüngliche Spiel der Polaritäten. Wären die Schaffensprozesse der ersten Schöpfungsentitäten ein gleichmäßiges, statisches Treiben, dann würde sich nichts bewegen. Die Verschiebung liegt in der konstanten Fortführung von Entwicklung und Erfahrung, wie es vom Allschöpfer initiiert wurde. Diese Verschiebungen der lichten und der dunklen Seite drücken sich unter anderem durch die kosmischen Zyklen aus. In unserer Zeit bricht gerade ein neuer Zyklus an, und das dunkle Zeitalter des Kali-Yuga neigt sich seinem Ende zu. Eine neue Bewusstseinsepoche, das Wassermannzeitalter, führt das kosmische Spiel in eine neue Richtung, beseelt von Entitäten und auch von uns Menschen.

Jeder hat die Chance, dieses Spiel zu durchschauen, wenn er erkennt, dass er die Polarität hinter sich lassen muss. Über die Liebe können wir sie neutralisieren, und wir sind frei. Was die östliche Philosophie als den Weg der Mitte beschreibt, endet an dem Punkt, an welchem die Polarität keine Wirkung mehr besitzt. Potenziell kann sich jeder Mensch für das Verlassen des Spiels entscheiden und für die Rückkehr zur Urquelle.

10. DIE REVOLUTION BEDINGUNGS-LOSER LIEBE

In Resonanz mit dem Allschöpfer

Das Ziel unserer geistigen Evolution ist, dass wir dereinst mit der Liebesenergie der Urmatrix vereint sein werden, ohne dazwischengeschaltete künstliche Programme. Das Gros der Menschheit kennt solch einen Zustand noch nicht. Warum aber fällt uns die Verbindung so schwer? Stellen wir uns den Allschöpfer als eine Art Zentralcomputer vor, von dem Millionen Kabel zu einzelnen Terminals abzweigen. Alle User können de facto über das Internet auf die Hauptdatenbank zugreifen. Hat jedoch ein Benutzer sein Passwort vergessen, so bleibt ihm der Datenzugang verwehrt.

Übertragen wir dieses Beispiel auf unser Schöpferspiel, so ist der Allschöpfer stets über die »Silberschnur« – auch als »Seelenband« bezeichnet – mit seinen unzähligen Geschöpfen verbunden und kontaktierbar. Doch die meisten User haben das Passwort vergessen und fühlen sich von der Schöpferkraft abgeschnitten. Es dürfte klar sein, dass die Trennung nicht durch den Allschöpfer, sondern durch die einzelnen Seelen erfolgte, die sich von ihm abgewandt haben. Sie handeln ohne Liebe und Hingabe, fixiert auf ihr Ego, abgeschnitten vom höheren Selbst. Abgesehen davon, glauben viele Menschen nicht an die Existenz eines Allschöpfers. Mir erscheint das offen gestanden so absurd, als würde jemand behaupten, es gäbe das Internet nicht, obwohl Millionen Menschen weltweit darin surfen.

Wollen wir die Verbindung mit dem Allschöpfer aktivieren, so müssen wir in Resonanz mit ihm gehen. Die Bedingung ist, dass wir dieselbe energetische Schwingung verspüren und aussenden, die auch der Allschöpfer aussendet: Liebe. Sie ist das Passwort für die Resonanz, die gleichbedeutend mit Kommunikation und Austausch ist. Denn um Resonanz zu erzeugen, müssen Schwingungskörper die gleichen Grundschwingungen aufweisen. Im Alltag, unter dem Einfluss der künstlichen Matrix, können wir diese Zusammenhänge nicht erkennen. Erst wenn wir schlafen, schalten wir unser Bewusstsein aus, und das Denken pausiert. Das heißt nicht, dass unser Hirn untätig ist. Mit Eintritt des Schlafs verlässt der Seelenkörper den physischen Körper und bewegt sich im feinstofflichen Bereich. Hat sich der Seelenkörper gelöst, ist er nur noch durch die Silberschnur mit dem Körper verbunden. Sie ist gleichsam eine energetische Nabelschnur, mit einem Stromkabel vom Jenseits zum Diesseits vergleichbar. Stirbt der Mensch, löst sich die Silberschnur vom materiellen Leib, und die Lebensenergie zieht sich zurück. So wie das Abtrennen von der Nabelschnur die Geburt in ein physisches Leben bedeutet, so ist das Abtrennen der Silberschnur vom physischen Körper die Geburt im Jenseits – auf einer höher schwingenden Ebene, einer anderen Dimension. Hier jedoch bleibt die Verbindung mit dem Allschöpfer bestehen, die Verbindung durch Liebesenergie.

Liebe als erschaffende Energie

Sie könnten jetzt fragen: Warum gerade die Liebe? Nun, weil sie reine Schöpferenergie ist. Der Allschöpfer empfindet sie, während er etwas erschafft. Würde er Hass empfinden, so könnte er nur zerstören, nicht erschaffen. Das ergibt sich aus dem Gesetz der Kausalität, das jedes Lebewesen tagtäglich erfährt, als Prinzip von Ursache und Wirkung. Man kann es auch in den biblischen Satz fassen: »Was ihr sät, werdet ihr ernten«, oder man hört es im Sprichwort: »Wie man in den Wald hineinruft, so schallt es zurück.« Es ist im Grunde die einfachste Ausprägung von Resonanz. Wenn man Destruktives sät, Ärger und Hass beispielsweise, wird man genau dies ernten. Je achtsamer man die Saat wählt und je mehr Aufmerksamkeit man ihr schenkt, desto schneller und kraftvoller wächst sie.

Wer so handelt, weiß sich eins mit dem Bewusstsein und der Größe des Allschöpfers. Wer selbstlos liebt, kann ein wunderbares Gesetz wie das der Kausalität in seiner ganzen Gestaltungsmacht erfahren, und er wird es als ein gerechtes Prinzip erkennen. Niemand belohnt oder bestraft uns – wir selbst tun es, indem wir das empfangen, was wir gegeben haben.

Wenn ich den Begriff der Liebe verwende, dann meine ich nicht die üblichen Klischees romantischer Liebe, sondern die ureigene elementarste Schwingung des Lebens und somit auch des Menschen, die aus reinster Liebesenergie besteht. Jeder kann sie in sich selbst zu neuem Bewusstsein erwecken, durch selbstvergessene Hingabe. Dann verlassen wir jegliche künstlichen Matrizen und sind frei, denn wahrhafte Liebe bedeutet bedingungslose Freiheit. Sie entfaltet sich in einem Zwischenraum der Polaritäten, an einem Nullpunkt, wo vordergründige Bedürfnisse und Ambitionen keine Rolle mehr spielen. Bereits die alten Griechen wussten von diesem Nullpunkt, und auch in der Magnetphysik taucht ein Punkt auf, der zwischen den Polaritäten steht. Man spricht dabei von den »weißschen Bezirken«.

Der Mensch ist durchaus in der Lage, einen wesentlichen Teil seiner Schwingungen bewusst zu verändern. Ja, er kann sich geradezu vornehmen, Liebe auszustrahlen. Abhängig von den jeweiligen Gedanken, sendet das Gehirn elektromagnetische Schwingungen aus. Somit sind wir über unsere aktuell gedachten Gedanken und die dazugehörenden inneren Bilder eine Einflussgröße auf unsere Umwelt. Dem Prinzip der Resonanz gehorchend, »suchen« die abgestrahlten Schwingungen ihresgleichen oder ähnliche Partner. Wie eine angeschlagene Stimmgabel ihre Schwingung auf eine zweite Stimmgabel mit gleichen Abmessungen überträgt, so wirken unsere Gedankenschwingungen auf andere Gehirne mit ähnlich oder gleich Gedachtem. Auf diese Weise sind wir in der Lage, unseren Gedankenumfang zu erweitern. Wir können zu unseren eigenen Gedankenbildern weitere hinzugewinnen, aber auch andere Menschen sowie die Matrix mit unseren Gedanken bereichern.

Was wir denken, werden wir in unsere Realität ziehen. Eine großartige Option, nicht zuletzt im Hinblick auf die Matrix. Denn wir besitzen die Fähigkeit, auf der Schwingungsebene zum Resonanzkörper anderer wissender Schwingungen zu werden, selbst dann noch, wenn unser Geist im Bann der Matrix steht. Wir können unseren Gedankenapparat mit allen seinen Konditionierungen sogar mit unserem Geist überlagern.

So lässt sich die ewig gestellte Frage nach dem Sinn des Lebens aus einer völlig neuartigen Sichtweise heraus darstellen. Das Bewegungsgesetz des kosmischen Schöpfungszyklus beruht auf Erfahrungszuwachs, auf einer permanenten Erweiterung dessen, was ist. Um Neues entstehen zu lassen, bedarf es zunächst einer inneren Vorstellung, um von dort aus einen neuen Schöpfungsvorgang einzuleiten. Dafür werden neue Ideen und Erfahrungen gebraucht, um dem Bestehenden etwas hinzuzufügen. Wie wollen wir schließlich etwas Neues erdenken und erschaffen, wenn nur auf Gleichem aufgebaut wird?

Liebe ist die direkteste Verbindung zum Allschöpfer und zu unserem höheren Selbst, die höchste Ebene, die wir erreichen können. In außergewöhnlichen, erleuchtungsartigen Zuständen irdischer Liebe – oberflächliche Verliebtheit, Obsession und Begierde einmal ausgeschlossen – befinden wir uns wenige kostbare Momente lang in der Schwingungsfrequenz dieser Ebene. Wir spüren die Resonanz dieser gewaltigen Energie und sind zutiefst erschüttert. Dann hören wir auf zu denken und sind einfach Liebe, ohne dass wir uns darüber Gedanken machen.

Ich selber habe solch einen Zustand nur ein einziges Mal erlebt: Es war der Augenblick, in dem ich meine Tochter zeugte. Vorausgegangen war eine lange Vorbereitungsphase, in der meine Frau und ich enthaltsam lebten und uns auf ein hohes Plateau reinster Liebe begaben, ohne vordergründiges Begehren. Es war gleichsam ein heiliger Moment, den ich erfahren durfte. Ein unvorstellbar inniges Verschmelzen, das nicht nur zwei Menschen betraf, sondern, auch wenn es pathetisch klingt, die Verschmelzung mit dem gesamten Universum und seinen Schöpferkräften.

Vielleicht ahnen Sie, wovon ich spreche, oder haben selbst einmal einen solchen Moment purer Liebe erlebt. Ich bin davon überzeugt, dass darin die Ahnung und die Sehnsucht der Menschen nach einem übergeordneten Wesen herrührt. Was sich da wahrnimmt und verborgen immer wahrgenommen hat, ist nicht substanziell mit unserem Körper verbunden, der lediglich als materieller Träger dient. Deshalb könnten wir theoretisch sogar in einen anderen Körper schlüpfen – dennoch würden wir alles genauso empfinden und wahrnehmen wie zuvor, denn auf der elementaren physikalischen Ebene bleiben allein die Elektronen übrig, die als geisttragende Teilchen nicht an die Physis gefesselt sind.

Deformierte Liebe in der Matrix-Welt

Liebe ist die größte Energie, die wir kennen. Sie muss nicht erschaffen werden, sie existiert a priori. Sofern wir sie in die Matrix einspeisen, potenziert sie sich, weil auch andere daran teilhaben. Viele aber wissen gar nicht, was Liebe bedeutet. Räumen wir ihr überhaupt einen gebührenden Platz ein in unserer künstlichen Realität? Wohl kaum, denn streng genommen ist alles, was wir unter Realität verstehen, ein Missverständnis. Wir sehen Licht, doch es handelt sich um Energie. Wir berühren einen materiellen Gegenstand, und doch besteht er aus Schwingungen. Nichts ist so, wie es scheint. Selbst die Gedanken, die Sie in diesem Moment bewegen, sind eine Kumulation kleinster Informationsträger, der Elektronen, die Ihnen den Eindruck von dem vermitteln, was Sie glauben zu sein. Selbstverständlich meinen wir auch, alles über die Liebe zu wissen, und doch reduzieren wir sie auf Stoffliches.

Ist Ihnen die Macht liebender Gefühle bewusst? Fragen Sie sich einmal, welche Momente Ihres Lebens Sie für die größten, schönsten und intensivsten halten. Ich vermute, dass es sich hierbei um Empfindungen handelt, die etwas mit Ihrem Herzen zu tun haben, vielleicht mit der Liebe zu einer bestimmten Person. Dieser Emotion würden Sie selbstverständlich alle anderen Gemütsregungen unterordnen. Kein beruflicher Erfolg, kein Auto, keine spektakuläre Urlaubsreise reicht an dieses Gefühl heran. Es ist sehr wesentlich, dass wir uns das klarmachen, denn die künstliche Matrix tut eine Menge dafür, dass wir das Hochgefühl bedingungsloser Liebe vergessen. Es wird ein immenser Aufwand innerhalb der künstlichen Matrix betrieben, um diesbezüglich eine Desinformation zu kreieren.

Schon allein die Medienwirklichkeiten zeigen uns die perfide Logik der matrixgesteuerten Gefühle. Sie beruht auf scheinhafter körperlicher Perfektion, auf künstlichen Normen und dem Versprechen maximaler Verfügbarkeit von Sexualpartnern. Natürlich gehört die Sexualität substanziell zum Menschen, doch die Verbindung zwischen Sexualität und Liebe ist innerhalb der künstlichen Matrix in eine falsche Richtung gelenkt worden. Das Begehren wird vom Gefühl abgekoppelt, die Sexualität wird zur Ware. Man kauft sie entweder mit Pornos und anderen professionellen Angeboten, oder sie wird in flüchtigen Beziehungen ausgelebt, bis eine vermeintlich attraktivere Person auftaucht. Das Muster der Bindungslosigkeit, das sich heute in rasch wechselnden Beziehungen ausdrückt, ist für die Herren der Matrix ein Glücksfall. Wer sich nicht tief und innig binden kann, wird umso bereiter sein, sich Ersatz innerhalb der Programme zu verschaffen.

In Wahrheit stehen jenen, die von der künstlichen Matrix abhängig sind, nur noch dürftige Rudimente von Liebe in ihrem ganzen universalen Bedeutungsreichtum zur Verfügung. Innerhalb der Programme ist Liebe eine flüchtige Emotion, eine nicht lineare Gleichung, an berechenbare Reize geknüpft und der Ablenkung dienend, wie alles andere, was die Programme uns anbieten. »Sex sells«, heißt es in der Werbung. Der Blickwinkel verlagert sich vom Innen auf das Äußere, vom tief empfundenen Gefühl an die Oberfläche. Das lässt uns verarmen, seelisch und geistig. Uns fehlt gleichsam der innere Motor, der unsere Schöpferkraft erweckt.

Aber noch etwas anderes passiert dabei: Wir speisen zu wenig oder gar keine Liebesenergie in jene Matrix ein, die schicksalhaft unser Menschsein bestimmt. Sehen Sie sich um, wenn Sie mit dem Bus fahren oder ein Flugzeug besteigen. Die meisten Menschen wirken düster, in sich gekehrt, manche auch von Sorgen bedrückt. Man kann nur erraten, worum ihre Gedanken kreisen, doch fröhliche, gelöste oder gar glückliche Gesichter sieht man kaum. Vermutlich kennen Sie das Gefühl, dass sich in solchen Situationen die Stimmungen Ihres Umfelds auf Sie übertragen. Die traurige alte Dame, die Ihnen gegenübersitzt, weckt in Ihnen die Furcht vor einem einsamen Alter. Umgekehrt löst das frisch verliebte Paar auf den Nachbarsitzen in Ihnen Erinnerungen an eigene Verliebtheiten aus oder weckt die Sehnsucht nach Liebe.

So, wie sich die Gedanken und Stimmungen Ihres Umfelds in Ihre Gemütsverfassung einprägen, schreiben sie sich auch in die Matrix ein. Je mehr Menschen unglückliche, pessimistische Gedanken hegen, desto mehr wird sich der Inhalt der Matrix in negativer Weise verändern. Je mehr sie aber aufbauende, liebende Gedanken entwickeln, desto positiver verwandelt sich die Matrix und beeinflusst wiederum alle Menschen, die daran partizipieren. Wer hingebungsvoll liebt, lässt sich nicht mehr so leicht manipulieren. Er relativiert die Befriedigung, die ihm die Programme versprechen, durch Konsum, Unterhaltung und Egoverliebtheit. Genau genommen, ist die Liebe der sicherste Weg, um aus jeder künstlich erschaffenen Matrix zu entkommen.

Die Welt verändern

Es sind Schöpferqualitäten, die dabei frei werden: Wer das einmal erlebt hat, wird nach neuen, verwandten Situationen suchen, die sich durch eine bewusst gelenkte Eigendynamik auch tatsächlich einstellen: Wir werden zum Schöpfer unserer eigenen Realität. Das ist mehr als eine Metapher. Die erschaffende Kraft des Bewusstseins ist nachweisbar und beruht allein auf der Fähigkeit, in den Zustand des luziden Träumens zu geraten. Kreatives Träumen, nicht Denken, ist der Schlüssel. Was wir in Freude wünschen, manifestiert sich physisch, selbst dann, wenn dabei alle Wahrscheinlichkeiten auf den Kopf gestellt werden.

Haben Sie schon einmal einem Karatekämpfer zugesehen? Er kündigt beispielsweise an, er könne mit der bloßen Hand einen Ziegelstein zerbrechen, der normalerweise nur mit einem Hammer zerstörbar wäre. Kopfschüttelnd sehen Sie ihn an. Das ist unmöglich, denken Sie. Doch dann hebt er den Arm und zerbricht mit einem einzigen gezielten Schlag den Ziegelstein. Wie konnte das gelingen? Nicht die trainierte Hand oder pure Muskelkraft haben ihn in die Lage dazu versetzt, sondern allein seine Überzeugung, dass er tatsächlich zu diesem Akt fähig ist.

Vor einigen Jahren untersuchte man an einer amerikanischen Universität dieses Phänomen. Anhand von Messdaten, die man aus den Hirnaktivitäten eines Karatemeisters bezog, wurde transparent, wie das »Wunder« möglich wurde. Das Selbst – nicht der zweifelnde Verstand – baut eine Vorstellung auf, ein inneres Bild der betreffenden Handlung. Darauf folgt eine Phase der absoluten inneren Ruhe, angezeigt durch Hirnströme, wie sie bei einer Meditation oder im Halbschlaf vorliegen. Erst dann hebt der Meister seine Hand und kann etwas tun, das nach physikalischen Gesetzen unmöglich wäre.

Es ist nicht der Wille oder die körperliche Kraft, sondern nur der schlafähnliche Zustand größter Bewusstheit, den wir als Ausgangsebene für diesen erstaunlichen Akt betrachten müssen. Hätte der Meister auch nur für eine Sekunde an seinem Erfolg gezweifelt, hätte er seine Hand und nicht den Gegenstand zertrümmert. Mit anderen Worten: Der von Gedanken, Skrupeln und Ängsten befreite Geist vermag buchstäblich Berge zu versetzen. Auch Sie besitzen solche Fähigkeiten. Sie schlummern in Ihnen und warten darauf, dass sie erweckt werden. Natürlich geht es dabei nicht um das Zerbrechen von Ziegelsteinen. Das Beispiel sollte erläutern, dass wir schier unglaubliche Dinge erreichen können, wenn wir sie aus den Tiefen unseres Bewusstseins von der Vision ins Dasein holen.

Sie können die Welt verändern, wenn Ihnen diese Wirkmechanismen voll bewusst werden. Allein die Intensität Ihrer Emotionen und Gedanken entscheidet darüber, wie schnell sich Ihre Vision erfüllt. Es existieren keinerlei Begrenzungen der zu manifestierenden Möglichkeiten. Lediglich die eigene Vorstellungskraft und das entsprechende Spektrum der Gedanken beeinflussen die Realisierung. Zweifel sind in diesem Sinne die Verhinderer solcher Vorgänge.

Ich erlebe das oft schon in ganz banalen Alltagssituationen. Fahre ich mit dem Wagen in eine Stadt, dann hängt es von meiner inneren Vorstellungs- und Überzeugungswelt ab, ob die Suche nach einem Parkplatz erfolgreich sein wird. Ich stelle mir bildlich eine Parklücke in der entsprechenden Straße vor. Gelingt es mir, nicht am Erfolg zu zweifeln, so werde ich tatsächlich diese Lücke finden. Das Beispiel kann auf sämtliche Wünsche – materielle wie immaterielle – erweitert werden. Wir können einen neuen Arbeitsplatz imaginieren, Gesundheit, eine Familie, und nur die innere Überzeugung entscheidet über den Erfolg.

Man könnte hier auch das Beispiel des Feuerlaufs anführen, bei dem Menschen barfuß über glühende Kohlen laufen, ohne sich die Fußsohlen zu verbrennen. Das widerspricht jeglichen Naturgesetzen – und doch wurde überall auf der Welt diese Erfahrung gemacht. Das Geheimnis dieses und vieler anderer »Wunder« besteht in der eigenen Überzeugung und dem zielgerichtetem Loslassen eines entsprechenden Überzeugungsbilds, sodass es in den meditativen Bereich der Hirnaktivität transferiert werden kann. In diesem Fall wäre es das unerschütterliche Bild unverletzter Haut an den Fußsohlen. Anders ausgedrückt: Wir finden hier eine Variante des Appells, den Morpheus seinem Schüler Neo im »Matrix«-Film auf den Weg gibt, als er mit ihm kämpft: »Befreie deinen Geist!« Ich würde dies folgendermaßen präzisieren: Befreie deinen Geist von allen Zweifeln. Trau ihm zu, wozu er fähig ist: Alles zu erreichen, was er sich vorstellen kann. Ähnlich sagte es Jesus von Nazareth: »Jedem geschieht nach seinem Glauben!«

Physikalische Gründe der Wirklichkeitserzeugung

In der Quantenphysik ist das Phänomen der Wirklichkeitsbeeinflussung ebenfalls bekannt, gemäß der Erkenntnis, dass nur das Beobachtete wirklich ist und dass es durch willentliche Steuerung den einen oder anderen Weg einschlägt. 1935 schockierte der Nobelpreisträger Erwin Schrödinger seine Fachkollegen mit einer hypothetischen Geschichte. Darin wird eine Katze in eine Stahlkammer gesperrt, zusammen mit einem geigerschen Zählrohr, in dem sich eine winzige Menge radioaktiver Substanz befindet. Es ist so wenig, dass im Laufe einer Stunde vielleicht eines der Atome zerfällt, vielleicht aber auch keines. Kommt es dazu, so spricht das Zählrohr an und betätigt über ein Relais einen kleinen Hammer, der einen Kolben mit Blausäure zertrümmert – was zur Vergiftung der Katze führen würde.

So weit die Versuchsanordnung. Sie legt fest, dass das Überleben der Katze davon abhängt, ob ein Atom zerfällt oder nicht. Schrödinger sagt nun: Überlässt man dieses Experiment ohne Beobachtung oder Messung sich selbst, kann niemand wissen, ob die Katze am Ende des Experiments noch lebt. Die Y-Funktion des gesamten Systems legt aber nahe, dass in ihr die Zustände der lebenden und der toten Katze zu gleichen Teilen existieren. Schrödinger beschreibt das gesamte System innerhalb der Versuchsanordnung als »Wahrscheinlichkeitswelle«. Das heißt: Bevor wir das System beobachten, verweilt es gleichzeitig in zwei widersprüchlichen Zuständen. Erst unsere Beobachtung lässt eine der beiden Realitäten zur Wirklichkeit des Beobachters kollabieren, wobei nicht einmal feststeht, ob der mögliche Kollaps der Wellenfunktion nur in unserem Bewusstsein oder auch in der äußeren Welt stattfindet.

Jenseits aller physikalischen und philosophischen Diskussionen ist aus diesem Beispiel zu folgern, dass das Bild unserer Wirklichkeit nur sehr ungenau wiedergibt, in welch einer komplexen, vermutlich multidimensionalen Realität wir uns befinden. Ich habe mich lange mit diesen genialen Gedankenspielen beschäftigt und bin zu der Sichtweise gekommen, dass die Menschen durch ihre Beobachtung die entsprechenden Dinge in die Realität stellen, wozu bereits der Wunsch oder Gedanke ausreicht, ähnlich dem Prinzip von »Schrödingers Katze«.

Wissenschaftlich hat man sich mit dem Phänomen im Rahmen diverser Experimente auseinandergesetzt. Man wollte wissen, ob mentale Kräfte tatsächlich so wirkmächtig sind, dass sie die Materie sichtbar verändern. Dafür widmete man sich den subatomaren Teilchen, den Elektronen und den

Quarks. Sie weisen einen spezifischen Spin auf, führen also eine rotierende Bewegung aus. Die Achse des Spins dreht sich in eine Richtung, die man durch Messungen bestimmen kann. Jedoch geschehen bei derartigen Messvorgängen merkwürdige Dinge.

Ein inzwischen legendäres Experiment gelang dem Quantenphysiker Paul Davies. Er baute ein magnetisches Feld auf und legte damit eine bestimmte Drehrichtung der Spinachsen fest. Relativ zu dieser Referenzrichtung sollten die Richtungen anderer Spinachsen bestimmt werden – allerdings ohne dieses magnetische Feld. »Misst der Versuchsleiter nun«, so Davies, »drehen sich die Achsen der Elektronen ohne Feld ›zufällig‹ genau in dieselbe Richtung, die vorher von ihm als Referenz innerhalb des aufgebauten Felds festgelegt wurde.« Es ist, als seien die nicht befeldeten Elektronen »angesteckt« worden. Davies wiederholte die Messung mehrfach, und immer wieder verlief der Spin parallel zum Feld. Er baute daraufhin das magnetische Feld mit neuer Richtung auf. Prompt verhielten sich die Spinachsen der untersuchten Teilchen jenseits des Felds genauso. »Die vorgenommene Drehung ist also von den Teilchen nachvollzogen worden«, beschreibt Davies das Phänomen. »Die Teilchen scheinen demnach die Absicht des Experimentators zu kennen und wählen immer die Richtung, die vorher als Referenz festgesetzt wurde.«

Der Physiker versuchte, diese seltsame Situation zu umgehen. Er baute zwei verschiedene Referenzrichtungen auf, um die Richtung der Spinachsen ohne Feld relativ zu beiden Referenzen anzugeben. Da es unmöglich ist, dass ein Teilchen zwei verschiedene Richtungen gleichzeitig einnimmt, nahm sich Davies vor, den Winkel zu registrieren, den die Spinachse relativ zur Mitte beider Referenzrichtungen einnahm. »Wieder geschah das Unglaubliche«, erinnert er sich. »Die gemessene Spinachse zeigt zuerst in Richtung der ersten Referenzrichtung, dann in Richtung der zweiten Referenzrichtung, dann wieder in Richtung der ersten und so weiter …«

Der Geist beherrscht die Materie

Die Interpretation dieses von anderen Wissenschaftlern vielfach reproduzierten Versuchsergebnisses erscheint geradezu magisch. Davies, ein Schüler des Physikers Stephen Hawking, kommt zu dem Schluss: »Wenn der Spin eines Teilchens auf ewig dazu bestimmt ist, der Wahl einer Vorzugsrichtung zu folgen, dann dringt auf diese Weise der freie Wille eines Physikers in die Mikrowelt ein. Die unheimliche Sklaverei, die alle mit Spin ausgestatteten Teilchen zwingt, den vom Experimentator festgelegten Winkel einzunehmen, erweckt den Eindruck, als ob der Geist die Materie beherrsche.«

Als Erstes stellt sich natürlich die Frage, wie etwas, das in unserem Gehirn allein als Gedanke manifest ist, eine Funktion außerhalb unseres Körpers steuern kann. Albert Einstein nannte das Phänomen »spukhafte Fernwirkung«. Er griff es gemeinsam mit seinen Kollegen Podolsky und Rosen auf. Bereits 1935 hatten die Physiker eine Versuchsanordnung entworfen, welche dann 1964 von John Stewart Bell weitergeführt und erst 1982 von der Pariser Arbeitsgruppe um Alain Aspect bestätigt wurde. Heute ist das Experiment bereits mehrfach in unterschiedlichen Variationen verifiziert worden.

Seit Einstein wissen wir, dass der Beobachter eines Experiments immer Teil seiner eigenen Versuchsanordnung ist. Beobachten bedeutet eingreifen, so lässt sich dieses Gesetz auf eine einfache Formel bringen. Doch wie weit reicht der Einfluss? Im National Institute of Standards and Technology in Boulder, Colorado, wurden Berylliumionen energetisch angeregt. Dafür wurden sie 256 Millisekunden lang mit Radiowellen bestrahlt. Diese Zeitspanne wurde gewählt, weil danach alle Ionen mit einer Wahrscheinlichkeit von 100 Prozent angeregt sind.

Das ermittelte Messergebnis war mehr als überraschend: Warfen die Wissenschaftler bereits nach 128 Millisekunden einen Blick auf die Ionen, so waren erwartungsgemäß etwa die Hälfte der Ionen angeregt. Warfen sie jedoch viermal in gleichen Zeitabständen innerhalb von 256 Millisekunden einen kurzen Blick auf die Ionen, so waren sie nur noch zu einem Drittel angeregt. Zwei Drittel dagegen verhielten sich, als ob keine anregenden Maßnahmen vorhanden wären. Wurde gar 64-mal in den Behälter geschaut, also alle vier Millisekunden, so hatten nur sehr wenige Ionen die Anregung übernommen, fast alle blieben im Ruhebereich. Und das, obwohl der reine Absorptionsvorgang der Radiowellenenergie in kürzester Zeit vollzogen war.

Die Konsequenzen muten nachgerade fantastisch an und haben unser Weltbild ein für alle Mal verändert. Fast könnte man die Phasen des Experiments so beschreiben, als würden sich die Elementarteilchen wie Lebewesen verhalten. Ein Ion nämlich muss sich, wenn es beobachtet wird, »entscheiden«, welche der vorgegebenen Quantenanregungsstufen es einnehmen wird. Entscheidungshilfe dafür ist die sogenannte Wahrscheinlichkeitswelle, die sich im Behälter ausbreitet. Wird das Ion »zu häufig« beobachtet, dann hat die Wahrscheinlichkeitswelle nicht genügend Konzentration, um sich von einer Anregungsstufe zur nächsten zu begeben. Sie kollabiert aufgrund der Beobachtung immer wieder und befindet sich deshalb nach Ablauf der Versuchszeit noch auf der Grundstufe. Nach vier Millisekunden kann laut Wahrscheinlichkeit nur eines von 10.000 Ionen die Anregungsstufe erreichen.

Denkt man das Ergebnis weiter, so wird deutlich: Permanent beobachtete Quantenzustände können sich niemals ändern, selbst dann nicht, wenn Anregungsenergien einwirken. Sofern man Quantenzustände nicht aus den Augen lässt, sind ihre Energiestufen gleichsam wie »eingefroren«. Umgekehrt gilt demnach: Nur Quantenzustände, die lediglich in größeren Abständen gemessen werden, können sich wandeln. Die Beobachtung, die Messung, das Erkennen verhindern die Ausbreitung von Wahrscheinlichkeitswellen und führen dazu, dass innerhalb des Versuchszeitraums keine Zustandsveränderung eintritt.

Was folgt daraus? Die Experimente von Davies und Aspect zeigen, dass der Beobachter ganz offenbar auf der Quantenebene eine zentrale Rolle bei der Wirklichkeitsausformung spielt. Die Umschaltung von virtueller auf reale Information, die Verwandlung von geistiger in physikalische Energie geschieht bei den Versuchsanordnungen immer durch Beobachtung, Messung, Aufzeichnung und Resonanz. Oder, in einem höheren Sinne: Diese qualitativen Sprünge vollziehen sich immer dann, wenn eine Lenkung durch den Geist erfolgt.

Die Erschaffung der Realität

In der Vorquantenära der Physik ging man noch davon aus, dass sich die Welt außerhalb von uns in einem festgefügten, von uns unabhängigen Zustand befinde. Die Quantenphysik überschritt solche Grenzziehungen. Sie entwirft ein Bild der Wirklichkeit, in dem Beobachter und Beobachtetes untrennbar miteinander verbunden sind. Die Auswirkungen der Beobachtung sind für die zum Vorschein gebrachte Realität fundamental und können weder reduziert noch kontrolliert werden. Ein Teilchen bleibt so lange in seiner Position, bis ein bewusster Beobachter auftritt. Falls das Teilchen aber von der Umwelt isoliert bleibt, ist es unabhängig von einem Beobachter und verharrt in einem »unentschlossenen« Zustand. Misst eine Maschine Quantensysteme, bleiben die Teilchen und somit die Messergebnisse so lange in ihrer Ausgangsposition, bis ein intelligenter Mensch die Messung der Maschine beobachtet.

Dieser Zusammenhang zwischen mentaler und physikalischer Energie konnte in zahlreichen Experimenten zweifelsfrei nachgewiesen werden. Es gibt eine Fülle weiterer Beispiele, die uns Aufschluss über diesen Prozess geben. Messen wir etwa die Impulseigenschaft eines Elektrons, erhalten wir immer nur die Antwort des Elektrons auf unsere gestellte Frage. Der gemessene Impuls ist eine Art Täuschung, die von der Wechselwirkung zwischen Quantenentität und Versuchsanordnung hervorgerufen wird, um anschließend von der Intelligenz unseres Gehirns interpretiert zu werden. Was wir Erkenntnis nennen, ist in Wahrheit der Umschlag von der Virtualität in die Realität.

Noch weit aufregender sind Versuche, bei denen sich eine konkrete Messung erübrigt und allein das Wissen des Experimentators Realität erschafft. Ändert sich das Wissen über einen Versuchsvorgang und ziehen wir daraus veränderte Schlüsse, dann ändert sich auch das untersuchte Quantensystem und liefert eine veränderte Realität. Man kann daraus schließen, dass jedes experimentell erzeugte Ergebnis von der Frage geprägt ist, die dem Experiment vorherging. Ein Elektron, das »gefragt« wird, ob es ein Teilchen ist, *ist* ein Teilchen. Wenn aber das Elektron gefragt wird, ob es eine Welle ist, dann *ist* es eine Welle. Der Physik-Nobelpreisträger Werner Heisenberg bemerkte hierzu: »Auch in der Naturwissenschaft ist also der Gegenstand der Forschung nicht mehr die Natur an sich, sondern die der menschlichen Fragestellung ausgesetzte Natur.«

Nicht lokale Gesetzmäßigkeiten, wie sie die Welle repräsentiert, verknüpfen die Dynamik universell und virtuell verborgener Information mit der lokalen Materie und schalten damit reale semantische Information. Fassen wir nun alle Versuchsergebnisse zusammen, erhalten wir einen Eindruck von der nahezu grenzenlosen Schöpferkraft des Geistes. Er ist imstande, Realität zu kreieren und zu beeinflussen. Das geschieht bereits bei ganz alltäglichen Vorgängen, die uns allen vertraut sind. Hebe ich meinen Arm, beeinflusse ich mit einem geistigen Prinzip die Materie spezieller Muskelgruppen. Allgemeiner ausgedrückt, moduliert das Bewusstsein die physikalische Masse. Wenn mein Wille – wir wissen, es ist nicht der freie Wille – dem Arm diktiert, dass er sich heben soll, dann lässt sich das als Interaktion zwischen dem Entitätenkomplex

Geist und dem Entitätenkomplex Masse beschreiben. Beide müssen einander folglich erkennen und gemeinsame Eigenschaften aufweisen, damit sie interagieren können.

Die Wissenschaft kommt nicht umhin, mit der Quantenphysik und Quantenphilosophie eine nonlokale, in ihren Teilen verknüpfte Quantenwelt zu akzeptieren. Die jedoch kann sich nur manifestieren, wenn wir an ihr eingreifend teilhaben. Für die Elementarebene gilt deshalb das quantenphysikalische Gesetz, dass kleinste Teilchen unendliche Optionen künftiger Ereignisse in sich tragen, bis die Beobachtung das Mögliche ins Tatsächliche umsetzt.

Wir können uns das leicht vorstellen, wenn wir einen Würfelbecher mit fünf Würfeln visualisieren. Nachdem der Becher von einer Person geschüttelt wurde, bleibt er zunächst ungeöffnet. Damit ist für niemanden das Ergebnis erkennbar. Eine Woche später konzentriert sich eine Gruppe von Testpersonen auf eine bestimmte Zahl, die als Ergebnis erscheinen soll. Obwohl die Zeitspanne von einer Woche vergangen ist und hier kein Einfluss der Telepathie stattgefunden haben kann, manifestiert sich in dem Moment, in dem der Becher gehoben wird, das gewünschte Ereignis. Diese Versuchsanordnung wurde tatsächlich durchgeführt, an der Princeton University.

In einem weiteren Experiment wurde ein Zufallsgenerator zu Hilfe genommen. Dabei ging es um Versuche, die Einflüsse über größere Entfernungen nachweisen sollten. Ein Zufallsgenerator wie der Geiger-Müller-Zähler zählt die Zerfallsrate von Elementen. Dies ist ein zufälliges Ereignis, das gemäß der gaußschen Verteilungsrate geschieht, einer statistisch ermittelten Zufallsrate.

Nun ließ man den Zufallsgenerator laufen und zeichnete die Ereignisse so auf, dass niemand das Ergebnis erfahren konnte. Etwa drei Monate lang wurde es in einem Tresor unter Verschluss gehalten. Nach Ablauf dieser Zeit wurden die Probanden gebeten, sich auf ein ganz bestimmtes Ergebnis zu konzentrieren. Anschließend öffnete man den Tresor, und das virtuell evozierte Geschehen wurde zur Realität, allein dadurch, dass niemand davon wusste – sonst wäre es bereits wahrgenommen und damit manifestiert gewesen. Dieses Experiment erschaffte ein multidimensionales Ereignis, denn rückwirkend und sogar zeitverschoben fand eine Veränderung statt.

Versuche ähnlicher Art wurden zwischen 1935 und 1987 an unterschiedlichen universitären Instituten durchgeführt. 309 Studien von 62 verschiedenen Wissenschaftlern ergaben, dass die Wahrscheinlichkeit in einem Verhältnis von 1025 zu 1 gegen den Zufall spricht. Diese Effekte sind nicht nur unabhängig von räumlichen Distanzen, sondern sie überschreiten auch die übliche Einteilung unserer Erlebnisse in Vergangenheit, Gegenwart und Zukunft. Wir kennen solche übersinnlichen Wahrnehmungen durch Formen der Präkognitation. Dann begegnen wir unserer eigenen Zukunft.

Die Macht des Einzelnen

Wir beeinflussen nicht nur die Matrix, sondern auch die Materie und alle Ereignisse durch Wechselwirkungen. Nichts ist ausgeschlossen; alles ist möglich. Unser Geist bedient sich nicht nur der physikalischen Gesetze, er kann sie auch verändern oder gar aufheben, denn sie sind der geistigen Dimension entsprungen, gemäß des kosmischen Schaffensauftrags. Natürlich ist dieses Wissen über die Erschaffung einer eigenen Realität mit einem hohen Maß an Verantwortung verbunden. Wenn es uns erst einmal möglich ist, alles zu realisieren und zu erschaffen, was wir wollen, besteht die Gefahr des Missbrauchs, der Manipulation und der Unterdrückung. Solche Motive entspringen in der Regel einem nicht voll erwachten Geist. Erkennt der Mensch, dass er Teil eines großen Ganzen ist, wird seine Einstellung keinen Missbrauch mehr zulassen. In den falschen Händen aber kann dieses Wissen großen Schaden anrichten. So ist nachvollziehbar, dass es bisher nur spirituellen Adepten nach einer langen Vorbereitungszeit anvertraut wurde.

Geheimlogen haben jahrhundertelang die Kunst der Realitätserschaffung gelehrt, aber auch darauf geachtet, dass sie nur ihren Meistern zugänglich war. Mit jedem höheren Grad, in den Logenangehörige aufsteigen, wird ihnen mehr darüber offenbart. Sie müssen sich erst würdig erweisen und für dieses gewaltige Instrument bereit sein. Schrittweise werden sie herangeführt, mit Übungen, die wie das Wissen selbst vor der Öffentlichkeit verborgen bleiben. Die Rosenkreuzer zum Beispiel fordern Neulinge der untersten Grade zu folgendem Experiment auf: In eine Schüssel mit Wasser werden einige Tropfen Öl gegossen. Nach einer Meditation, die das Bewusstsein erweitert, versucht der Adept nun, kraft seiner Gedanken die Öltropfen zu bewegen. Fortgeschrittene können sie zu einer Form zusammenschließen und anschließend wieder trennen.

Dies sind Vorstufen erschaffenden Bewusstseins. Jedem sind solche Fähigkeiten prinzipiell gegeben durch seine Elektronen, die den Geist zur Kommunikation prädestinieren und die Realität verändern. Daher wählte ich eingangs die Formulierung, dass Sie ein Universum in sich sind. Je tiefer wir in den Mikrobereich eintauchen, desto mehr löst sich die Materie in Schwingungen auf. Insofern können Ihre Elektronen als geisttragende Teilchen die Elektronen von Menschen, Materie und allem, was existiert, qua Bewusstsein beeinflussen.

Erinnern Sie sich an den indischen Yogi, der seinen Herzschlag unterbrechen konnte? Auch er nutzt dieses Wirkmuster. Dabei unterbricht er die Chronologie der Zeit und koppelt sich in den Hyperraum ein. Er beinhaltet ewige Zeitlosigkeit, die von einem negentropischen Zustand umgeben ist. Von Entropie sprechen wir, wenn ein System der höchsten Unordnung zustrebt. Im Inneren der Elektronen herrscht die umgekehrte Situation der Negentropie, in der sich alles an dem Grad höchster Ordnung ausrichtet. Hier sind quasi alle Informationen abgespeichert und erzeugen über Wechselwirkungsquanten einen Austausch. Die Aufschlüsselung und Verstärkung der Daten wird von unserem Gehirn vorgenommen. Es synchronisiert hierzu die Bereiche der Neurochemie und Neurophysiologie. Durch Supraleiteffekte, basierend auf einer spezifischen geometrischen Anordnung der Elektronen, wird die Verbindung zum Inneren Ihrer Elektronen hergestellt, die wiederum das Bindeglied zum Hyperraum bilden.

Ihre Geisteinheiten, unter anderem die gedachten Dinge, erinnern einander und dass es etwas gibt, was miteinander schon einmal Verbindung hatte. In Ihrem persönlichen Hyperraum besteht bereits ein Bild. Es macht Sie insofern aus, als alles durch Erinnerung verbunden ist. In den geisttragenden Elektronen spiegeln und rotieren permanent die gesamten erlebten Erfahrungen. Im Bruchteil von 1027 Sekunden, also mit einer unvorstellbar hohen Geschwindigkeit, spiegeln sich die Informationen immer und immer wider. Sie erfahren auf diese Weise nichts Neues, können demzufolge also auch nichts bewirken. Es sei denn, Sie schaffen es, eine neue Information von außen aufzunehmen. Diese Information können Sie ihnen durch Ihr Bewusstsein zuführen.

Polarität im Spiegelraum

Es gibt bereits mehrere erfolgreiche Versuche, bewusst in diesen Spiegelraum einzutauchen. Manche Forscher experimentierten dafür mit Substanzen wie Kupfersulfat. Es stellte sich heraus, dass alle beteiligten Personen die gleiche Erfahrung machten: Sie glitten in ihr Spiegel-Selbst. Hier gelten eigentümliche Gesetze, die unsere Alltagserfahrungen im vierdimensionalen Raum überschreiten. Im Zustand des Spiegel-Selbst ereignen sich Dinge und Gedanken zugleich in ihrer polaren Form. In dem Augenblick, in dem auf der einen Ebene etwas Positives geschieht, wird gleichzeitig auf der anderen Ebene das Gleiche in negativer Form ausgeführt.

Wir leben demnach in einer ständigen Doppelrealität, nicht etwa in einer neutralen Linearität. Das ist es, was Goethe von Mephisto verkünden lässt: »Ich bin ein Teil des Teils, der anfangs alles war, ein Teil der Finsternis, die sich das Licht gebar, das schöne Licht ... Ich bin ein Teil von jener Kraft, die stets das Böse will und stets das Gute schafft.« Wir selbst sind alles in allem.

Spirituelle Menschen wissen, dass sie in dem Maße, in dem sich ihr Horizont erweitert, größere Schwierigkeiten zu bewältigen haben. Dies entspricht exakt dem oben beschriebenen Spiegeleffekt, dem Spiel der Matrix und ihrer Polaritäten. Wir können es unterbrechen, wenn wir den dynamischen Bannkreis verlassen. Das Ziel ist Ausgleich und Auflösung der Polaritäten, eine Ebene, in der sich alles wieder aufhebt. Man kann diese Ebene auch Liebe nennen.

Es ist im Grunde genommen nicht wichtig, welche Wege wir gehen, um uns im vollen Bewusstsein unserer liebenden Potenziale zu erfahren. Unsere Wahrnehmung sucht sich immer neue, immer effizientere Möglichkeiten. Das ist kosmische Evolution: fortwährende Anpassung und Suche nach neuen Wegen. Der Grad des Sich-bewusst-Seins hängt auch nicht von der Anzahl der materiellen Bauteile oder ihrer Komplexität ab. Wesentlich sind die gewonnenen und gespeicherten, also zugänglichen Informationseinheiten. Dies führt zu einer Qualität, die eine geistige Evolution hervorruft, und sie findet am eindringlichsten dort statt, wo wir uns völlig der Liebe anheimgeben.

In dem Moment, in dem Sie sich der bedingungslosen Liebe anvertrauen, voller Selbstvergessenheit und Hingabe, sind Sie mitten im Prozess der Urschöpfung, dem auch Gott sich hingibt, ohne Bedingungen zu stellen. Das ist kosmische Verschmelzung. Man erkennt, dass die Erfahrung des Getrenntseins nur eine Illusion war, und kann die »kosmische Hochzeit« feiern, die geistige Vereinigung von Seele und Universum. In ganzer Klarheit sieht man, dass wir alle zusammen den Allschöpfer ausmachen. Voller Liebe, Freude und Hingabe sollten wir daher unser kosmisches Potenzial nutzen. Dann sind wir im Vollbesitz unserer Schöpferqualitäten und arbeiten auf unsere vollständige Freiheit hin.

Aber erst dann, wenn die ganze Kette der gesammelten Erfahrung durchlaufen wurde, kann sich die absolute Reinheit der Liebe und Freude durch einen vollkommenen Austausch mit allem, was ist, vereinen. Steigt eine Seele zu früh aus diesem Spiel aus, auf einer nicht voll entwickelten Bewusstseinsstufe, wird die Erfahrungsschleife durchbrochen und die Weiterentwicklung unterbunden. Aus dieser Perspektive betrachtet, erscheinen die »Reiseerfahrungen« innerhalb der künstlichen Matrix wie Prüfungen mit besonderen Schwierigkeitsgraden. Sind wir bereit für die Liebe? Ist unser Bewusstsein offen genug? Sofern das nicht der Fall ist, müssen wir weitere Umwege auf uns nehmen. Wir werden Menschen kennenlernen, die ebenso lieblos sind wie wir selbst, wir werden uns ihnen ausliefern und unter ihnen leiden.

Gut und Böse

Diese Erfahrungen haben einen Sinn, wie jegliche Form von Hindernissen, dunklen Energien und negativen Gestalten. Sie sind Manifestationen des symbolischen Widersachers, nennen wir ihn nun Satan oder Luzifer. Er ist eine wichtige Spielfigur im kosmischen Evolutionsspiel und leistet seinen Beitrag zur kosmischen Evolution. Wenn am Ende alles eins ist, wird man erkennen, dass auch Luzifer einen Liebesdienst für den Allschöpfer verrichtet. Einer muss das sogenannte Böse vertreten, da Gut und Böse die Vertreter der Polarität sind, als Bestandteil des universalen Ganzen. Die Lehre von Yin und Yang als scheinbar widerstreitende, doch in Wahrheit sich ergänzende Kräfte bildet diese Polarität ab. Betrachten wir das »Üble« als das Erlösende, das uns wie ein Alarmsignal aufweckt, so entgehen wir der Bewertung und verbleiben neutral zwischen den Polaritäten. Wie sollten wir denn auch der ersehnten, erlösenden Freiheit begegnen, wenn wir selbst gegen ihre elementarsten Regeln verstoßen?

Ich gebe Ihnen ein ganz alltägliches Beispiel dafür. Bei der Erziehung eines Hunds spielt eine bestimmte Person den »bösen Angreifer«, damit der Hund unterscheiden lernt zwischen Freund und Feind. Die Einteilung in Gut und Böse ist dabei ein subjektiver, ja willkürlicher Akt. Für den Hund verkörpert der vermeintlich böse Mann all das, was er später einmal bekämpfen wird. Worauf ich hinauswill: Der »böse Mann« ist in Wirklichkeit nicht böse. Der Hund könnte jedoch seine Lektion nicht lernen, wenn er dieses Spiel von Anfang an durchschauen würde. Auch wir Menschen brauchen den notorischen Widersacher, durch den wir Lernprozesse durchlaufen. Wir reifen mit jeder negativen Erfahrung und entwickeln ein Gespür für das Gute und Wahre.

Unumgänglich ist es daher, dass wir vor der Entdeckung reiner, hingebungsvoller Liebe dunkle Täler durchschreiten. Wir müssen einen langen Erfahrungs- und Reifeprozess durchlaufen, um die besonderen Gefühlsintensitäten überhaupt zu erkennen. Dann vollzieht sich eine stärkere Bewusstseinserweiterung, als es innerhalb eines ereignislosen Lebens möglich wäre. Mit leiser Stimme meldet sich die Seele, und wenn wir den Funken auffangen können, steigt damit auch unser Freiheitsgrad.

Es wäre nur zu verständlich, wenn Sie jetzt befürchten, dass durch die Reibung an negativen Erlebnissen wertvolle Energie verloren geht. Schließlich verlangt uns der Reifungsvorgang große Kräfte ab, um zu bestehen. Diese Befürchtung ist glücklicherweise unbegründet. Energie kann nur umgewandelt, also ausgetauscht werden, aber nie verloren gehen. Die Gesamtmenge der Energie, die von Beginn des Schöpfungsakts an in Erscheinung trat, ist auch nach dem Austausch weiterhin vollständig vorhanden. Kein Quäntchen kann hinzugewonnen werden oder verloren gehen. Energie kann lediglich verschoben werden, da sie eine Form von Information ist.

Der Allschöpfer lebt nicht von unserer Energie. Aber man könnte es durchaus so formulieren, dass er *mit* unserer Erfahrung und unserer Liebesenergie lebt. In dieser reinen Energie endet jedwede Spiegelung; sie ist völlig frei und ungebunden. Sie speist sich nur aus sich selbst und ist das, was den Mystikern als das »All-eins-Sein« bekannt ist. Der Allschöpfer erfährt sich nur in allen hinzugewonnenen Aspekten seiner Reflexionseinheiten, aber nicht in ihrer freigesetzten Energie.

Jeder Mensch hat mit seinen innersten Gefühlen und seiner ungetrübten Wahrnehmung die Möglichkeit, sich aus dem manipulativen System selbst herauszulösen, ganz gleich, wie hoch die Mauern seines geistigen Gefängnisses sein mögen. Wir können sicher sein, dass wir mehr sind als unsere fremdgesteuerten Gedanken. Deshalb sollten wir beginnen, sie umzuformen und darauf zu achten, dass wir möglichst liebevolle Gedanken in unsere Welt bringen. Wahre Selbst-Erkenntnis bedingt Selbst-Liebe und führt uns zu innerer und äußerer Harmonie. Sie strahlt aus in größere Kontexte, in die Gesellschaft, in die globale Menschengemeinschaft, in das Universum. Alle Kernseelen sind wieder vereinigt, wenn sie sich auf der Liebesebene treffen.

Die indische Mythologie hält dafür das anschauliche Bild der vielarmigen Gottheit Shiva bereit. Ihre Arme symbolisieren Entitäten aus verschiedenen Dimensionen, die zu einem Ganzen vereint sind. Nur die Liebe ist fähig, das zu leisten, als Resultat der absichtslosen Innenschau. Die Gedanken schweigen, die konditionierte Berechnung von Geben und Nehmen wird bedeutungslos. Solch eine selbstlose Hingabe ist mit der einer Mutter vergleichbar, die alles für ihr Kind tun würde, ohne eine Gegenleistung zu erwarten. Sie hat verinnerlicht, dass sie und ihr Kind untrennbar miteinander verbunden sind. Deshalb hinterfragt sie nicht, ob sie eine bessere Mutter ist, wenn sie ihr Kind an sich drückt und streichelt. Nein, sie kann gar nicht anders, weil die Liebe in ihr ist.

Wenn ich diese Art der selbstlosen Liebe erweitere und auf alles und jeden im Universum anwende – welch eine grandiose Revolution haben wir dann zu erwarten. Es gäbe keine Ausbeutung, keinen Missbrauch, keinen Egoismus mehr, nur die Erkenntnis, dass wir alle Liebeswesen sind und keine Masken mehr tragen müssen. Ein paradiesischer Zustand? Wohl wahr. Und genau das ist es, was uns bevorsteht, in naher Zukunft schon. Das Zusammenleben wird voller Rücksicht, Respekt und Achtsamkeit sein, und die Liebe wird uns Menschen eine neue Würde verleihen.

Erschaffen statt zerstören

Damit wird ein Prozess gegenseitiger Destruktion umgekehrt, in dessen Verlauf uns Tugenden der Achtsamkeit abhandenkamen, aberzogen von den Programmen der künstlichen Matrix. Im deutschen Grundgesetz steht zwar geschrieben, dass die Würde des Menschen unantastbar sei – aber wo sehen wir diese große Forderung schon eingelöst? Sie kann weder politisch noch moralisch qua Beschluss durchgesetzt werden. Ins verwirklichte Dasein gerät sie nur durch die fühlbare Unfassbarkeit der Göttlichkeit im anderen, durch die Anerkennung seiner Einzigartigkeit.

Stellen Sie sich das Zusammenleben mit dem Partner, mit der Familie, mit Freunden, Kollegen unter diesem Aspekt vor. Es gäbe keine kleinlichen Konflikte mehr, keine Konkurrenz, keine Missachtung oder Ausgrenzung. Wir würden nicht mehr um Akzeptanz buhlen müssen, hätten keinen Anlass mehr, andere beeindrucken oder übertrumpfen zu wollen. Die notorische Frage vieler Paare: »Liebst du mich noch?«, wäre sinnlos geworden. Niemand müsste Beweise einfordern, sich an Äußerlichkeiten klammern, um sich der Liebe gewiss und sicher zu sein. Wie viel Leid, wie viel Verunsicherung und Einsamkeit werden uns dann erspart werden.

Auch die Bilder, wie wir selbst uns sehen, werden sich verändern. Wir streben keinen gesellschaftlich normierten Idealen mehr nach und verlangen sie auch nicht mehr von unserem Gegenüber. Der Kampf ist vorbei, tiefer Friede breitet sich aus. Es kann auch keine Eifersucht mehr geben, weil der Erkenntnisprozess uns alle von außen kommenden Ränkespiele durchschauen lässt. Der Freiheitsgrad, der damit entsteht, und die energetische Entlastung kommen einem Bewusstseinsniveau zugute, auf dem wir die reine Freude ausleben.

Hat die Liebe archetypische Bilder? Woran können wir uns halten, um den Klischees der Programme zu entkommen und uns der wahren, göttlichen Liebe anzunähern? Seit Beginn des 21. Jahrhunderts wird in unseren Gotteshäusern überwiegend das Neue Testament zitiert. Die Worte Jesu, die in der Bergpredigt, in der Apostelgeschichte und im Johannes-Evangelium überliefert wurden, sind ohnegleichen in der Weltliteratur, geprägt von Liebe, Frieden und Weisheit. Verglichen mit dem Alten Testament, ist die Botschaft von Nächstenliebe und Verzeihen bereits ein sichtbarer Schritt hin zur kosmischen und damit ethischen Liebesrevolution.

Im Alten Testament dagegen haben wir es noch mit einem zornigen Gott beziehungsweise mit einander widerstreitenden Göttern zu tun, mit Krieg und Vernichtung in göttlichem Auftrag, auch mit Dämonen, die vom Himmel herabsteigen und ihr Unwesen treiben. Beziehen wir dann noch die Vertreibung aus dem Paradies ein und den Fluch, mit dem der strafende Gott Adam und Eva belegte, so ist klar: Der Gott des Alten Testaments kann unmöglich der Gott des Neuen Testaments sein. Dagegen ist die zentrale Botschaft des Neuen Testaments reine Liebe. Die Urchristen verwirklichten dieses Primat in friedfertigen Glaubens- und Lebensgemeinschaften, die sich der Brüderlichkeit verschrieben hatten. Doch im Laufe der Zeit siegten wieder die Programme. Strukturen entstanden, Institutionen verwandelten die Frohe Botschaft in Herrschaftsinstrumente. Jetzt endlich sind wir bereit für die Einlösung dessen, was Jesus predigte. Dafür brauchen wir weder Priester noch Kirchen. Jeder kann selbst in sich den göttlichen Funken entzünden.

Natürlich liegt es nahe, darin auch ein moralisches Postulat zu vermuten. Ich bin mit solchen Begriffen vorsichtig, da Ethik und Moral von den Programmen der Matrix vereinnahmt und entsprechend interpretiert wurden. Sie sind zugerichtet und konditioniert, damit sie sich zur Unterdrückung eignen. Die Bilder, die uns bei unseren Moralvorstellungen bewegen, müssen nicht zwangsläufig der allschöpferischen Moral entsprechen. Stattdessen stehen für mich die Kriterien der Bewertungslosigkeit und der Liebe im Vordergrund. Sie sind die reine und tugendhafte Grundlage einer befreiten Ethik.

Loslassen und Wiedergeburt

Damit ist ein Raum umrissen, in dem Ganzheit und Gleichheit herrschen, in Anerkennung der Urseinsform. Sie erlaubt es, unser Harmoniebedürfnis und unser Gerechtigkeitsempfinden auszuleben. In diesem Raum sind wir im besten Sinne unschuldig, auch wenn uns manche Religionen mit Schuld beladen wollen. Die Unschuld drückt sich als Göttlichkeit und pure Liebesenergie aus. Wenn man sich allein auf die Liebesenergien besinnt, tritt man aus den Fesseln der Matrix aus. Man trennt sich leichten Herzens von allem, was lediglich Liebessurrogate sind. Das Loslassen bezieht sich also in diesem Kontext auf alles, was vorgeprägt wurde. Wir werden uns bewusst, was positive Eigenschaften überhaupt sind, jenseits dessen, was andere bereits darüber dachten. Nur das innere Loslassen ist der Garant dafür, Neues zu schaffen und zu sich selbst, in die Mitte der eigenen Matrix zurückzukehren.

Alle großen Glaubensrichtungen lehren diesen Ablösungsprozess, der oft mit Initiationsritualen verbunden ist. Sie signalisieren Reinigung – beispielsweise durch Fasten, Wassertaufe oder eremitenhafte Askese. Dabei geht es um das, was als der Ego-Tod bezeichnet wird. Der Zustand zwischen Leben und Tod, speziell was Neos Tod im »Matrix«-Film betrifft, kennzeichnet den Übergang. Im Augenblick seines klinischen Todes wird Neo sich seiner Gefangenschaft in der Matrix bewusst. In diesem Moment ist er auf keiner der bekannten Ebenen mehr existent. Er hat keinen funktionsfähigen Körper mehr, kein Ego, kein Programm, nur bewussten Geist. Zugleich erkennt er, dass er auf dieser Ebene nicht mehr verletzt werden kann. Er muss nicht mehr kämpfen – allein durch die Macht seines befreiten Geists kann er sein weiteres Schicksal lenken.

Dass Neo im Film aufersteht, ist ein Zeichen dafür, dass noch eine übergeordnete Ebene, ein weiterer Aspekt von ihm existierte: der Liebesaspekt des Allschöpfers. Er wird durch Trinitys Liebe vertreten, wenn sie sagt: »Ich weiß, du kannst nicht tot sein, denn ich liebe dich.« Was wie ein Wunder des Glaubens anmutet, ist im gleichen Augenblick Realität, denn die Liebeskraft überschreitet sämtliche physikalischen Gesetze – so, wie beim Karatekämpfer das Bewusstsein die Naturgesetze aushebelt. In dem Moment, in dem wir im absoluten Liebesaspekt verweilen, entbinden wir uns von jeglichem aufgeprägten Programm und sind in unserer Mitte. Jetzt können wir unsere eigene Matrix neu ins das Spiel einbringen und dabei die Freude der Schöpferkreativität.

Reine, ehrliche und unschuldige Freude ist ein Anzeichen wahrer, kosmischer Liebe. Bei einem genaueren Blick auf unsere Alltagswirklichkeit ist es fast erstaunlich, wie wenig unsere Gesellschaft Gefühle reiner Freude zulässt. Das Modewort Spaß hat die Freude verdrängt, und Spaß, das wissen wir, dient nur der Unterhaltung und der Ablenkung, um die Menschen zu degenerieren. Wahre Freude ist die Unschuld, sich in

Harmonie mit dem großen Ganzen wiederzufinden und darin aufzugehen. In der Regel sind es Erfahrungen in der Natur, die uns ein Gespür dafür vermitteln. Wenn wir uns in das Schauspiel des Sonnenaufgangs versenken und uns von Herzen daran erfreuen, dann stellt dies einen Liebesaspekt ganz direkter Art dar. Sind wir in diesem Aspekt, so haben wir die Matrix verlassen und befinden uns in einem erleuchteten Zustand.

Wir erleben dabei eine Wiedergeburt. Als wir das Licht der Welt erblickten, konnten wir kreatürliche Freude in aller Unschuld erfahren, durch Nähe, Wärme und Geborgenheit sowie durch körpereigene neurochemische Substanzen. Dieser erleuchtete, intuitive Zustand wird uns im Laufe des Lebens genommen und weicht Konditionierungen. Selbst wenn man sich im Erwachsenenalter mithilfe psychogener Drogen in eine künstliche Erleuchtung versetzt, befindet man sich nur vorübergehend im Einklang. Nachhaltiger wirken eine umfassende Befreiung und Reinigung des Bewusstseins.

Manchmal gibt es einen konkreten Auslöser dafür, in außergewöhnlichen Lebenssituationen, die uns jäh aus dem Alltag reißen und uns »himmelhochjauchzend« machen. Etwas in uns spürt, dass wir eine ungeahnte Chance der Selbsterfahrung erhalten. Plötzlich sehen wir in großer Klarheit unsere Möglichkeiten, und die Erinnerung an unsere eigentliche Größe blitzt auf. Nicht von ungefähr sagt man in Momenten größten Glücks, man wolle »die Welt umarmen« und sei »dem Himmel so nah«. Solche Formulierungen weisen darauf hin, dass wir losgelöst sind von unserer Erdenschwere und die Leichtigkeit des Universums fühlen.

Gefühle bestimmen unser Leben durch Motivation und Stagnation. Liebe und Angst sind die Vertreter von Freiheit und Knechtschaft. Das Besondere an der Liebe können wir darin auffassen, dass ihr kein Gegenpol gegenübersteht. Hass ist nicht das Gegenteil von Liebe; es existieren nur die Liebe und die unterschiedlichen Grade ihrer Vergessenheit. Doch wenn wir dieses Gefühl in uns verleugnen, verleugnen wir unsere eigentliche Macht. Deshalb ist unsere vernunftbestimmte Definition von Liebe der schlechteste Weg, um zu lieben und geliebt zu werden. Allein das innere Bild zählt. Die völlige Versenkung in den antizipierten Zustand größtmöglicher Liebe wird diese wie aus dem Nichts heraus anziehen – durch Resonanz. Werden Sie zum Liebenden, allein aus Ihrer Grundüberzeugung, in Liebe erschaffen worden zu sein. Wir müssen nicht nach der Liebe suchen, denn wir selbst sind es, die die Liebe hervorrufen. Lassen Sie sich fallen in die liebende Urmatrix des Allschöpfers – das ist Ihre kosmische Bestimmung und das größte Projekt der geistigen Evolution. Dann können Sie gelassen und freudig erwarten, was kommen wird: eine Transformation, an deren Ende der neue Mensch steht.

Dank

Ich möchte allen danken, die mich bei der Neufassung von »Der Matrix-Code« unterstützt und begleitet haben. Der permanente Austausch mit geistesverwandten Forschern und Denkern bedeutet mir sehr viel, und ich schätze mich glücklich, dass immer mehr Wissenschaftler die hohe Relevanz der Themen bestätigen, mit denen ich mich seit Jahrzehnten auseinandersetze.

Pars pro toto möchte ich meinen Lehrer und Freund Professor Franz Halberg nennen. Dieser herausragende Naturwissenschaftler und dessen Mut, Pionierarbeit zu leisten, waren mir stets Vorbild und Ansporn. Franz Halberg erweiterte das Erbe von Professor Iwanowitsch Wernadski, der das Konzept der Noosphäre entwickelte, also der Biosphäre, die durch das Bewusstsein des Menschen gesteuert wird. Diese außergewöhnlichen Naturwissenschaftler erstellten das Fundament meiner Kernaussagen.

Im Besonderen danke ich meinem Verleger Christian Strasser und seinem Team. Mit hoher Professionalität und großem Einsatz schufen sie die bestmöglichen Bedingungen, um dieses Buch Realität werden zu lassen. Möge es all jene erreichen, die unbeirrbar auf der Suche nach der Wahrheit sind.

Literatur- und Quellenverzeichnis

Bosman, Ananda: www.aton432hz.info/

Broers, Dieter: (R)EVOLUTION 2012. Warum die Menschheit vor einem Evolutionssprung steht. Scorpio Verlag, Berlin · München 2009

Eddy, J. A., in: The New Solar Physics (Editor), Westview Press, 1978

Frerk, Carsten: Finanzen und Vermögen der Kirchen in Deutschland. Aschaffenburg 2002

Hallowell, Edward M., und Ratey, John J.: Driven to Distraction: Recognizing and Coping with Attention Deficit Disorder from Childhood Through Adulthood, Touchstone, 1995

International Committee GEOCHANGE 2011: http://geochange-report.org

Libet, Bejamin: Do we have a free will? In: Journal of Consciousness Studies, 5, 1999, S. 49

Mewaldt of Caltech, Richard: www.nasa.gov/topics/.../features/ray_surge.html

Sheldrake, Rupert: A New Science of Life, (1981), deutsch: Das schöpferische Universum. Die Theorie des morphogenetischen Feldes. (1983)

Tchijevsky, Alexander: Physical Factors of the Historical Process, Kaluga, 1924

United States Geological Survey (USGS): www.usgs.gov/

Weltklimarat IPCC, Sonderbericht 2011: www.ipcc.ch/publications_and_data/publications_and_data.shtml

Der Weg zu einem höheren Bewusstsein

Paperback, 224 Seiten ISBN 978-3-95803-499-0

Wie kann der Glaube Berge versetzen? Warum formt Geist Materie und nicht umgekehrt? Wo sitzt das Bewusstsein? Ist ein Teil von uns unsterblich?

Dieter Broers führt uns in seinem zeitlos aktuellen Buch auf ebenso spannende wie verständliche Art die Wirkweise unseres Bewusstseins vor Augen. Basierend auf den Erkenntnissen der Quanten- und Biophysik weist er nach: Mit unserer Gedankenkraft werden wir zu den Schöpfern unserer Realität und können unser Leben bewusst selbst gestalten.

www.scorpio-verlag.de